LE SAINT JOYEUX

OU

VIE

DU

B. CRISPINO DE VITERBE

LE SAINT JOYEUX

OU

VIE

DU

B. CRISPINO DE VITERBE

de l'Ordre des Frères Mineurs Capucins.

PAR

LE R. P. ILDEFONSE DE BARD

du même Ordre

> « *Un saint triste et un triste saint* ».
> (Saint François de Sales).

NOUVELLE ÉDITION

PARIS

P. LETHIELLEUX, LIBRAIRE-ÉDITEUR

10, RUE CASSETTE, 10

1889

Tous droits réservés

APPROBATIO ORDINIS

FR. BERNADUS AB ANDERMATT

Ordinis minorum S. Francisci Capuccinorum.
minister generalis.

Attenta utriusque theologi infrascripti adtestatione, lubenti animo, A. R. P. Pio a Langonio, Secretario Generali, permittimus ut, servatis aliunde servandis, opus cui titulus : *Vie du Bienheureux Crispino de Viterbe*, etc., typis mandare possit ac valeat.

E Conv. nostro Immac. Conceptionis B. M. V. Urbis,
in Festo S. Claræ Assis., 1886.

Fr. Bernardus ab Andermatt.
Min. Gen. Capucc.

L. † S.

PROTESTATION.

En esprit de pleine soumission aux prescriptions d'Urbain VIII touchant les causes des Saints, je déclare que, dans cette Vie du Bienheureux Crispino, le nom de *Saint*, le qualificatif de *miraculeux*, ne préjugent aucunement dans ma pensée, les décisions infaillibles de notre Mère la Sainte Eglise.

De mandato R.^{mi} P. Bernardi ab Andermatt, Min. Gen. Ord. Min. Capuccinorum, Opus cui titulus: Vie du Bienheureux Crispino de Viterbe, etc. ab Adm. R. P. Pio a Langonio Secret. Gen. ejusdem Ordinis editum, attente perlegi, et nihil omnino in eodem inveni, quod non sit plane consonum fidei ac moribus; imo illud existimo aptissimum ad pietatem et devotionem fovendam, non tantum erga ipsum B. Crispinum, sed maxime erga B. V. Mariam: in eo enim ejusdem Beati caracteris simplicitas ac suavitas, animi laetitia, ejusque pergrandis ac filialis amor erga Dei Genitricem quam semper matrem suam appellabat, perbelle et maxime elucet; ideo optandum est ut quam cito publici juris fiat.

Romae, in Festo S. Laurentii Martyris, 1886.

Fr. JUCUNDUS A MONTONIO
Secret. Gen. Capucc.

De mandato Rm.^{mi} P. Moderatoris Generalis Ordinis nostri, attente perlegi Opus cui titulus: Vie du B. Crispino de Viterbe, surnommé le Saint Joyeux, a p. m. P. Ildefonso a Bard prius exaratum et dein ab Adm. R. P. Pio a Langonio Secret. Gen. funditus revisum, multipliciter ornatum et adauctum; nihilque in ipso inveni quod sit a sana fide et optimis moribus alienum, sed e contra quamplura devotus quisque lector ibi mirabitur jucundissimae virtutis exempla ac documenta, quibus, ad normam B. Crispini veri *hilaris Datoris*, haud parum, ad serviendum Deo per Mariam, laetanter ac fideliter, incitabitur. Unde, salvo alterius theologi judicio, nihil obstat quominus typis mandetur.

Romae, in Festo B. Crispini, anno 1886.

Fr. JOSEPHUS-CALASANCTIUS A LLEVANERAS
Ord. Min. Cap. Def. Prov.

Mediolani, die 14 *Augusti,* 1886.

Pro Excell. ac Reverend. D. D. Archiepiscopo
VIDIT
Sac. Angelus Rossi, *Censor Eccl.*

J.
M.   J.
F.

Le P. Ildefonse de Bard est mort à 33 ans, avant d'avoir terminé la Vie du Bienheureux Crispino, qui fut le pieux délassement de son âme, au milieu de ses études théologiques, de son ministère sacerdotal et de son Lectorat.

Ce travail dont il connaissait, dont il s'exagérait même les imperfections et les lacunes, je l'ai revu et complété, selon son désir, en me conformant, de mon mieux, au programme d'hagiographie franciscaine dont nous avions fixé ensemble, au cher couvent de Crest, les lignes principales :

Eliminer les considérations ascétiques ou mystiques : la Vie d'un Saint est un récit, et non pas une thèse théologique, ni un sermon, ni un prône.

Montrer les saints, les faire revivre, en quelque sorte, dans les détails du va-et-vient quotidien, des réalités pratiques, et non dans le cadre, plus ou moins factice, de leur époque ou de leur milieu social. Peu de saints, même parmi les plus grands, ont occupé ici-

bas une place assez large pour absorber leur siècle :
l'humble Frère Crispino moins que tout autre. Il n'a
pas été mêlé aux luttes politiques, aux grands faits
de son siècle. Il n'y a pas ici d'action sociale à considérer. Le lecteur verra un humble frère Convers qui
se sanctifie, tantôt dans une cuisine, tantôt dans la
culture d'un jardin, et tantôt en portant la besace du
quêteur. Mais ses vertus ont un charme auquel personne ne résiste et qui le fit surnommer, de son vivant
même, *Le Saint Joyeux*. Le peuple s'attache à ses pas :
les malades demandent sa bénédiction : les grands du
monde veulent le voir : les savants viennent l'interroger : les Evêques, les Cardinaux, et le Souverain Pontife lui-même, aiment à converser avec cet humble, ce
petit, qui par sa simplicité est cher aux hommes,
comme il est, par ses vertus cachées, cher à Dieu.
Aussi la pensée ne pouvait venir à l'auteur, malgré la
mode du jour, d'écrire : *Le Bienheureux Crispino et
son siècle*. Pour avoir cette tentation, il aurait fallu la
chercher de parti-pris !

Raconter les faits, dans le but exclusif d'édifier les
âmes, sans aucun étalage d'érudition critique, et sans
aucune concession à la *science moderne* : — cette
science à courte vue, superficielle et frondeuse, qui
réduirait volontiers l'hagiographie à une simple étude
psychologique, à travers une série froide et sèche, de

dates et de faits, où les miséricordieuses prédilections de Dieu, où surtout ses miracles, dans les Saints et par les Saints, seraient passés sous silence, pour ne pas dire escamotés.

Et des écrivains se sont rencontrés qui ont voulu, par prudence, jeter un voile sur le noble labeur de Dieu dans les Saints ! En face de ces jeux divins que notre pauvreté de langage appelle des miracles, ils ont été embarrassés, ils ont tâtonné, ils ont fini par plaider, en faveur de Dieu, les circonstances atténuantes, après avoir rogné et limé, le plus possible, pour qu'ils fussent moins gênants, ces malencontreux miracles.

C'est une lâcheté.

D'autres plus courageux, mais non mieux avisés, ont voulu réfuter les théories rationalistes ou fatalistes. En hagiographie, cette réfutation est un hors-d'œuvre. La vie des Saints s'adresse aux enfants de lumière : *loquimur inter nos sapientiam,* comme dit S. Paul. Les autres, ceux qu'un grand écrivain appelait les *enténébrés,* ne sont qu'une quantité négligeable dans le monde vrai, le monde de la lumière, de l'amour et de la liberté céleste. L'âme est de Dieu et pour Dieu. Les manifestations de sa vie intellectuelle, esthétique ou morale, qui ne vont pas à ce but, ne méritent pas qu'on s'attarde à les observer, ni qu'on s'expose à leur donner, en les réfutant, une consistance qu'elles n'ont pas. Laissons tout cela tomber, de son propre poids, dans les rebuts et les détritus de l'humanité.

Louis Veuillot, ce fort si doux, ce vaillant si modeste et si aimant, a écrit un chef-d'œuvre trop peu loué : la *Vie de Notre-Seigneur Jésus-Christ* : démonstration lumineuse, chant de robuste foi, hymne de tendre amour ! Or, on ne trouve pas dans cette œuvre de son génie et de son cœur, la moindre allusion au livre du Dévoyé qui, lui aussi, s'était approché de l'Homme-Dieu, mais pour lui offrir des blasphèmes douceâtres et des baisers de Judas. Et pourtant aucune réfutation n'est comparable à celle de Veuillot. La divinité de Jésus-Christ y apparaît rayonnante : l'âme voit, adore, aime et bénit.

Il en est de même, malgré les différences du sujet, de l'œuvre et de l'ouvrier, de tout travail, fût-il le plus humble, qui montre Dieu, qui rapproche l'homme de Dieu : *magnus in magnis, maximus in minimis.*

Remonter aux sources primitives, autant que possible aux documents de première main.

Ces recherches étaient assez faciles pour la Vie du Bienheureux Crispino. Le P. Alexandre de Bassano, qui avait vécu avec lui, pendant de longues années, fut chargé par les Supérieurs de l'Ordre, de rédiger ses *Mémoires* sur le Fr. Crispino. Ce travail fut publié en 1752, deux ans à peine après la mort du serviteur de Dieu. Françoise Fioretti, sœur consanguine du Bienheureux, vivait encore, et donna des détails très circonstanciés sur l'enfance de son frère.

Pour sa vie religieuse, les contemporains purent attester ce qu'ils avaient vu de leurs yeux et entendu de leurs oreilles : *quod vidimus, quod audivimus,* et ils renouvelèrent, pour la plupart, leurs dépositions dans les Procès informatifs de béatification. Les Actes de ce Procès, tant de Rome que de Viterbe et d'Orvieto, sont une mine féconde et sûre. Il serait d'ailleurs difficile, même en se plaçant au point de vue simplement philosophique, de trouver une source de certitude plus pure, une investigation plus approfondie des faits, une méthode plus sage de critique, une discussion plus consciencieuse que celle des Actes de Béatification ou de Canonisation.

C'est dans les Actes de béatification que le P. Emmanuel de Domodossola, Postulateur de la Cause, et le P. Boniface de Nice son successeur, ont puisé pour écrire en italien, l'un en 1761, l'autre en 1806, la Vie du Serviteur de Dieu.

Mêmes sources historiques pour la vie du B. Crispino, publiée à Florence, en 1807, par le P. Fr.-Antoine de Viterbe, alors Gardien du couvent des Capucins de Rome.

L'étude du P. Félix-Marie de Brignano, plus succincte et moins riche de documents officiels, n'est pas pourtant sans intérêt.

Mentionnons encore, le petit abrégé du P. Philippe Monaci, S. J. et surtout l'excellent ouvrage du Comte Paul di Campello, ce noble et vaillant catholique, si justement aimé et estimé de tous les Romains. Son livre sur le Bienheureux Crispino, publié à Modène en 1871 et réédité en 1874, est moins une histoire proprement dite, qu'une thèse magistrale, à laquelle les faits choisis dans la Vie du Bienheureux Crispino si populaire à Rome, servent de base, pour démontrer la salutaire influence et la grandeur de l'état religieux (1).

En terminant cette Vie du Bienheureux Crispino, je l'offre à la grande famille franciscaine, plus particulièrement — car telle était, je le sais, la pensée du P. Ildefonse — aux Religieux de la Province de Lyon, qui furent, au scholasticat de Crest, ses élèves et les miens.

Puissent ces pages, qui parlent du *Saint Joyeux*, si

---

1. Voir, ci-après, le *Répertoire hagiographique du Bienheureux*.

dévot à Marie, augmenter en nos cœurs la sainte joie des enfants de Dieu, l'amour pratique et confiant envers l'Immaculée Vierge de notre Ordre.

Rome, *en la fête de N. D. des Anges, 1886.*

P. PIE DE LANGOGNE

ord. min. cap.

RÉPERTOIRE HAGIOGRAPHIQUE

Acta et Processus in causa Beatificationis et canonisationis Servi Dei, Fr. Crispini à Viterbio. *Laici professi Ord. Min. S. Francisci Cap.*

Tome I. — In fol. pp. 850. Ce volume, qui a pour titre général : *Summarium super virtutibus*, contient : 1º l'abrégé officiel de la vie du serviteur de Dieu ; 2º La nomenclature des témoins et leurs titres ; 3º Leurs dépositions authentiques ; 4º La collation entre les Procès de Viterbe, d'Orvieto et de Rome.

Romæ MDCCXCI. Typogr. Rev. Cameræ Apl.

Tome II. — Les Animadversions du Promoteur de la Foi, Charles Erskine : 1º Sur les vertus du serviteur de Dieu ; 2º Réponses aux dites Animadversions par les avocats Vincent-Alex. Constanzi et Urbain Philippe Majani ; 3º Un Summarium additionale, relatif aux dispenses de certaines formalités de procédure.

Romæ MDCCXCI, in fol. pp. 768.

Tome III. — Nova positio super virtutibus heroicis. Contient : 1º Les nouvelles animadversions du Promoteur; 2º Les Réponses ; 3º Un abrégé (Summaviolum) des témoignages relatifs aux dix dernières années de la vie du Bienheureux. Même lieu, année MDCCXCIII vol. in-folio dont chaque partie à une pagination indépendante.

Tome IV et seqq. sont consacrés au Procès des miracles.

Alexandre (P.) de Bassano.

Ses mémoires sur le Fr. Crispino furent publiés en 1752. Dans les premiers enthousiasmes après la mort du Bienheureux, ce travail avidement recherché par la piété des romains, fut réimprimé coup sur coup, mais abrégé et souvent dénaturé,

L'édition qui s'éloigne le moins, croyons-nous, du texte primitif, est celle qui parut à Venise chez Tavernini en 1753, sous le nom de *Chronique*.

Boniface (P.) de Nice. — Vita del B. Crispino da Viterbo, laico professo Cappuccino della Provincia Romana. Roma, MDCCCVI : Nella stamperia Salomoni.

Un vol. in-4°, pp. XII-145. Ce travail du P. Boniface qui avait mené à bonne fin, comme Postulateur, la cause de Béatification de Fr. Crispino, est, à coup sûr, le moins incomplet et le mieux rédigé. L'auteur qui avait déjà publié d'autres écrits du même genre, notamment la vie du saint évêque capucin, le V. Nicolas Molinari et celle du B. Bernard d'Offida, a su éviter le défaut, presque commun aux hagiographes italiens, de transformer les vies de saints en panégyriques ou en prônes, parfois même en thèses polémiques.

Ballarium Ordinis Minorum S. Francisci *Capuccinorum*.

Les vol. VIII, IX et X (passim) donnent les documents officiels que nous réunissons *ad calcem*.

Campello (*le Comte* Paul di), Frate Crispino da Viterbe, Beato dell' Ordine Cappuccino. *Modena*, Tipografia dell' Imm. Concezione, 1871.

Étude de théologie sociale plus que d'hagiographie proprement dite, l'œuvre du Comte di Campello joint à un rare mérite littéraire celui d'établir, sur les faits historiques de la vie du Bienheureux, les conclusions les plus élevées sur les avantages, même au point de vue social, des religieux et des monastères.

L'édition, dont nous venons de transcrire le titre, antérieure de trois ans à celle de Florence, porte une dédicace aussi simple que touchante, inspirée par la foi chrétienne et l'amour filial :

ALLA CARA MEMORIA
DELL' AVA MIA
BEATRICE DE' MARCHESI BUORBON DEL MONTE
QUESTO UMILE LAVORO
FRUTTO DELLE IDEE CH'ELLA SEPPE
INFONDERMI NELL' ACOLESCENZA
QUANDO CON PARIENTI E AFFETTUOSISSIME CURE
CONSOLAVAMI DELLA SCIAGURA
DI AVER PERDOTO LA MADRE.

Nous trouvons, à la page 185 de l'édition de Modène, un document inconnu aux hagiographes antérieurs : la lettre pastorale de *Denys Ridolfini de Connestabili*, archevêque-évêque de Viterbe et Toscanella, annonçant à ses diocésains la prochaine béatification de leur compatriote, le Fr. Crispino, et les invitant à solenniser à Viterbe, avec une sainte fierté, cet événement si glorieux pour leur ville. En date de Viterbe, le 11 août 1806.

Emmanuel de Domodossola, postulateur de la Cause du Bienheureux avant le P. Boniface de Nice. — Vita del Venerabile Servo di dio, Fr. Crispino da Viterbo. Dedicata agl. Eccellentissimi Principi, D. Giulio Cesare e D. Costanza. Principi di Palestrina, ecc. ecc. — Edizione prima romana, notabilmente accresciuta ed emendata. In. Roma, MDCCLXI, nella stamperia del Komarek. vol. in-4° pp. XVI 461.

Felice-Maria da Bignano. Saggio della vita del B. Crispino. — Roma, 1806. Stamperia Salomoni.

Cet essai du P. Félix-Marie fut traduit en espagnol par un autre religieux capucin de la Province de Catalogne, sous le titre de « Breve Resumen de la Vida del B. Crispin. En la Imprenta de Tecla Pla, Vinda ». Le traducteur aotalan a joint à son travail une légende en sixains qui résume la vie du Bienheureux et qui n'est pas sans grâce, ni sans élan.

Francesco Antonio da Viterbo. Vita del B. Crispino da Viterbo, Tratta dai Processi apostolici Firenze 1807; Presso Carli & C° in Borgo SS. Apostoli in 12° pp. 256.

Le P. Fr. Antoine de Viterbe, Gardien du Couvent de Rome, à cette époque, a eu entre les mains, les mêmes documents que le P. Boniface, mais sans le même talent de mise en œuvre.

Monaci (Philippe) *de la Société de Jésus.* — Un Ricordo ai Romani né fatti e Prodigii illustri del B. Crispino da Viterbo, laico cappuccino, morto in Roma l'anno 1750. — Roma typographia polyglotta della S. C. de Propag. 1877, vol in-12, dédié à « noble homme le Comte Oreste Macchi. »

Cet opuscule qui résume d'un style alerte et non sans onction, la vie écrite par le P. Boniface, a un mérite spécial : celui de réunir en appendice, à la fin du volume, les sentences ou paroles plus saillantes du Bienheureux.

Ragguaglio della solenne Beatificatione del Ven. Servo di Dio, Crispino da Viterbo celebrata con divota pompa nella sacrosanta Basilica Vaticana, li 7 septembre 1806. — In Roma 1806. Nella stamperia *Cracas*.

Plaquette in-4° de 12 pages, presque introuvable aujourd'hui, qui décrit les ornementations de la Basilique Vatican et l'ordre des cérémonies pour la Béatification. (L'original des dessins pour cette ornementation grandiose se conserve au couvent de Rome). En dehors des détails, qui n'ont plus qu'un intérêt rétrospectif, sur les tentures, les tableaux, les organisateurs, etc. cette plaquette reproduit les inscriptions des deux miracles présentés pour la cause de Béatification.

Saggio della vita dé Cappuccini Liguri, Illustri in Virtu, Dottrina e santita. Un vol. in-8º Genova 1822. Stamperia Delle Piane.

Extrait des chroniques de l'ordre et particulièrement des Archives de la Province de Gênes, cet essai qui est moins une histoire qu'un *florilegium*, fait mention des rapports d'amitié qui existaient entre le B. Crispino et le Fr. Félix-Marie de Marolo, convers de la Province de Gênes, mort en odeur de sainteté en 1787. Comment le B. Crispino était-il en relation avec ce frère? Où sont les lettres qu'il lui envoyait assez souvent, comme l'indique le florilegium : autant de questions qui restent forcément sans réponse depuis que les révolutions et les pillages légaux ont dispersé les précieuses archives des couvents.

ANALYSE CHRONOLOGIQUE

DE LA VIE DU BIENHEUREUX CRISPINO

D'APRES LES PIECES ORIGINALES
DU PROCES DE BEATIFICATION.

— **Le 13 Novembre 1668**; jour de naissance de Pierre Fioretti, fils de *Ubald* et *Marzia Antonii*. L'enfant est baptisé le surlendemain.

— **Le 25 avril 1682** : jour de confirmation.

— **Le 22 Juillet 1693** : vêture au couvent des Capucins de la *Palanzana* (ou *Paranzana*) près Viterbe, et admission au noviciat, sous le nom de *Fr. Crispino de Viterbe*.

— **Le 23 juillet 1694** : Profession et départ pour le couvent de *la Tolfa*, où il exerce l'emploi d'aide-cuisinier.

— **En 1696**, dans les derniers jours d'Avril, appelé au grand couvent de Rome, comme infirmier et élève-pharmacien. Il tombe malade au bout de quelques mois, et est envoyé au couvent d'*Albano*, où il exerce, pendant près de quatre ans, l'office de cuisinier.

— **En 1700**: départ pour le couvent de Monte-Rotondo. Il est jardinier du couvent jusqu'au Chapitre Provincial.

— **En 1702** : fixé de famille au couvent d'Orvieto, et de résidence au petit hospice du dit couvent, qui se trouvait dans la ville même. C'est là qu'il remplit, pendant près d'un demi-siècle, l'emploi de quêteur, Il fait, durant cet intervalle, deux voyages et deux séjours à Rome. Le premier en 1712 et 1713 ; le second en 1744.

— **Le 13 Mai 1748** : départ définitif pour Rome.

— **Le 19 Mai 1750** : sa douce et pieuse mort.

— **Le 23 Juin 1790** : Décret du S. Siège, autorisant le Procès *Apostolique,* avant l'expiration des cinquante ans prescrits par Urbain VIII.

— **Le 14 Juin 1796** : Décret de Pie VI sur les vertus héroïques du Vén. Serviteur de Dieu, Fr. Crispino de Viterbe.

— **Le 18 mai 1804** : Décret de Pie VII sur les *Miracles.*

— **Le 2 août 1804** : Décret du *Tuto procedi potest.*

— **Le 9 août 1806** : Décret de la S. Congrégation des Rites, approuvant l'office et les Oraisons du B. Crispino de Viterbe.

— **Le 26 août 1806** : Lettres Apostoliques de Béatification sous l'Anneau du Pêcheur.

— **Le 24 Septembre 1806** : Indulgences pour le Triduum des Fêtes de Béatification dans toutes les églises de l'Ordre.

LE BIENHEUREUX
FR. CRISPINO DE VITERBE

CHAPITRE I

NAISSANCE ET PREMIERES ANNEES DU BIENHEUREUX

(1668-1679)

Sa famille. — Pieux exemples et salutaires conseils. — Heureux caractère de l'enfant. — Sa mère le consacre à la S. Vierge. — Premier épanouissement de sa dévotion envers Marie. — Premières faveurs prodigieuses. — Ses pieuses industries pour cacher ses pénitences. — Le « *bon petit Pierre* ». — Il fuit les amusements. — Sa ferveur à servir les messes. — La marquise Maldacchini et sa vraie Reine. — L'ordre de ses journées.

Le Bienheureux Crispino naquit à Viterbe, petite ville des anciens Etats Pontificaux, le 13 novembre de l'année 1668. Ubald Fioretti, son père, était un chrétien droit, pieux et très estimé dans le pays. Marzia, sa mère, avait aussi la sainte crainte de Dieu, et vivait retirée, toute appliquée au soin de sa maison. Le surlendemain de sa naissance, l'enfant fut baptisé dans l'église de Saint-Jean-Baptiste, et reçut le nom de Pierre, en mémoire de son aïeul.

Pierre dès ses plus jeunes années, se fit remarquer par un esprit ouvert, par un naturel expansif et doux, et par cet enjouement naïf qui donne tant de charme à l'enfance.

Les conseils et les exemples de ces parents chrétiens, produisirent de bonne heure des fruits très-abondants. Ubald et Marzia élevaient leur fils dans la pratique des vertus chrétiennes ; l'enfant de son côté recueillait attentivement leurs instructions, et les observait avec tant de fidélité et de joie; que jamais il ne leur donna d'autres sujets de mécontentement que ses vivacités d'enfant et ses espiègleries un peu tapageuses dans la maison. Avec ses petits compagnons, il était pacifique et condescendant, plus porté à céder à leurs caprices qu'à imposer ses goûts personnels.

L'enfant chrétien, qui grandit sous l'œil d'une mère vigilante et pieuse, ouvre naturellement son âme aux sentiments nobles et droits, comme la fleur ouvre sa corolle au soleil.

Pierre Fioretti eut ce bonheur et cette grâce, qui est la source des autres, de se développer dans un milieu où l'on savait travailler et prier. Ses qualités natives s'épanouirent sans se déformer : il croissait et restait enfant par la candeur de son âme, l'ingénuité franche et naïve de ses reparties et par ce goût inné ou, pour mieux dire, cet instinct baptismal qui porte une âme pure vers les choses de Dieu.

« Votre enfant ne vous fera jamais pleurer », disait à Marzia une de ses parentes. C'était une prophétie.

Marzia comprit de bonne heure que la Providence lui avait confié un trésor. Elle se hâta de le confier à son tour à la Bienheureuse Vierge Marie pour qui elle avait une dévotion toute spéciale. Aussi s'efforçait-elle de faire passer ses sentiments personnels de confiance et d'amour dans l'âme de son enfant. Il pouvait à peine la comprendre que déjà elle lui apprenait à prononcer pieusement le nom de sa Mère du ciel, et à recourir à Elle dans tous les petits embarras de sa vie d'enfant, en lui disant avec une confiance sans bornes : « Vierge Marie, à mon secours ».

Les conseils ne suffisaient pas à cette mère chrétienne : elle voulut consacrer tout spécialement son fils à la Reine des Anges. C'était le 25 mars, fête de l'Annonciation. Le petit Pierre avait cinq ou six ans. Marzia le conduisit au sanctuaire de Notre-Dame du Chêne, pélérinage situé à un mille de Viterbe. La pieuse mère se met à genoux devant l'image miraculeuse de Marie ; le petit enfant imite sa mère, et tous deux prient pendant quelques instants. Marzia se relève, et montrant la sainte image à son fils : « La vois-tu, cher enfant, dit-elle, la vois-tu ? Celle-là est ta mère : je viens de te donner et de te consacrer à Elle pour toujours. Comprends-le bien : *pour toujours*. Aime-là toujours de tout ton cœur comme ta mère et honore-là comme ta souveraine ! »

Ces paroles firent une profonde impression sur le pieux enfant ; elles se gravèrent si avant dans son cœur que jamais il n'en perdit le souvenir. Et dans la suite, chaque fois qu'il parlait de la Reine du Ciel, ou qu'il apercevait son image, il aimait à lui donner les doux noms de mère et de souveraine, que Marzia lui avait appris dans le Sanctuaire de Notre-Dame du Chêne. Ce titre n'était pas un vain mot sur ses lèvres, car l'enfant de Marzia resta constamment fidèle à cette offrande et à cette consécration.

Dès qu'il eut atteint l'âge de raison, outre les prières qu'il récitait chaque jour en l'honneur de Marie, il jeûnait au pain et à l'eau, la veille de la fête de sa Conception Immaculée, comme s'il avait déjà pressenti sa vocation à l'Ordre qui a si noblement défendu, à travers les âges, ce glorieux privilège de la S. Vierge. Quelques années plus tard, son amour croissant avec ses forces, il jeûna au pain et à l'eau en l'honneur de l'auguste Mère de Dieu, tous les samedis de l'année et toutes les vigiles de ses fêtes.

La bonne Mère ne se laissa pas vaincre en générosité. Elle eut hâte de prouver au jeune Pierre combien ses prières et ses pénitences lui étaient agréables.

Pierre avait environ neuf ans : il se trouvait un jour, avec trois autres enfants un peu plus âgés que lui, dans la vigne des Comtes d'Asti. Apercevant une échelle appuyée contre un poirier très élevé, tous se précipitent avec joie pour monter et cueillir des fruits. Tout-à-coup, des deux branches sur lesquelles ils se soutenaient, l'une se rompt, l'autre plie, et les petits maraudeurs tombent sur un amas de pierres. L'un se cassa une jambe, les deux autres furent emportés, brisés et contusionnés, tant la chute fut violente. Seul, Pierre n'eut aucun mal. Au moment où la branche cassa, il s'était rappelé la recommandation de sa pieuse mère : il avait appelé Marie à son secours et Marie l'avait sauvé du danger.

Ce fait et plusieurs autres du même genre, il aimait à les raconter plus tard comme des faveurs insignes que Dieu lui avait accordées par l'intercession de la Sainte Vierge. Aussi lui en rendait-il de fréquentes actions de grâces, ajoutant qu'il n'était qu'un ingrat pour tant de bienfaits.

Les vertus s'appellent et s'enchaînent. Le goût

de la prière fit naître, dans le cœur du jeune Fioretti, le désir de mortifications plus rigoureuses, de pénitences plus austères. Mais il voulut, selon le langage biblique, cacher le secret du Roi, et éviter ainsi la singularité qui l'aurait exposé aux louanges et aux tentations d'orgueil.

Durant la nuit, il attendait que tout le monde, dans la maison, fût endormi, et alors, se levant sans faire de bruit, il se couchait sur les briques nues : mortification qu'il sut pratiquer longtemps en secret. Elle ne suffisait pas cependant au désir qu'il avait de crucifier sa chair innocente. Le pieux enfant découvre un jour un faisceau de cordes suspendues au mur. Elles lui rappellent la flagellation de son bien-aimé Sauveur ; il se réjouit aussitôt à la pensée qu'il pourra participer à ses souffrances, et y participer sous le regard de Dieu seul. Au milieu de la nuit, alors que ses parents fatigués des travaux du jour, dormaient profondément, il descendait sans bruit au rez-de-chaussée et saisissant les cordes, il se flagellait longuement en mémoire du Sauveur Jésus attaché à la colonne.

C'est ainsi que le saint enfant s'exerçait aux rudes macérations qu'il devait s'imposer plus tard. Mais après quelque temps, il dut renoncer à toutes ces pénitences qu'il pratiquait pendant la nuit. Marzia découvrit toutes ses industries, et

l'enfant aima mieux ne plus souffrir que désobéir.
Il comprenait aussi combien il est difficile de conserver l'humilité quand de semblables austérités ne sont plus secrètes

Cette aimable vertu d'humilité était si profondément enracinée dans son cœur, que pour le contrister, il suffisait de le louer. Marzia allait fréquemment au monastère de Sainte Rose, dont les religieuses lui donnaient du travail de lingerie ; et souvent elle conduisait avec elle son petit enfant, parce que les sœurs se plaisaient à provoquer ses paroles innocentes et ses reparties pleines de grâce et de vivacité. Ordinairement, le petit Pierre, quand la pieuse curiosité des Religieuses était satisfaite, laissait sa mère traiter seule au parloir les affaires pour lesquelles elle était venue ; il allait prier devant le corps, miraculeusement conservé, de la douce et héroïque franciscaine, Sainte Rose, et demeurait si longtemps absorbé dans sa prière que presque toujours il se faisait attendre.

Un jour, plusieurs Religieuses montèrent aux grilles supérieures, qui donnaient sur le lieu saint pour observer le pieux enfant. Elles le contemplèrent pendant quelques instants ; puis, grandement édifiées de la dévotion avec laquelle il priait devant le corps de la Sainte, elles retournèrent au parloir pour attendre son retour. Dès que l'enfant parut, elles se mirent à applaudir en lui disant : « Voici notre petit saint. Dorénavant nous ne vous dirons plus : petit Pierre ; mais nous vous dirons : le bon petit Pierre ». Ces louanges le contristèrent ; il se mit à pleurer et ne prononça plus une seule parole. De temps en temps, il tirait sa mère par le pan de sa robe, comme pour lui dire de hâter son départ, et pour l'entraîner hors de ce parloir, devenu pour lui un lieu de supplice, depuis qu'il y avait entendu faire son éloge.

Les sœurs racontèrent le fait au Chanoine Zozzi, prêtre remarquable par sa piété et sa science. Celui-ci, rencontrant peu de temps après le jeune enfant qui vint, selon l'usage, le saluer en lui baisant la main : « Bonjour, bon petit Pierre », lui dit-il, et il insista avec plus de force sur le mot « bon » que les sœurs lui avaient donné pour surnom. L'enfant rougit aussitôt et repartit : « Bien, bien : vous vous moquez ; mais un jour peut-être Dieu rendra vrai ce que vous dites ».

Cet attrait pour les choses de Dieu, lui inspira peu à peu une véritable aversion pour les divertissements du monde ; de telle sorte qu'on ne le vit bientôt plus paraître dans les fêtes bruyantes, ni sur les places publiques, ni dans les assemblées d'amusements si chers aux enfants de son âge. Au jour seulement de la fête de Sainte Rose, qui se célèbre à Viterbe avec une grande magnificence, il allait avec sa mère suivre la statue de la Sainte, portée processionellement à travers la ville. Cette fête était pour lui la grande réjouissance de l'année.

Voici comment, à cette époque, le saint enfant passait ses journées. Il se levait de grand matin et allait avec empressement servir les Messes, soit à la Cathédrale, soit à l'église des Gradi, soit à celle des FF. Mineurs Conventuels de S. François. Il variait à dessein, afin que son assiduité ne fut pas remarquée. Dans ces églises, il restait jusqu'à six et sept heures, continuellement occupé tantôt à servir à l'autel, tantôt à assister aux cérémonies religieuses ou à aider le sacristain, et toujours avec une si grande joie et un tel entrain, qu'il ne pensait même plus à aller prendre quelque nourriture.

Pour tant de services au culte de Dieu et de sa Mère, il ne voulut jamais accepter des hommes aucune récompense.

Le premier Dimanche d'Octobre de l'année 1679, la marquise Maldacchini, qui se trouvait alors en villégiature dans sa maison de campagne à Viterbe, voulut faire les frais de la fête du S. Rosaire à l'église de Notre-Dame du Chêne ; et, comme cette église est assez éloignée de la ville, elle donna ordre à son intendant de remettre quelque aumône à chacun des servants. Pierre ne manqua pas d'assister à cette fête dans ce sanctuaire qu'il aimait. Il servit des Messes depuis le matin jusqu'à midi. Mais quand l'intendant voulut lui donner la récompense fixée, il refusa de la recevoir, en disant que déjà il avait été payé par *sa Dame*. Sur cette parole, l'intendant crut que la marquise, alors présente à l'église, avait elle-même donné la rétribution, et il n'insista pas. Mais dans l'après-midi, il reconnut que Pierre n'avait rien reçu. Il le fit donc appeler, et lui reprocha d'avoir menti.

— « Je n'ai pas menti, répond l'enfant ».

— « Ne m'as-tu pas dit que la Dame t'avait récompensé ? »

— « Oh ! la Dame, reprend l'enfant avec un visage tout rayonnant, ce n'est pas la Marquise Maldacchini, qui est bien bonne, mais qui est sur la terre ; la Dame c'est la Reine qui est au ciel ». Et il fut impossible de lui faire accepter l'argent.

Ainsi se passaient les matinées de Pierre. Le soir, il s'adonnait aux différentes besognes de la vie domestique. Souvent aussi il se rendait auprès d'un saint vieillard de l'Ordre des Carmes déchaussés. Le vénérable Religieux lui apprenait à lire et à écrire et l'instruisait des choses de Dieu. Ensuite, s'il restait à l'enfant quelque peu de temps, il l'employait à prier dans les églises ; et le soir seulement, à la tombée de la nuit, il se retirait dans sa maison, où, sans rester un seul moment dans l'oisiveté, il s'occupait à quelque étude propre à son âge, ou aux petits travaux de la famille. Il avait coutume aussi de se retirer de bonne heure, afin d'être de grand matin en état d'aller servir les Messes.

Telles furent les premières années du Bienheureux Crispino de Viterbe, et tels les fondements de cette sainteté, que nous verrons grandir et s'élever jusqu'à de merveilleuses proportions.

CHAPITRE II

ADOLESCENCE DU BIENHEUREUX
SA VOCATION A LA VIE RELIGIEUSE

(1679-1693)

Ses premières études. — Livres volés. — L'apprentissage. — Cause vraie de son faible tempérament. — La sécheresse à Viterbe et les processions. —Premières pensées de vie religieuse. — Le Bienheureux reçoit l'obédience pour le Noviciat des Capucins. — Difficultés et enfin consentement de sa famille. — Son départ. — Il est assailli sur la route par un dogue furieux.

Pierre avait achevé sa dixième année. Ubald et Marzia, d'après le conseil d'Ange Martinelli, parrain de l'enfant, résolurent de l'appliquer à l'étude de la grammaire et l'envoyèrent, à cette fin, au petit collège des Jésuites de Viterbe. Grâce à son assiduité et à son application, il surpassa en peu de temps les enfants de son âge, et devint l'émule de ceux qui étaient plus anciens que lui. Cher à ses maîtres à cause de ses généreux efforts, il ne le fut pas moins à ses condisciples, à cause de sa simplicité, de sa modestie et de sa douceur.

Son application à l'étude ne devait pas nuire à sa piété : il avait encore plus à cœur de faire des progrès dans la piété que dans les études. Aussi, dès que la classe était finie, il se retirait pour vaquer à ses exercices de piété, et, plein d'une sainte joie, il allait dans les églises orner les autels ou se rendre utile de quelque manière pour le culte de Dieu : c'était la récréation la plus douce au saint enfant.

Or un jour, Pierre, au sortir de l'école, s'était rendu à l'église des Pères Conventuels pour venir en aide au bon vieux frère chargé de la sacristie. Il avait déposé ses livres et ses cahiers sur les bancs d'une Chapelle, où il pensait les prendre en retournant à la maison paternelle, lorsqu'il aurait fini son travail ; mais un petit vagabond s'en aperçut, et, voyant que personne n'avait les yeux sur lui, il se glissa furtivement dans la Chapelle, déroba livres et cahiers, et prit la fuite. Quelques instants après, Pierre revint et chercha inutilement : les livres avaient disparus. Il chercha de nouveau et parcourut successivement tous les bancs. Alors, ne trouvant toujours rien, il alla en pleurant vers l'autel de S. Antoine de Padoue, et dit au saint avec autant de foi que de naïveté : « Voyez, bon S. Antoine, moi je vous sers à la sacristie, et les autres me volent à l'église ; venez à mon secours et faites-moi retrouver mes livres ». S. Antoine ne pouvait pas, pour son honneur, rester sous le coup de cette naïve accusation de complicité indirecte dans le vol. Le petit maraudeur, à peine de retour à la maison, fut saisi d'une fièvre violente; craignant de mourir, il avoua à sa mère le vol qu'il avait commis, et celle-ci restitua à l'instant les livres et les cahiers.

Pierre avait achevé ses classes élémentaires. Ses parents pensèrent sagement que, pour sa condition, il n'était pas à propos de l'appliquer à de plus longues études; ils prirent donc le parti de lui faire apprendre un métier, à l'aide duquel il pourrait se suffire à lui-même dans un âge plus avancé. Or, Pierre avait un oncle paternel, nommé François, qui exerçait l'état de cordonnier. L'enfant fut mis en apprentissage chez lui. François reçut de bon cœur son neveu dont il connaissait les précieuses qualités. Pierre de son côté se rendit avec joie chez son oncle, parce qu'en cela il exécuterait la volonté de ses parents, et s'adonna à ce nouveau travail avec beaucoup de diligence et de docilité. Son oncle l'affectionnait au-delà de tout ce qu'on peut dire, et pour l'encourager et le récompenser, il lui donnait, tous les samedis, une petite pièce de monnaie, afin que le lendemain, il pût acheter quelque friandise de son goût, ou se procurer quelque plaisir. Pierre recevait cet argent avec reconnaissance, et le Dimanche, de grand matin, il allait sur le marché aux fleurs et disait aux vendeurs, en leur offrant sa pièce de monnaie : « Payez-vous, mais il me faut vos plus belles fleurs, parce que je dois les offrir à une grande Dame ». Puis, il se rendait en toute hâte dans une église, remettait ses fleurs au sacristain, et le priait de les placer sur un autel dédié à la S. Vierge, où il servait la messe pendant de longues heures.

Le démon vint bientôt troubler cette paix, et mit tout en œuvre pour détourner le pieux jeune homme d'une vie si sainte et si mortifiée.

Les forces physiques de Pierre ne se développaient pas en proportion de son âge. Il était maigre, chétif et toujours pâle. Son oncle, plein d'affection pour lui, en ressentait une peine très vive. Il crut enfin que la cause de ce mal n'était autre que les jeûnes et les pénitences que son neveu pratiquait avec tant de ferveur, et il voulut y porter remède.

Un jour que le triste état du jeune homme l'affectait plus que de coutume, il fit d'amers reproches à Ubald, son frère, et surtout à Marzia, sa belle-sœur. François était bon, mais rude, et n'écoutait que son affection pour son neveu : « Toi, Marzia, dit-il d'un ton sec, tu es bonne pour élever des poules, mais non certes des enfants. Comment ne vois-tu pas que si Pierre ne grandit point, c'est qu'il ne mange pas assez ? Aussi, puisque maintenant Pierre est un peu mon fils à moi, je ne veux absolument plus de ces jeûnes du samedi, plus de toutes ces vigiles au pain et à l'eau. Dorénavant l'enfant mangera ce que permet l'Église, qui veut faire de nous des chrétiens et non pas des piliers d'hôpital ; et moi je pourvoirai à tout ».

Cela dit, il partit en maugréant, assez mal à propos d'ailleurs, contre les diseuses de patenôtres. C'était un samedi. Homme très résolu, François voulut faire exécuter ses ordres ce jour-là même. Il fit servir un souper mieux préparé que de coutume, et ordonna à Pierre de manger et de boire en sa présence. A partir de ce jour, il portait tous les samedis d'abondantes provisions chez son frère, et voulait que tous prissent leur repas en commun.

Il était difficile de résister à l'oncle François. Pierre se résigna et obéit. Il ne jeûna plus le samedi ; mais il ne cessa point pour cela de sanctifier plus particulièrement ce jour consacré à sa Mère du ciel. Il pria la pieuse Marzia, plus accoutumée que son fils aux exigences de ce bourru bienfaisant, de s'unir à lui pour honorer Marie en ce jour. Après le souper, la mère et l'enfant se retiraient de bonne heure, récitaient ensemble le saint Rosaire, et restaient longtemps à genoux devant l'image de la S. Vierge.

Le démon était vaincu. La mortification de la mortification elle-même ne fit que purifier la vertu du jeune homme et attirer sur lui de nouvelles bénédictions.

François lui-même comprit bientôt qu'il fallait renoncer, dans cette affaire, à la prudence humaine. En effet, depuis que le saint jeune homme ne jeûnait plus et ne se mortifiait plus, il ne devenait ni plus grand, ni plus fort, ni plus florissant; au contraire, il paraissait plus faible et plus maladif. Déconcerté par son insuccès et voyant l'impuissance de ses efforts, François dit à Marzia : « Laissons-le désormais jeûner : somme toute, mieux vaut avoir à la maison un saint maigre, qu'un gros garçon de mauvaise vie ». Pierre reprit aussitôt ses jeûnes et ses austérités habituelles, et par un effet spécial de la grâce de Dieu, non-seulement sa santé n'en fut pas affaiblie, mais à partir de ce moment, elle se fortifia de plus en plus.

Cependant Pierre avançait en âge, et atteignait sa vingt-cinquième année. L'esprit de Dieu qui embrasait son cœur, le disposait à de plus grandes choses. Tout son désir était de connaître les desseins de Dieu sur lui, et d'entrer dans la voie où il Lui serait plus agréable.

Voici en quelle occasion la Divine Providence lui manifesta enfin sa volonté.

L'Italie était alors affligée d'une longue sécheresse, et tout faisait présager la plus affreuse disette. On prescrivit partout des prières publiques pour apaiser le courroux du Ciel. La très chrétienne cité de Viterbe se fit un devoir d'ordonner une grande procession de pénitence, à laquelle devait assister tout le clergé, tant régulier que séculier. Pierre, qui recherchait les fêtes religieuses autant qu'il fuyait les fêtes du monde, assista à cette procession pour demander grâce avec les fidèles de Viterbe; et Dieu, qui nous exauce souvent au-delà de nos désirs, lui préparait une faveur qu'il n'était pas venu demander. Il allait manifester sa volonté au saint jeune homme, et celui-ci allait entendre ce langage mystérieux qui invite une âme à la vie religieuse. Dans le cours de la procession, les novices Capucins défilèrent lentement, modestes et recueillis, sous les yeux de Pierre. Ce fut pour lui comme une révélation du Ciel. Cet habit pauvre, ces pieds nus, tout cet extérieur à la fois si mâle et si doux, captivèrent ses regards et firent sur son cœur une vive impression.

Il ne pouvait se lasser de regarder et d'admirer; tout lui parlait un langage qu'il n'avait jamais entendu. Ces jeunes Religieux lui apparaissaient tantôt comme des anges descendus du Ciel, tantôt comme des victimes perpétuellement immolées pour les pécheurs sur l'autel du sacrifice. Pendant ce temps, la grâce agissait puissamment dans son âme : « Voilà, se dit-il, ce que Dieu demande de moi ». Et à partir de ce jour, il conçut un ardent désir de devenir le frère de ces Religieux, de porter le même habit, de faire la même profession et le même sacrifice. Et ce désir l'enflamma tellement, qu'il demeura impatient et inquiet au-delà de toute expression, jusqu'à ce qu'enfin il lui fut donné de réaliser son dessein.

Tous les Dimanches et jours de fête, dès qu'il était libre, il montait la colline de Palanzana, sur laquelle était situé le noviciat des Capucins, à deux milles environ de Viterbe, et, s'agenouillant dans leur Chapelle, il assistait à Complies et à toutes les autres prières chantées par les pieux Novices. Pendant ce temps, le Divin Maître lui faisait éprouver intérieurement un sentiment d'inexprimable joie et un désir impérieux de se donner à Lui.

Cependant la prudence lui dictait de ne pas entrer dans un Ordre qu'il ne connaissait pas. Il voulut donc étudier de plus près le genre de vie de ces Religieux, et réussit enfin à se procurer un exemplaire de la Règle de S. François. Cette Règle, que le séraphique Patriarche appelait « la Moelle de l'Evangile, l'Echelle du Ciel, le Traité de la Paix éternelle, la Clef du Paradis », Pierre la lut attentivement, et la trouva si conforme à ses goûts qu'il l'apprit par cœur, et, à partir de ce jour, il ne voulut plus s'en séparer. Il en cousit un exemplaire à l'intérieur du vêtement qu'il portait, du côté du cœur. Son cœur, en effet, était désormais tout entier à la Règle et à la vie donnée au monde par S. François. Quand le saint jeune homme se trouvait avec des amis plus intimes, il leur disait : « J'espère être bientôt enrôlé dans une sainte milice ; je porte déjà la Croix de l'Ordre sur ma poitrine ; je la tiens toujours là, près de mon cœur : vous le verrez dans peu de temps ».

Et en effet, à quelque temps de là, le Provincial des Capucins lui accorda des lettres d'obédience pour le vieux couvent de Viterbe, dit de la Palanzana, dans le territoire de Bagnaia.

Pierre était au comble de ses vœux. Transporté d'une sainte allégresse, il revint à la maison paternelle, montrant sa lettre d'obédience à ses parents et à ses amis ; il répéta à plusieurs reprises, avec une grande ferveur d'esprit et comme hors de lui-même : « Me voici déjà l'enfant du Séraphique Patriarche, je prends l'habit parmi les frères lais Capucins ; voici l'ordre que j'ai reçu pour entrer au noviciat ! »

Cette lettre était à ses yeux, une manifestation sûre de la volonté divine. Mais ses parents étaient loin de partager sa joie. Au lieu d'applaudir à son bonheur, tous le contredirent et désapprouvèrent à l'envi la résolution qu'il avait prise. — Pourquoi se faire religieux ? Ne peut-on pas se sauver dans le monde ? — Pourquoi ne pas choisir du moins un Ordre moins austère ? Faut-il donc pratiquer tant de mortifications pour aller au Ciel ? — Pourquoi enfin, pourquoi, dans cet Ordre, choisir la condition de simple frère, et ne pas demander à être reçu parmi les clercs ?

Ce sont bien là les prétextes ordinaires ! Et cette opposition d'une famille, d'ailleurs très chrétienne, ne doit pas étonner. Dieu, dans ses miséricordieuses prédilections, permet souvent, pour le mérite de celui qui part et de ceux qui restent, qu'on sente vivement le sacrifice d'une entrée en religion, sans même soupçonner les consolations et les bénédictions de l'avenir.

Tant de contradictions n'ébranlèrent pas le fervent jeune homme.

Il répondit à toutes ces objections : « Je me fais Capucin parce que je veux rompre complètement avec le monde et me donner à Dieu sans réserve. Je me fais simple frère laï avec le Bienheureux Félix (1), parce que, comme lui,

(1) S. Félix de Cantalice Capucin, est un des saints les plus aimables de l'Ordre de S. François. Tous les Saints de l'Ordre, qui sont venus après lui, se le proposaient pour modèle et n'avaient rien tant à cœur que de l'imiter en tou-

je veux servir mes frères et endurer des fatigues de toutes sortes. Enfin je ne veux pas prendre l'habit parmi les clercs, parce que, pour être prêtre, outre les études nécessaires, il faut encore avoir l'âme plus pure qu'une eau très limpide, ainsi qu'un ange le révéla à S. François ».

Pendant ce temps, Marzia gardait le silence et pleurait. Pierre ressentait vivement au fond de son cœur la douleur de sa mère. Tout-à-coup, il se tourna vers elle et lui dit dans un saint transport de ferveur : « Pourquoi pleurez-vous, ma mère ? N'est-ce pas vous-même qui m'avez donné à Dieu et à la Vierge, alors que je n'avais encore que cinq ans ? Comment voudriez-vous maintenant retenir ce que vous avez donné ? La donation a été faite librement, sans clause ni condition, et de mon consentement ; il faut donc maintenant l'exécuter et vous affermir dans la paix du Seigneur ».

— « Allez donc, mon enfant, répondit Marzia, entraînée par cet élan de son fils, allez donc au service de la Madone ».

Aussitôt le saint jeune homme se jeta aux pieds de son père et de sa mère, implorant leur bénédiction. Ceux-ci bénirent en pleurant ce fils qui avait été leur joie. Pierre leur dit un dernier adieu

tes choses. Le Bienheureux Crispino est peut-être de tous celui qui a le plus de ressemblance avec ce beau modèle.

et partit immédiatement de la ville ; quatre jeunes gens de son âge et de sa parenté sortirent avec lui et l'accompagnèrent jusqu'au Couvent.

L'ennemi du salut n'ayant pu détourner le saint jeune homme de son projet, voulut du moins décharger toute sa rage sur lui. Sur le chemin que Pierre suivait pour se rendre au Couvent du Noviciat, un dogue d'une hauteur prodigieuse était de garde à l'entrée d'une vigne. Jamais il n'attaquait les passants, pourvu qu'on ne cherchât pas à entrer. Mais, ce jour-là, le démon excita en lui une fureur extraordinaire, et en fit l'instrument de sa haine. En effet, quand Pierre vint à passer tenant le milieu entre ses quatre compagnons de voyage, le dogue se précipita sur lui avec fureur, le terrassa, mit ses vêtements en lambeaux et sembla vouloir lui déchirer tout le corps à coups de dents. Surpris et épouvantés, les compagnons de Pierre s'enfuirent. Le saint jeune homme, seul aux prises avec l'animal furieux, ne se laissa point troubler ; plein de confiance, il appela Marie à son secours. A cette invocation, le dogue, comme saisi et dompté par une main invisible, se calma et laissa le jeune homme qui, sans aucune blessure grave, se releva et arriva heureusement au Couvent du Noviciat. C'était le 4 juillet de l'année 1693.

CHAPITRE III

LE BIENHEUREUX AU NOVICIAT DES CAPUCINS
SA PROFESSION RELIGIEUSE

(1693-1694)

Le gardien du noviciat, le voyant faible et chétif, refuse d'abord de le recevoir. — Douleur et supplications du postulant. — Appel au Provincial. — Il redouble ses prières et ses mortifications. — Réponse favorable du Provincial. — La vêture. — Fr. Crispino infatigable au travail. — La quête. — *La rondinella di Dio*. — Tentations redoutables. Victoire de Fr. Crispino. — Sa charité fraternelle. — Sa profession.

Pierre avait franchi le seuil du saint asile où rien désormais ne devait plus le distraire du service de son Dieu et de sa Mère. Il pouvait donc croire, à juste titre, que les vœux les plus chers à son cœur allaient enfin s'accomplir. Mais le bon Maître en avait disposé autrement, et ses divines prédilections voulurent marquer du sceau des contradictions les premiers pas du saint jeune homme dans la vie religieuse.

Pierre étant entré au Couvent, se présenta au Père Joseph de Paliano, Gardien et Maître des novices, et lui remit la lettre d'Obédience du

Ministre Provincial, en vertu de laquelle il était admis à commencer son noviciat. Religieux fervent et zélé dans son office, le P. Joseph considéra attentivement le postulant, et le voyant de si petite taille, maigre, chétif et d'un teint qui indiquait assez une complexion faible et maladive, il le jugea inutile à l'Ordre et incapable de suffire aux emplois, de supporter les fatigues de l'état auquel il aspirait. C'est pourquoi, sur-le-champ, il dit à Pierre avec non moins de bonté que de franchise : « Mon enfant, vous n'êtes pas fait pour nous et vous ne pourriez pas supporter notre genre de vie, surtout parmi les frères lais ; ce n'est pas cela qu'il vous faut. Retournez donc chez vous : puisque, observant la loi de Dieu, vous pourrez vous sauver dans le siècle et même devenir un saint ». A cette parole, le pieux jeune homme fut tellement frappé de stupeur que pendant, quelques instants, il resta comme pétrifié. Puis il se mit à genoux, et baignant de ses larmes les pieds du P. Joseph, il soupirait et sanglotait sans pouvoir proférer une seule parole.

Survint le vicaire et avec lui d'autres Religieux du couvent. Tous, voyant le jeune postulant en apparence si faible, partagèrent le sentiment du P. Gardien, qui était de ne pas l'admettre au noviciat. Ils cherchèrent à le consoler, et comme le jour était à son déclin, ils le conduisirent dans une chambre réservée aux étrangers, afin qu'il y passât la nuit et partit le lendemain. Pierre se trouvant seul dut revivre, en quelque sorte, les scènes déchirantes de cette journée.

Il ne regrettait pas le généreux sacrifice qu'il avait fait en se séparant de ses parents ; mais il ne pouvait se résigner à retourner dans le monde, dans un monde auquel il avait dit adieu avec tant de joie et de ferveur ! Loin d'être accomplis, ses vœux étaient plus entravés que jamais, et un barrière infranchissable semblait s'élever entre lui et le cloître. D'un côté il devait renoncer à la vie religieuse : telle semblait être la volonté de Dieu ; de l'autre, il sentait dans son cœur pour l'Ordre de S. François, un attrait auquel il lui était impossible de résister. Il ranima donc son courage et confia modestement sa peine au Fr. Portier, vieillard vénérable et plein de charité. Celui-ci l'accueillit avec bonté, et Pierre le supplia de faire venir le P. Gardien, auquel il désirait parler de nouveau. Le P. Joseph se laissa toucher et vint avec le P. Vicaire pour le consoler et le persuader de changer de dessein. Dès que Pierre les aperçut, il se jeta à genoux, et fondant en larmes, leur dit avec une grande humilité et en même temps avec beaucoup d'animation : « Mais enfin, mes Pères, pourquoi ne voulez-vous pas me recevoir ? Bien que vous me voyiez si petit et si chétif, je suis néanmoins plein de santé et de force. Je vous en prie : consentez du moins à me mettre à l'épreuve pendant un mois, et j'espère, avec l'aide de Dieu et de la S. Vierge, vous être utile aussi bien que les autres novices ». Devant cette fermeté unie à tant de douleur, il fut décidé qu'on soumettrait la difficulté au P. Provincial et qu'on attendrait sa réponse.

Pierre rentra un peu consolé dans la chambre qui lui avait été assignée. Ce sursis lui donnait quelque espérance de voir enfin disparaître tous les obstacles à la réalisation de ses vœux les plus ardents. Il se demandait pourtant avec anxiété qu'elle serait la réponse sollicitée. Dans cette alternative d'espérances et de craintes, le saint jeune homme eut recours à ses armes ordinaires, la prière et les mortifications de tout genre : ou plutôt, Dieu qui lui avait suscité cette épreuve, lui inspira le moyen de la vaincre. A partir de ce jour notre Bienheureux ne cessait de faire monter ses prières vers le Ciel afin d'obtenir une décision favorable : bien plus, il consacrait aussi à la prière une grande partie de la nuit ; à peine, au lever du jour, prenait-il un peu de sommeil sur le sol raboteux de la cellule. A la prière il ajouta le jeûne. Pendant ce temps il ne prit autre chose que du pain et de l'eau. Et ces privations ne suffisaient pas à sa ferveur. Il voulut s'imposer de longues et dures flagellations ; et comme il n'avait pas de discipline, il pénétrait furtivement dans le jardin des religieux, au moment où il espérait n'être pas découvert, faisait des faisceaux d'orties et de branches épineuses qu'il cachait avec soin ; et quand il était seul, il se flagellait jusqu'au sang avec ce terrible instrument de pénitence. Son humilité aurait voulu tenir cachées tant d'austérités ; mais Dieu permit qu'elles fussent remarquées par le Fr. Portier qui surveillait adroitement chacune de ses actions, et demeurait grandement édifié et attendri de sa conduite.

Enfin la réponse tant désirée arriva. Le Ciel avait entendu les prières et avait eu compassion des larmes du pauvre jeune homme. La lettre du Provincial était ferme et décisive ; le même esprit qui l'avait poussé une première fois à admettre Pierre au noviciat, lui fit maintenir son admission. C'était à lui, disait le P. Provincial, d'admettre les novices dans l'Ordre ; la charge du Gardien et du Maître des novices était de les éprouver. Il concluait qu'on devait donner sans retard le saint habit au jeune postulant.

Le P. Joseph avait cru pouvoir et même devoir faire opposition à l'entrée de Pierre au noviciat. La réponse de son supérieur étant formelle, il n'hésita plus et fixa au 22 juillet, fête de S. Magdeleine, la cérémonie de la vêture, après laquelle notre postulant soupirait avec tant d'ardeur. Pendant cette pieuse cérémonie, Pierre excita l'admiration de tous les Religieux par sa ferveur extraordinaire. Quel ne fut pas l'étonnement des Religieux, lorsque dans la cérémonie du dépouillement, ils virent ses vêtements intérieurs tachés de sang à cause des rudes disciplines qu'il s'était infligées les nuits précédentes ! Comment un corps si faible pouvait-il résister à des pénitences si rigoureuses ? Bientôt le mystère va disparaître. Ils verront le jeune novice à l'œuvre, et ils comprendront qu'il est du nombre de ceux que l'on ne doit pas juger d'après les règles ordinaires de la prudence humaine ; ils constateront que la Providence a envoyé parmi eux une de ces âmes d'élite qui sont la fleur de la sainteté.

En ce jour, suivant l'usage des grands Ordres religieux, Pierre quitta le nom qu'il avait porté dans le siècle, et reçut celui de Fr. Crispino, nom sous lequel nous le connaîtrons désormais et qu'il reçut en considération du métier qu'il avait exercé dans le monde.

Dès le lendemain, Fr. Crispino fut envoyé au jardin pour bêcher avec les autres novices. Il avait répondu de ses forces à ses supérieurs et leur avait promis de rendre autant de services à l'Ordre que ses confrères. Il est aisé de comprendre avec quelle ardeur il se mit au travail. Tout petit et chétif qu'il était, il supporta ce pénible travail durant quatre ou cinq heures consécutives; il bêcha autant et mieux encore que ses frères, creusant la terre à la profondeur voulue et l'aplanissant à merveille. Il en fut de même les jours suivants. La Providence se rendait visible aux yeux de tous dans la personne de notre Bienheureux. S'il fallait piocher, couper du bois, et le charger sur les épaules pour le service de la cuisine, il satisfaisait à tous ces pénibles travaux et surmontait toutes ces fatigues, évidemment supérieures à ses forces, avec tant d'activité et tant d'adresse, que le religieux qui présidait ces différents emplois ne pouvait retenir son étonnement, en voyant ce jeune novice surpasser même les anciens religieux dans un travail si nouveau pour lui.

Les Supérieurs, après avoir exercé le Fr. Crispino pendant plusieurs mois dans les travaux du jardin et de la cuisine, voulurent encore l'éprouver dans les fatigues non moins pénibles de la quête. Il fut assigné comme compagnon au frère chargé de la quête dans les campagnes environnantes. C'était la plus fatigante. Pendant l'hiver, il fallait voyager souvent par la pluie ou la neige, et pendant l'été, porter de lourds fardeaux sous les ardeurs brûlantes du soleil. Fr. Crispino supporta avec générosité tous les sacrifices de ce nouvel emploi. Il partait tout joyeux, avec cette pensée profondément gravée dans l'esprit, qu'il servait Dieu dans ses serviteurs et qu'il ne se fatiguait que pour gagner le Ciel. Il quêtait avec ardeur, et revenait au Couvent chargé, dit un de ses biographes, comme une bête de somme, toujours joyeux et riant. A peine de retour au Couvent, le pieux novice se soumettait à tous les exercices de la vie commune. Jamais, à moins que ses Supérieurs ne lui en fissent un précepte d'obéissance, il ne voulait user des exceptions que la charité religieuse accorde aux voyageurs et aux frères quêteurs, accablés de fatigue à leur retour. C'est alors, au contraire, qu'il se levait pendant la nuit avec plus d'empressement, qu'il était plus austère en ses flagellations et plus fervent en toutes ses pénitences.

Le joyeux entrain avec lequel Fr. Crispino affrontait les travaux si pénibles et si humiliants de la quête était l'édification de ses frères.

Un jour le P. Damien de Poggio, Religieux de grande vertu, alors de famille au couvent du Noviciat, s'était arrêté dans le cloître en face d'un nid d'hirondelles. Il prenait plaisir à considérer l'allégresse et l'activité avec lesquelles ces oiseaux procuraient la nourriture à leurs petits. Les hirondelles lui rappelèrent les exemples de Fr. Crispino, qui lui aussi, pour procurer la nourriture à ses frères, supportait avec tant de joie, dans un corps cependant si faible, les fatigues continuelles de la quête. Il prit de là occasion de s'humilier, et se dit à lui-même : « Ce petit Frère, un jour, sera bien au-dessus de toi dans le ciel ! » Dès lors il appelait notre Bienheureux : *La rondinella di Dio*, l'hirondelle du bon Dieu. Fr. Crispino vivait en grande paix et consolation, parce qu'il voyait, par une continuelle expérience, que les forces lui étaient données pour le service de Dieu et de l'Ordre. Le démon cependant ne dormait pas et cherchait quelque occasion de mettre un obstacle invincible entre Fr. Crispino et la profession religieuse. Il tenta un dernier effort. Et pour cela, trompant la délicatesse de conscience du fervent novice, il lui suggéra perfidement que cette vie si dure qu'il menait au dedans et au dehors du Couvent, cet effort continuel qu'il apportait à surmonter les fatigues que lui imposaient ses Supérieurs, que toutes ces pénitences étaient inutiles, parce que tout cela n'était pas fait pour l'amour de Dieu et de la S. Vierge, mais dans le seul but de n'être pas renvoyé du noviciat. Bien plus, il lui représenta qu'il était le martyr du respect humain, un hypocrite qui voulait tromper S. François et ses enfants ; qu'il se faisait illusion à lui-même, et qu'en somme, tant de peines et de pénitences ne faisaient qu'aplanir devant lui le chemin de l'enfer.

Dès lors ces pensées harcelèrent constamment l'esprit de notre Bienheureux : il ne servait pas Dieu, il trompait S. François, il s'acheminait vers l'enfer. Voilà bien le langage de ce « Père du mensonge » ! Peu lui importe, pour perdre une âme, de lui parler un langage spécieux de piété, ou de la séduire par de fausses promesses.

Pour savoir en quelles étreintes d'esprit, en quelles angoisses de conscience, en quels remords déchirants, ces considérations plongeaient le pieux novice, il faudrait comprendre combien était grande sa délicatesse d'âme, combien ardents ses désirs de servir Dieu et la S. Vierge, et de devenir un digne fils de S. François. Jamais, sans doute, il ne lui était venu à la pensée que ses travaux, ses prières et ses pénitences n'étaient pas agréables à son Divin Maître et à sa tendre Mère. Aussi, peu habitué à ce genre de lutte, il ne soupçonna pas les ruses de l'ennemi, et succomba tout d'abord. Cette gaieté si affable, qui était comme le fond de son caractère, disparut et fit place à la plus noire mélancolie. Il marchait tout rêveur, comme hors de lui-même, et ne savait faire autre chose, et le jour, et la nuit, que pleurer et soupirer. Les conversations n'avaient aucun charme pour lui et il ne les suivait plus, et il ne proférait pas une seule parole.

Bientôt les Religieux remarquèrent le triste

changement qui venait de s'opérer dans le saint novice. Le P. Maître l'interrogea sur la cause d'une si grande tristesse. Notre Bienheureux obéit promptement et dévoila toutes les angoisses de sa conscience à ce sage directeur, et lui confia toutes ses peines. Là était le remède : car Satan hait la lumière et prend la fuite, dès qu'il est exposé au grand jour.

Le Maître des novices fit comprendre au pauvre frère que toutes ces pensées lui étaient suggérées par Satan, qui voulait le détourner de sa vocation. Il lui commanda de ne tenir aucun compte de ces doutes, et de les mépriser. Bien plus, il lui enjoignit, quand ces idées sombres viendraient l'assaillir, de dire à Satan, avec une vive indignation, ces paroles de S. Bernard : « O méchante bête, ce n'est pas pour toi que j'ai commencé, ce n'est pas pour toi non plus que je veux cesser de glorifier mon Dieu ».

Fr. Crispino obéit ponctuellement : quand l'ennemi revint à l'assaut, il ne lui opposa que le dédain et le mépris. Il se moqua de lui, selon l'ordre qu'il avait reçu, et comme Satan est Orgueil, il ne peut supporter qu'on le méprise. Cette victoire qu'il remporta sur l'ennemi fit grandir encore sa ferveur et son courage. Il étonna bientôt tous ses frères, et devint pour eux un miroir de perfection religieuse, en même temps qu'il faisai la joie et le bonheur de tous.

Parmi toutes les vertus qui brillèrent en lui, il en est une, dont il eut occasion de donner des marques plus éclatantes : la charité fraternelle.

Dans ce temps-là, le P. César de Rieti, Capucin, religieux de grand mérite fut envoyé au couvent de Bagnaia. Il était atteint d'une phthisie pulmonaire, et les médecins l'avaient envoyé en ce couvent pour y changer d'air et se reposer pendant quelques mois. Ce fait causa quelque inquiétude au Père Gardien. Le mal étant contagieux, il craignit pour les jeunes novices, qui pouvaient facilement contracter le germe de la maladie, et le choix du frère, qui devait prendre soin du pauvre malade, était pour lui une grande préoccupation.

Il n'oublia pas néanmoins le précepte du séraphique Père, dans sa règle : « Que les Frères se montrent les serviteurs les uns des autres, et qu'avec assurance ils se manifestent leurs nécessités : car si une mère nourrit et aime son fils selon la chair, avec combien plus d'affection chacun doit-il aimer et nourrir son frère selon l'esprit ! Et si quelqu'un d'eux tombe en maladie, les autres frères doivent le servir comme ils voudraient qu'on les servît eux-mêmes ».

Il cherchait quel était dans sa communauté le

religieux qui remplirait ce pénible emploi avec le plus de dévouement et d'affection, et il jeta les yeux sur Fr. Crispino. Il voulait l'encourager par de saintes paroles, lui faisant espérer que Dieu, pour un acte de Charité si courageux, saurait le mettre à l'abri de tout danger. Mais déjà notre Bienheureux n'avait pas besoin de ces motifs; il portait ses regards plus haut. A cette nouvelle il tressaillit de joie et laissa éclater un contentement si extraordinaire qu'il paraissait tout hors de lui. Dès lors, nuit et jour, il prodigua ses soins au malade avec une charité si tendre et si délicate, que le P. César aimait à redire souvent : « En vérité, Fr. Crispino n'est pas un novice, mais un ange ! » Fr. Crispino était jaloux de son emploi. C'était pour lui comme un trésor précieux qu'il ne permit à personne de lui ravir. Il s'attribua en quelque sorte un droit exclusif à tout ce qui concernait le service du malade. Surprenant un jour un novice occupé à laver quelque linge du P. César : « Comment, mon cher frère, lui dit-il avec humilité mais en même temps avec zèle, comment faites-vous ce travail sans le mérite de l'obéissance? » C'est ainsi que, jaloux de son emploi et sans le secours d'aucun religieux, il assista son cher malade jusqu'au jour où celui-ci, d'après une nouvelle consultation des médecins, fut envoyé à Rieti, pour respirer l'air natal.

Pendant ce temps, l'année du noviciat s'écoulait, Fr. Crispino l'avait passée dans la pratique de toutes les vertus qui font les saints. Les religieux se le proposaient pour modèle, et rendaient grâces à Dieu de ce qu'il avait envoyé parmi eux un novice si fervent. Ils furent donc unanimes à l'admettre à la Profession. Notre Bienheureux se prépara avec une nouvelle ferveur à ce grand jour, après lequel il avait si ardemment soupiré. Le moment de la profession étant venu, il prononça ses vœux avec ce bonheur inexprimable d'un cœur qui se sent lié à Dieu pour toujours.

CHAPITRE IV

LE BIENHEUREUX AU COUVENT DE LA TOLFA

(1694-1696)

Fr. Crispino part pour la Tolfa. — Son dévouement envers son compagnon de voyage. — Son emploi de frère cuisinier. — Sa devise *pauvreté et propreté*. — Le petit autel à la Madone dans la cuisine. — L'épidémie miasmatique à la Tolfa. — Fr. Crispino guérit les pestiférés avec la médaille de son chapelet. — La veuve Galliana. — Le P. Maître Celli. — L'Intendant des Mines. — Le P. Pierre des Grottes. — Fr. Crispino souffre en victime d'expiation. — Les fruits bénits par la Sainte Vierge. — Ses oraisons nocturnes. — Il invente une discipline dont l'usage, après une terrible expérience, lui est interdit. — Sa réputation de sainteté. — Respect qu'il inspire par sa seule présence. — Chapitre provincial. — Les magistrats de la Tolfa adressent inutilement une supplique pour le retenir dans leur ville.

Après sa profession solennelle, Fr. Crispino reçut du P. Provincial une lettre d'obédience qui le plaçait de famille au couvent de la Tolfa, petite ville distante de Bagnaia d'environ quarante milles. Il dit adieu à ses frères, avec les sentiments d'humilité et de charité dont son âme était remplie et se mit en route, en compagnie d'un Père du Couvent du noviciat, désigné pour le service des galères pontificales, service qu'Innocent XI, par un bref tout récent, avait confié aux Capucins. Ce Père était maladif et tout infirme; et on lui avait assigné cet emploi dans l'espérance que l'air de la mer apporterait quelque soulagement à ses maux.

A peine nos deux voyageurs eurent-ils parcouru cinq à six milles, que le Père, soit par l'effet de sa maladie, soit par la tendance de sa nature hypocondriaque, se laissa aller au découragement et voulut retourner à l'infirmerie de Viterbe. Pour surcroît d'ennui, il fallut que Fr. Crispino allât chercher en toute hâte, dans les campagnes environnantes, quelque moyen de transport pour le ramener au Couvent.

Et ce ne fut pas sans difficulté. On se trouvait alors au 23 juillet : les paysans étaient tous occupés à la récolte, et les bêtes de somme continuellement employées soit à transporter, soit à broyer le grain, soit aux autres travaux de la saison. Malgré tous ces obstacles, Fr. Crispino n'hésita pas un instant. Il se mit à parcourir la campagne, et finit par obtenir ce qu'il désirait. Un bon paysan consentit à le suivre avec son cheval pour porter secours au religieux malade. Il ramena ce Père au Couvent, se tenant constamment à ses côtés pour l'assister et le consoler, et voulant lui-même conduire le cheval par la bride. Il savait unir à ses bons offices des paroles si affectueuses, que ce Père en fut étonné, et n'oublia jamais ce dévouement et cette affabilité de notre Bienheureux.

Fr. Crispino repartit le lendemain pour la Tolfa avec deux autres Religieux que le P. Gardien de Viterbe lui assigna comme compagnons. Ce jour-là était la vigile de S. Jacques, apôtre. Notre Bienheureux voulut jeûner au pain et à l'eau en dépit de la fatigue du voyage; et le jour suivant, étant la vigile de S. Anne, Mère de la S. Vierge, il voulut encore pratiquer la même austérité. Ses compagnons le supplièrent de prendre un peu de vin pour réparer ses forces; mais leurs instances furent inutiles. Il arriva donc tout brisé de fatigue au Couvent de la Tolfa. Au moment même, les Religieux se rendaient au chœur pour la discipline; Fr. Crispino alla avec un saint empressement prendre part à cet exercice de mortification, car jamais il ne voulut que ses pénitences particulières lui servissent de motif pour se dispenser de celles qui sont de règle ou d'usage pour toute la communauté.

Le P. Gardien du Couvent de la Tolfa était alors le P. Ange de Ronciglione, religieux plein de prudence et de douceur.

Il accueillit Fr. Crispino avec une grande bonté, et lui confia l'office de la cuisine. Fr. Crispino accepta cet emploi avec la sainte joie que donne l'obéissance, et mit dès lors tous ses soins à s'en acquitter pour le mieux. Il avait coutume de répéter souvent cette parole de S. Bernard : « Pauvreté et Propreté, *Poverta e Pulizia* ». C'était sa devise familière et il y conforma sa conduite, ne négligeant rien pour faire régner, dans son office, la propreté et servir charitablement ses frères, sans manquer à la pauvreté dont il avait fait profession, et sans oublier sa Mère du Ciel. Au milieu des travaux et des soucis de son emploi, il ne perdit jamais de vue Celle à laquelle il avait consacré toute sa vie. Il érigea dans la cuisine un petit autel, surmonté d'une dévote image de la S. Vierge, afin qu'elle présidât à tous ses travaux. Son plus grand bonheur était de prier devant cette image, de tresser à sa « douce Mère » des couronnes de fleurs, ou de faire brûler devant elle les plantes aromatiques qu'il pouvait se procurer. Les samedis, les dimanches, les vigiles et les fêtes de la S. Vierge, sa cuisine était transformée en un véritable sanctuaire. L'autel était mieux orné que de coutume, et Fr. Crispino multipliait ses pratiques de dévotion. Il invitait les deux clercs de semaine à chanter les litanies et à réciter des prières devant sa Madone, convoquant aussi à cette touchante cérémonie les séculiers qui se trouvaient au Couvent. Tous unissaient leur voix pour invoquer la Reine du Ciel. Fr. Crispino était rayonnant de joie, et sa ferveur extraordinaire édifiait grandement ceux qui avaient le bonheur de prier avec lui.

Tous les loisirs que son emploi lui laissait, le Bienheureux allait les passer dans la Chapelle du Couvent, occupé soit à servir les Messes, soit à adorer Notre Seigneur dans le T. S. Sacrement de l'Autel. Aussi, quelle que fût son humilité, la ferveur extraordinaire qui l'animait ne put rester longtemps cachée, non-seulement à ses frères, mais encore aux séculiers qui venaient en grand nombre dans cette Chapelle, située aux portes même de la Tolfa.

Dieu se plut à mettre en évidence la sainteté de son serviteur. Dès cette première année de sa vie religieuse, commença une série de merveilles qui ne devait plus être interrompue.

Une épidémie miasmatique s'était déclarée à la Tolfa et y faisait un grand nombre de victimes. Une veuve très respectable, nommée Galliana, bienfaitrice insigne du Couvent des Capucins, étant gravement atteinte, pria le P. Gardien de lui envoyer notre Bienheureux. Elle avait déjà conçu de lui la plus haute estime, à cause de sa piété si recueillie quand il servait la Sainte Messe, ou pendant les autres cérémonies religieuses. Le P. Gardien ne pouvait lui refuser cette consolation. Il ordonna donc à Fr. Crispino d'aller la visiter, et le Saint Frère se rendit humblement chez la malade. Il commença à consoler Galliana, en lui suggérant les pensées de foi les plus propres à la fortifier au milieu de ses épreuves. Mais la pieuse veuve ne voulait pas seulement ses paroles ; elle pria et supplia Fr. Crispino de faire le signe de la Croix sur son front avec la médaille de son Chapelet, sur laquelle était gravée l'image de Marie-Immaculée. Fr. Crispino acquiesça à ses désirs, et la malade fut subitement guérie. Le bruit de cette guérison miraculeuse se répandit bientôt et excita dans la ville un vif enthousiasme et une grande confiance dans l'intercession du saint religieux. Tous les malades voulurent recevoir sa visite, et être marqués par lui du signe de la Croix. Le P. Gardien accédait aux demandes qui lui étaient faites de toutes parts ; Fr. Crispino allait donc, au nom de l'obéissance, visiter les pauvres infirmes, et obtenait chaque jour, par l'intercession de sa Mère et de sa Dame, de nombreuses guérisons.

Au Couvent des Augustins, le P. Maître Celli, théologien de mérite et célèbre prédicateur, avait contracté le mal épidémique. Une fièvre ardente et continue le conduisait à grands pas au dernier terme, et il n'y avait déjà plus d'espérance de guérison. Voyant que tous les efforts des hommes étaient inutiles, il eut recours au Fr. Crispino, et le fit appeler auprès de lui. Notre Bienheureux fut consterné de cette demande. « Il ne convenait pas, disait-il, qu'un simple frère cuisinier fît le signe de la Croix sur un prêtre, grand prédicateur et maître en Théologie ». Enfin, son humilité dut céder devant l'obéissance. Après avoir exhorté le malade à une vive confiance en Marie Immaculée, il fit le signe de la Croix avec la médaille sur sa poitrine, ne voulant pas le faire sur son front, par respect pour son sacerdoce. Aussitôt Maître Celli se trouva mieux, et en deux jours il quitta le lit, ce qui ne pouvait arriver naturellement, au témoignage des deux médecins de la Tolfa et de Civita-Vecchia, qui en étaient émerveillés et reconnaissaient, dans une guérison si prompte, un prodige manifeste.

Une guérison plus merveilleuse encore fut celle d'un gentilhomme, intendant des mines d'alun.

Les fièvres miasmatiques l'avaient réduit à la dernière extrémité et les médecins désespéraient de le sauver. Il fit prier le P. Gardien de lui envoyer notre Bienheureux, devenu en quelque sorte le *guérisseur* attitré de tous les cas incurables. Le P. Gardien se hâta d'envoyer le saint frère auprès du malade. Fr. Crispino obéit ; mais comme ce gentilhomme ne jouissait pas d'une bonne réputation, soit pour les mœurs, à cause

de ses fréquentations suspectes avec une femme décriée dans le pays, soit pour la probité, car on l'accusait généralement de commettre des injustices vis-à-vis des ouvriers, le Bienheureux était plus préoccupé de guérir l'âme que le corps. Aussi en abordant le malade, sans même lui adresser le salut d'usage, et d'un ton très animé :
« M. l'Intendant, dit-il, quiconque offense le Fils, contriste aussi la Mère : celui qui veut obtenir des grâces de la S. Vierge doit lui être dévot ; or la vraie dévotion envers cette tendre Mère consiste à ne pas offenser son Divin Fils ».

A ces paroles, le gentilhomme sentit le remords pénétrer, comme une lame aiguë, au plus intime de son cœur. Il pleura longuement tandis que Fr. Crispino priait en silence. Le repentir du coupable se transforma bientôt en ferme propos de se convertir et de changer de vie. Alors seulement, le Bienheureux, comme s'il avait suivi du regard, dans son âme, l'action progressive de la grâce, s'approcha de lui, fit sur son front le signe de la Croix avec la médaille de son Chapelet, en lui disant : « Lève-toi : maintenant tu es guéri ». Et en effet, le malade au même instant recouvra la santé ! Il vécut ensuite comme un modèle de chasteté et d'intégrité, prouvant ainsi à tous qu'il avait obtenu, par l'intercession du saint frère, une double guérison.

Le P. Pierre des Grottes, fervent Missionnaire Capucin, se démit le pied en tombant d'un escalier et dut s'astreindre à rester au lit. Plus encore que de ses douleurs, il souffrait de l'impuissance où il se trouvait, d'aller, comme ses frères, se dévouer au service des pestiférés. Cette impuissance lui arrachait des soupirs continuels, et on l'entendait se dire à lui-même : « Quoi ! tous mes Frères supportent de longues fatigues et acquièrent de nombreux mérites en s'employant au soulagement des malades : moi seul, comme un lâche, je reste ici, et ne fais rien pour eux ! » Or, un soir, que cette pensée l'affligeait plus encore que de coutume, il fit appeler le P. Gardien et le pria tant, que celui-ci consentit à obliger Fr. Crispino de faire le signe de la Croix sur le pied du malade. Chose merveilleuse ! l'enflure disparut au même instant ; la partie malade reprit sa couleur naturelle, et la douleur ne se fit plus sentir. Le lendemain, ce Religieux célébra la Messe, après quoi, il alla, avec un saint empressement, exercer son zèle auprès des pestiférés. Bien plus : pendant de longues années encore, il put vaquer librement à son ministère, sans éprouver aucune souffrance, tandis qu'auparavant il ressentait périodiquement de douloureux accès de rhumatismes.

Durant ce terrible fléau, Fr. Crispino semblait avoir reçu officiellement la mission d'opérer des miracles au nom de sa Mère du ciel. Avant d'aller voir les malades, et sur la permission de son Supérieur, il recueillait, dans un panier, des olives, des châtaignes, des fruits secs, ou tout autre comestible qu'il pouvait trouver. Puis il présentait ce panier à l'image de sa chère Madone, aux pieds de laquelle il récitait quelques *Ave Maria* et disait à cette tendre Mère, avec la foi simple et naïve d'un enfant : « O très sainte Vierge, bénissez ces fruits ; je vais les porter aux pauvres infirmes, pour procurer quelque soulagement à leurs souffrances : faites qu'il leur en arrive du bien et non du mal ». Il allait ensuite à ses malades assuré de la bénédiction qu'il avait demandée, et distribuait ses fruits indistinctement à tous les fiévreux. Ceux qui les recevaient avec dévotion et les mangeaient avec foi, éprouvaient aussitôt un mieux sensible et se trouvaient guéris en peu de jours. Aussi ces paroles devinrent-elles proverbiales dans la contrée : « A quoi bon le médecin et la médecine ? Les olives et les fruits de Fr. Crispino valent mieux que toutes les prescriptions des docteurs ! »

Rentré le soir au Couvent, le Bienheureux n'oubliait pas et n'abandonnait pas ses chers malades. Non content des prières qu'il avait faites pendant le jour, et peu préoccupé de ses fatigues, il passait en oraison la plus grande partie de la nuit, arrosant le sol de ses larmes, et implorant la miséricorde divine pour ce peuple affligé.

Pour apaiser plus sûrement le courroux du ciel chaque nuit, il se donnait la discipline au point de faire couler le sang en abondance. Nous pouvons croire que ces ferventes prières de Fr. Crispino, que ce sang innocent, versé avec tant d'amour, furent une puissante intercession auprès de Dieu, dont la miséricorde attache à la souffrance, surtout à la souffrance volontaire. une vertu rédemptrice. Le Seigneur pourtant semblait n'être point satisfait, puisque le mal sévissait encore. Fr. Crispino composa donc, pour cette circonstansce extraordinaire, un nouvel instrument de supplice. A l'extrémité de sa discipline il fixa de petits cylindres de cuivre, hérissés de fragments de verre et de clous très aigus. Mais comme il avait coutume de ne rien faire sans l'autorisation de ses Supérieurs, il porta au P. Gardien, qui était en même temps son Confesseur, l'instrument de son invention, et demanda la permission de s'en servir

Le P. Gardien épouvanté, lui interdit l'usage de sa discipline. Fr. Crispino insiste et finit par obtenir l'autorisation de s'en servir tous les Vendredis de mars en mémoire de la flagellation de Notre Seigneur Jésus-Christ. On peut croire, sans irrévérence, que si les intentions du Bienheureux étaient bonnes, ses instances le furent moins, car le résultat semble indiquer que Dieu ne lui accorda pas pour cette flagellation excessive, les grâces qui, en d'autres circonstances, l'avaient prodigieusement soutenu. En effet, le premier Vendredi étant venu, Fr. Crispino ne manqua pas d'employer son terrible instrument. Il frappa son corps innocent, comme s'il était lui-même l'unique cause du fléau. Bientôt le sang coule, puis il jaillit ; et les coups redoublent, et les chairs labourées par les fragments de verre et les clous volent en lambeaux, jusqu'à ce que la victime, épuisée de sang et de force, tombe en murmurant faiblement : « *Parce Domine, parce populo tuo.* Pardonnez, Seigneur, pardonnez à votre peuple ». Les soins qui lui furent donnés par les religieux ne suffirent pas : les plaies, loin de se cicatriser, s'envenimaient de jour en jour. Il fallut recourir pendant plusieurs semaines à l'habileté des médecins les plus renommés de la contrée. Quand Fr. Crispino fut convalescent, le P. Gardien lui défendit pour toujours l'usage de cette discipline meurtrière. Et Fr. Crispino de répondre, avec son bon sourire : « *Si, si Padre.* Oui, mon Père : celle-là dépasse un peu trop les limites ».

L'épidémie cessa enfin, et le peuple attribua cette faveur à l'intercession de Fr. Crispino. Sa renommée et la vénération des fidèles à son égard prirent un tel accroissement, que dès lors, tous le regardèrent comme un saint. Le peuple accourait sur son passage, se pressait autour de lui pour se recommander à ses prières et recevoir ses conseils. Sa sainteté imposait un tel respect, que l'on n'osait plus commettre le moindre mal en sa présence. Les gens de mauvaise vie prenaient la fuite ou se cachaient, dès qu'ils le voyaient venir ; les joueurs faisaient disparaître les cartes et les dés ; les femmes vêtues d'une manière peu modeste se retiraient, et les jeunes libertins cessaient leurs amusements indécents.

Les biographes du Bienheureux nous ont laissé un exemple frappant de l'empire qu'il exerçait dans ce pays. Une rixe sanglante s'était élevée entre les sbires de la Tolfa et les mineurs d'Allumière. Déjà ils avaient saisi les armes, lorsque Fr. Crispino vint à paraître : tous aussitôt de tourner le dos et de se retirer par différents chemins. Le P. Pierre des Grottes, dont nous avons parlé plus haut, et qui, en cette circonstance, accompagnait le Bienheureux, ne pouvait revenir de son étonnement, en voyant l'ascendant que donnait au saint Religieux la vénération qu'on avait pour lui. De retour au Couvent, il disait à ses confrères : « Fr. Crispino, par sa seule présence, produit plus de fruits dans les âmes que toutes mes prédications et mes longues heures de confessionnal ».

CHAPITRE IV

Cependant on arrivait à l'époque du Chapitre de la Province de Rome, qui devait renouveler la famille religieuse des Couvents. Le conseil des magistrats de la Tolfa, craignant de perdre Fr. Crispino, adressa au Chapitre une lettre de supplication, afin que le saint frère fût maintenu au Couvent de la Tolfa. On comprend aisément toutes les raisons que les magistrats faisaient valoir dans cette supplique. Mais il fut impossible aux supérieurs d'accéder à leur désir, et quelques jours après le Chapitre, Fr. Crispino reçut une lettre d'Obédience qui le destinait au Couvent de Rome.

CHAPITRE V

LE BIENHEUREUX AU COUVENT DE ROME

(1696)

Fr. Crispino part pour Rome. — Il relève le courage de ses compagnons de voyage. — Halte au Couvent de Bracciano. — Il prophétise la mort prochaine de l'Archiprêtre de Cervetri. — Sa première visite à la *Confession de S. Pierre.* — Fr. Crispino est nommé infirmier au Couvent de Rome. — Sa charité pour les malades. — Tentations de découragement. — Hémorragie grave. — Sa convalescence. — Départ pour Albano.

L'appel du Provincial avait jeté dans une grande affliction tout le peuple de la Tolfa. Il regardait à juste titre notre Bienheureux comme un puissant Intercesseur auprès du Seigneur et de sa Sainte Mère. Aussi se disposait-on à empêcher, par tous les moyens possibles, le départ du saint Frère ; mais tous les efforts furent inutiles.

Dès qu'il eut reçu sa lettre d'obédience, Fr. Crispino se hâta d'obéir et sortit secrètement de la Tolfa pour se rendre à Rome. Deux jeunes clercs du même Couvent l'accompagnaient. Les trois voyageurs devaient arriver ce même jour au Couvent de Bracciano, qui se trouvait sur la route.

A peine eurent-ils parcouru quelques milles,

que l'un des clercs, Fr. Alexandre de Bassano, d'une constitution très-faible et d'un caractère timide, sentit ses forces l'abandonner et perdit courage. Les pluies des jours précédents avaient rendu la route très mauvaise et presque impraticable ; les sandales du pauvre frère, neuves et mal ajustées, lui avaient blessé les pieds. De plus, il fallait, pour aller à Bracciano, passer à gué trois cours d'eau, qui, grossis par les pluies récentes, formaient des torrents assez dangereux. Fr. Crispino, redoutant peu le danger et la fatigue, marchait en avant pour encourager ses compagnons. Mais bientôt Fr. Alexandre, pour qui chaque pas était une nouvelle souffrance, finit par s'affaisser au bord de la route. Fr. Crispino revint sur ses pas, et, à la vue de ce pauvre frère défait, abattu, il fut saisi d'un sentiment de tendre charité et de grande confiance. Il le prend à pleins bras, le soulève de terre et le fait tourner sur lui-même en lui disant d'un ton jovial : « Allons, mon cher petit Alexandre, du courage, du courage ! Espérez en Dieu et en la sainte Vierge ; vous aurez le cœur joyeux et les pieds forts. » L'effet de ces paroles fut vraiment merveilleux. Car au même instant, Fr. Alexandre sentit une telle vigueur se répandre dans tous ses membres et une telle joie dans son cœur, qu'il fut entièrement transformé. Il se remit aussitôt en marche avec ardeur, malgré le mauvais état du chemin, et il arriva à Bracciano, frais et vigoureux, comme s'il n'eût fait, dit un biographe, qu'une promenade ordinaire dans une ville ou dans un jardin. Mais, chose plus surprenante encore ! des meurtrissures que Fr. Alexandre avait aux pieds, il ne restait plus une seule trace, et le jeune religieux, auparavant si faible et si timide, parut fort et intrépide en toute circonstance à partir de ce jour. Plus tard, devenu célèbre prédicateur, il monta dans les plus grandes chaires d'Italie et eut à soutenir de longs et rudes voyages pour l'exercice de son ministère. Or, il conserva toujours la ferme conviction qu'il devait au Bienheureux la force et le courage qui le soutinrent au milieu de ses travaux apostoliques (1).

Arrivés le soir au Couvent de Bracciano, notre Bienheureux et ses Compagnons se présentèrent au P. Gardien, et se rendirent au réfectoire pour prendre leur repas. Mais c'était un samedi ; Fr. Crispino, qui n'omettait jamais de jeûner ce jour-là en l'honneur de Marie, se contenta d'un peu d'eau et de quelques morceaux de pain. Ce régime lui paraissait suffisant pour se remettre des fatigues de la journée !

(1) C'est ce même P. Alexandre de Bassano qui devait plus tard, comme nous l'avons dit plus haut, écrire, sur l'ordre des supérieurs, ses mémoires sur le Bienheureux.

L'archiprêtre de Cervetri, ecclésiastique d'un grand renom, oncle du P. Gardien de Bracciano, recevait en ce même jour l'hospitalité au Couvent. Le bruit s'était répandu qu'il allait être promu à l'évêché de Segni, et un frère, qui avait une haute idée de la sainteté de notre Bienheureux, voulut l'interroger secrètement au sujet de cette nomination. Le serviteur de Dieu, pénétrant la pensée du religieux, fut un peu troublé sur le moment; mais bientôt il répondit avec assurance : « Et quel évêché, quel évêché ! Paradis ! Paradis ! » Il ne voulut faire aucune autre réponse. L'événement donna bientôt l'explication de ces paroles ; car l'Archiprêtre mourut saintement avant sa promotion à l'épiscopat. De grand matin, Fr. Crispino poursuivit sa route avec ses deux Compagnons. Ceux-ci désiraient prendre la voie qui mène à la porte Flaminia, appelée vulgairement *Porte du Peuple* et qui conduit plus directement au Couvent des Capucins. Mais Fr. Crispino leur dit humblement : « O mon Dieu ! nous allons entrer dans la ville de Rome, et pour éviter l'incommodité de faire un mille de plus, nous irions au Couvent sans visiter auparavant S. Pierre et sans vénérer le corps des Princes des Apôtres ! Mes frères, n'agissons pas ainsi, S. Pierre a la clef du Paradis, et doit nous en ouvrir les portes; S. Paul porte l'épée pour nous défendre contre quiconque voudrait nous empêcher d'y entrer. Faisons donc de bon cœur ces deux milles de plus pour leur amour ». Les jeunes religieux, grandement édifiés, se rendirent à son avis et prirent le chemin qui conduit à la Basilique Vaticane (1).

A S. Pierre, Fr. Crispino tout absorbé par les sentiments de la plus tendre piété, de la joie la plus douce, ne pouvait mettre fin à ses prières; en sorte que ses compagnons durent lui faire une sorte de violence pour l'arracher à cette *Confession* de S. Pierre qui parlait si éloquemment à sa foi et à sa charité.

Il voulut ensuite visiter chacun des sept autels privilégiés et il ne pouvait s'en détacher : tant son cœur vraiment séraphique se trouvait à l'aise dans ce sanctuaire béni !

Ces consolations ne devaient pas être de longue durée, car ce premier séjour de notre Bienheureux à Rome ne fut qu'une série de croix et de peines extérieures.

Le P. Gardien du célèbre Couvent de l'*Immacolata* accueillit Fr. Crispino avec une grande bonté, et lui confia le service de l'infirmerie.

---

(1) Au point de vue de la stricte régularité, ce détour n'avait pas précisément de quoi édifier les deux compagnons du Fr. Crispino ; mais il est à croire que les supérieurs n'avaient pas minutieusement fixé aux voyageurs la route à suivre, moins encore l'heure de l'arrivée.

Le Bienheureux s'adonna à ce nouvel emploi avec un zèle, une sollicitude et une charité inexprimables. Il ne quittait plus ses chers malades, et se prêtait avec une patience admirable à tous leurs désirs. Les services les plus humbles, les plus rebutants, étaient précisément ceux de son choix et il s'en réservait en quelque sorte le monopole exclusif. La nuit, il veillait auprès de ceux qui souffraient davantage, les consolait et priait pour eux. Au retour de la belle saison, le nombre des malades diminua tellement que l'emploi d'infirmier parut à Fr. Crispino une sinécure qui ne répondait plus à son désir de travailler, d'endurer, de peiner pour servir ses frères. A ce grief s'en ajoutait un second. La charge d'infirmier était, au Couvent de Rome, et surtout pour un jeune frère convers, une sorte de grade, une dignité relative parmi les religieux laïques. L'humilité de notre Bienheureux souffrait de cette distinction, mais plus encore peut-être des privations qui, dans sa vie pratique, étaient la conséquence de son emploi. Il dut ne donner qu'une petite place à ses chères légendes des Saints, au livre de l'Imitation, aux écrits sur la S. Vierge qui faisaient ses délices, pour étudier, pendant ses heures libres, les manipulations pharmaceutiques, les plantes et leurs propriétés, ou des Traités de médecine élémentaire et de pharmacie.

D'un autre côté, il avait devant les yeux son vœu d'obéissance qui l'obligeait de se conformer en tout à la volonté de ses Supérieurs. Le fervent religieux s'exagéra à lui-même le danger qu'il courait de marcher moins vite dans les voies de la perfection, et ces considérations le livrèrent à de cruelles angoisses. Lui, si aimable et si joyeux au milieu des plus pénibles travaux, se laissa envahir, dans ce qu'il appelait son oisiveté, par une mélancolie anxieuse qui amena bientôt une grave maladie. Pendant toute une nuit, il rendit le sang à pleine gorge et fut réduit à une extrême faiblesse. Ses biographes attribuent cette hémorragie aux luttes intérieures qu'il avait à soutenir et aux tentations qu'il devait vaincre au dedans de lui-même.

Une fois déjà nous avons vu le Bienheureux en proie à une angoisse de ce genre; nous savons comment son obéissance triompha. L'ennemi vaincu dut se retirer, mais pour revenir à la charge avec une violence telle que Fr. Crispino, une fois encore, fut sur le point d'ouvrir son cœur au découragement. Ces faiblesses nous disent assez que les Saints étaient hommes comme nous, que leur sainteté leur a coûté des sacrifices et a demandé plus d'une lutte. Mais ces luttes doivent nous encourager au combat.

Dès que Fr. Crispino eut repris quelques forces, le Provincial, d'après le conseil des médecins, l'envoya passer quelque temps dans les couvents circonvoisins de Rome, où le changement d'air et les distractions hâtèrent sa convalescence. A son retour à Rome, il fut appliqué provisoirement au lanifice, mais dans des conditions qui ne satisfirent point son désir de travaux et de sacrifices.

Le saint Frère, tout en se défendant, mieux que par le passé, contre le découragement, souffrait en silence, lorsqu'il fut enfin fixé de famille au Couvent d'Albano pour y exercer l'office de cuisinier. Cet office était très pénible en ce couvent, soit à cause du grand nombre de Religieux qui composaient la famille, soit à cause des visites fréquentes des étrangers, qui y recevaient l'hospitalité, surtout à l'époque des villégiatures. Les Supérieurs ne pouvaient donc mieux aller au-devant des désirs du Bienheureux : aussi telle fut sa joie en recevant ses lettres d'obédience, qu'il disait à ceux qui l'entouraient : « Vive Jésus et Marie ! Les Supérieurs ont enfin vu que je suis une bête récalcitrante qui devient pire au repos. Je suis glacé dans l'amour de Dieu et du prochain ; il me faut la chaleur du feu ou du soleil : la cuisine ou le jardin. Vive Jésus ! me voilà cuisinier du Couvent d'Albano ! »

CHAPITRE VI

LE BIENHEUREUX AU COUVENT D'ALBANO

(1696-1700)

A peine arrivé à Albano, Fr. Crispino obtient la guérison du P. Bonaventure dont le pied avait été écrasé. — Le petit autel de la Madone dans la cuisine. — Marc-Antoine Adriani est guéri par les fleurs de cet autel. — Les champignons et le Cardinal de la Trémouille. — Nouvelle recette d'art culinaire. — Fr. Crispino découvre, par sa chère Madone, les choses cachées. — L'ermite Fr. Marc et son péché de haine. — Concours à la Madone de Fr. Crispino. — Il fait des reproches à la S. Vierge de ce qu'Elle laisse dépouiller son autel. — Le Pape Clément XI et le Fr. Crispino. — Les grives et le précepte d'obéissance. — Ses pieuses exhortations aux visiteurs. — Fr. Crispino cite le Tasse. — Ses conversations avec les Cardinaux Pamphili et Casini. — *Amico, hai vinto*. — Fr. Crispino redouble ses austérités pour combattre la vaine gloire. — Il demande au P. Général de le changer de couvent. — Départ pour Monte-Rotondo.

Arrivé au Couvent d'Albano, le Bienheureux s'empressa d'établir l'ordre le plus parfait dans la cuisine et les offices confiés à ses soins, selon sa devise familière : « Pauvreté et Propreté ».

Au Couvent d'Albano comme à Rome, comme à la Tolfa, Fr. Crispino fut bientôt un sujet d'édification pour ses confrères ; et le Seigneur ne tarda pas à manifester à son tour combien cet humble Convers lui était agréable. Le P. Bonaventure aidait un jour Fr. Crispino à soulever quelque objet d'une certaine lourdeur. Peu habitué aux opérations de ce genre, il laissa tomber le fardeau, qui, de tout son poids, lui écrasa le pied, au point qu'un des ongles était complètement détaché, et les autres plus ou moins contusionnés. Les Religieux accoururent et transportèrent le Père dans sa cellule pour panser sa plaie. Mais personne ne fut plus sensible à cet accident que le Bienheureux qui l'attribuait à sa propre maladresse et à la malice du démon. Il passa toute la nuit en prières et fit de vives instances à sa tendre Mère, afin qu'elle daignât obtenir au patient une prompte guérison. Le matin étant venu, il alla trouver le malade, et lui dit avec beaucoup de ferveur et de confiance :

« Mais à quoi pense le démon ? Espère-t-il nous priver, vous de votre mérite, et moi de votre secours ?... Ah ! il se trompe ! » Cela dit, il prit entre ses mains le pied blessé, exhortant le malade à une grande confiance. Aussitôt la douleur cessa, et le lendemain il ne restait plus aucune trace du mal, et le P. Bonaventure, par reconnaissance, se fit désormais une joie de seconder le Bienheureux dans son emploi.

Suivant son habitude, Fr. Crispino érigea dans la cuisine un petit autel à la Bienheureuse Vierge Marie, envers laquelle sa dévotion grandissait chaque jour. Sa grande joie était, comme à la Tolfa, de conduire les religieux et les séculiers qui venaient au Couvent, devant sa chère Madone, de la leur faire vénérer et de l'invoquer avec eux. Bientôt cette Madone devint célèbre, car les fleurs qui ornaient son autel rendaient la santé aux malades.

Marc Antoine Adriani, camérier secret du Pape Clément XI, se trouvant à la Chapelle des Capucins d'Albano pour y entendre la sainte Messe, fut pris tout-à-coup de violents maux d'entrailles auxquels il était fréquemment sujet. Bientôt ne pouvant plus supporter la douleur, il se retira à la sacristie, le visage pâle et défait. Fr. Crispino, avec qui il avait lié des rapports familiers, le rencontrant en cet état, eut compassion de lui, et le prenant par la main, le conduisit devant le petit autel de sa chère Madone. Après avoir récité ses Ave-Maria d'usage il détacha du bouquet, qui ornait la sainte image, une petite branche d'immortelles et la remit au camérier, en lui disant avec assurance : « Mâchez cette immortelle, bénite par ma Madone ; rejetez ensuite votre salive et vous serez délivré ». Adriani obéit et fut guéri au même instant.

CHAPITRE VI

Jean-Marie Lancisi, médecin du Pape, ayant appris ce fait, dit au serviteur de Dieu : « O fra Crispino, vos remèdes sont supérieurs à ceux que nous ordonnons ! » — « Eh ! sans doute, répondit celui-ci, vous êtes un savant Docteur, et comme tel, Rome entière vous acclame ; mais sachez que ma Madone en sait encore plus que vous et que tous les médecins réunis ».

Le Cardinal de la Trémouille, ambassadeur de France, se trouvait alors à Albano, pour y respirer l'air de la campagne et réparer ses forces ébranlées par une grave maladie. Tout espèce de nourriture lui répugnait, et il passait ses nuits en de continuelles insomnies qui le rendaient mélancolique et abattu. Chaque matin, ce Prélat faisait une visite au Couvent des Capucins et se promenait solitaire dans les belles avenues qui y conduisent, n'admettant personne à s'entretenir avec lui, à l'exception de Fr. Crispino, pour lequel il avait une très grande vénération. Le bienheureux ayant trouvé un jour des champignons, alla demander d'abord au P. Gardien la permission de les offrir au Cardinal, et puis les présenta à sa chère Madone, en la priant de les bénir pour le bien du malade. « Vous savez, ô Mère, combien il est brave et bon ce Cardinal. Il vous faut le guérir ! » Après cette prière, Fr. Crispino se rend auprès du cardinal et sans autre préambule :

« Monsieur le Cardinal, lui dit-il, d'un ton assuré, Monsieur le Cardinal, mangez ces champignons : pour sûr ils vous feront du bien parce qu'ils ont été bénits par ma très-sainte Mère... Mangez-en de bon cœur et laissez dire les médecins ; sans autre remède vous reprendrez vos forces et recouvrerez une santé parfaite ». Plein de confiance dans la vertu du saint frère, le Prélat accepta avec reconnaissance ce remède imprévu dont l'efficacité lui était prédite par son cher Fr. Crispino. Il recouvra en effet l'appétit et le sommeil et fut, à partir de ce moment, délivré de sa noire mélancolie.

Les biographes du Bienheureux rapportent ici un fait assez plaisant dont on parla beaucoup dans toute la ville d'Albano. Il pourra paraître puéril à quelque lecteur ; nous ne croyons pas cependant devoir l'omettre, car il met admirablement en relief cette confiance naïve de Fr. Crispino envers sa chère Madone qui lui répondait par des miracles.

Le prince Pamphili allait presque chaque matin faire sa promenade au Couvent des Capucins. Il avait coutume d'entrer dans la Chapelle des Religieux, et, après avoir prié, il aimait de converser pendant quelques instants avec notre Bienheureux. Or, le dernier jour d'octobre, le prince sachant que les Capucins commencent, le lendemain de la Toussaint, un jeûne rigoureux qui se prolonge jusqu'à Noël, eut la pensée d'envoyer un peu de viande aux Religieux, afin qu'ils pussent se restaurer convenablement et prendre quelques forces pour mieux supporter les austérités du jeûne. Il en prévint Fr. Crispino et donna les ordres nécessaires. Mais le domestique du Prince mit de la négligence à les exécuter et la viande n'arriva que quelques minutes avant l'heure réglementaire. Fr. Crispino très affligé de ce retard, confia son embarras à un laïque qui s'était retiré chez les Capucins d'Albano pour y vivre en bon chrétien, tout en rendant différents services aux Religieux. Celui-ci, homme de joyeuse humeur et aimant la plaisanterie, voulut égayer ce jour-là toute la Communauté. « Vous êtes embarrassé pour si peu, dit-il au Fr. Crispino : j'ai un secret pour cuire toute viande en quelques minutes. Vous allez voir ». Il court au jardin et en rapporte quelques petites racines auxquelles il donne un nom de circonstance. « Voici mon secret, dit-il au Bienheureux, prenez ces racines ; hachez menu, saupoudrez la viande avec, et en un instant tout sera cuit ». Fr. Crispino s'empressa de mettre à exécution ces prescriptions culinaires, mais en y ajoutant une recette qui n'était pas dans le programme de son interlocuteur. Il alla se mettre à genoux devant sa chère Madone, récita dévotement quelques Ave-Maria, et lui dit avec toute la foi de son cœur : « Vous sainte Mère de mon Dieu, bénissez ces racines et faites qu'elles produisent un bon résultat pour vos serviteurs ». Il active le feu de ses fourneaux et lorsque les Religieux, au bout de quelques minutes, eurent pris place au réfectoire, la viande était préparée dans les conditions les meilleures.

Le fait se divulgua dans Albano et plusieurs personnes voulurent essayer le merveilleux secret, mais ce fut toujours en vain. Elles firent part de leur insuccès à celui qui l'avait conseillé au Bienheureux ; mais celui-ci répondait, non sans quelque embarras : « Imitez en tout Fr. Crispino, employez ces racines avec la même foi, et vous obtiendrez les mêmes résultats ».

En toute rencontre, le Bienheureux recourait à sa chère Madone, comme un enfant à sa Mère, et jamais elle ne lui fit défaut. Il obtint même, plus d'une fois, pour le bien de ceux qui s'adressaient à lui, la grâce de connaître les choses les plus secrètes.

L'Abbé Mengoli, gentilhomme des Romagnes, vint un jour au Couvent, tout désolé à cause de plusieurs papiers importants qu'il ne pouvait retrouver. Fr. Crispino, après avoir prié devant la sainte image, lui dit avec assurance : « Retournez dans votre maison, cherchez dans telle armoire, vous y trouverez vos papiers ». Le gentilhomme les y trouva en effet, non sans un grand étonnement, d'autant plus que le Bienheureux n'avait jamais visité sa maison, et ne connaissait pas cette armoire.

Une autre personne avait caché dans un livre un billet de trente écus romains. Plus tard, ne pouvant plus se rappeler où elle l'avait placé, elle était dans une grande inquiétude, et vint enfin confier sa peine au serviteur de Dieu : « Attendez un instant, » répondit-il ; et aussitôt il alla prier devant sa chère Madone. Bientôt il revint tout joyeux et dit : « Cherchez dans ce livre que vous lisez quelquefois pendant vos soirées, et vous trouverez ce billet ». Cette personne se rappela qu'en effet elle l'avait caché dans ce livre, et remercia le Bienheureux, en admirant de plus en plus le crédit dont il jouissait auprès de la Sainte Vierge.

Le fait suivant est plus étonnant encore. Deux ermites s'étaient fixés près des bords du lac de Castel-Gandolfo. Le plus âgé, appelé Fr. Marc, avait planté et cultivait avec beaucoup de soins différents arbres dont les fruits étaient exquis et très rares dans la contrée. Il les offrait aux Cardinaux, aux Princes et au Pape lui-même. Comme ces fruits constituaient le principal revenu de l'Ermitage, il les surveillait avec une extrême sollicitude. Le démon en profita pour souffler la discorde entre les deux frères.

Un jour, Fr. Marc s'apercevant que quelques fruits avaient disparu, soupçonna son compagnon, appelé Fr. Antoine, de les avoir dérobés, et conçut contre lui une haine implacable, sans toutefois oser la lui manifester. Sur ces entrefaites, il fut affligé d'un mal d'oreilles accompagné d'une surdité presque complète, à tel point qu'on était quelquefois obligé de lui parler par signes. Ce mal, qui avait les caractères d'une fluxion, descendait peu à peu et gagnait déjà la poitrine, avec danger d'étouffer le pauvre ermite. Il eut donc recours au Fr. Crispino avec qui il était lié d'une étroite amitié, et vint le prier d'intercéder pour lui auprès de sa chère Madone. Aussitôt que le Bienheureux l'aperçut, il le tira à l'écart pour ne pas être entendu des autres Frères, et, sans lui laisser le temps d'exposer sa demande : « Je sais, lui dit-il, ce que vous voulez, Fr. Marc ; mais je sais aussi que vous portez dans le cœur une haine contre Fr. Antoine, et vous méditez une vengeance contraire à toute justice. Les fruits n'ont pas été dérobés par votre compagnon, et Dieu vous châtie parce que vous êtes dans le péché. Rejetez ce vilain sentiment de haine et aussitôt je vais prier la sainte Vierge pour vous et vous serez délivré ». Cela dit, il s'éloigna. Fr. Marc demeura stupéfait, car il n'avait manifesté à personne les sentiments de son cœur. Il rougit de ses pensées de haine et de vengeance : et quelle ne fut pas sa joie lorsque, un instant après, au retour du Bienheureux qui était allé se prosterner devant la sainte image de la Vierge, il se trouva entièrement guéri ? Il revint tout joyeux à l'Ermitage, rendit son affection à Fr. Antoine et dès lors ils vécurent ensemble dans une sainte union.

Les personnes du dehors offraient souvent des fleurs et des cierges pour l'autel, et conservaient précieusement, comme des reliques, les objets qui avaient été déposés aux pieds de la sainte Vierge. On allait même parfois jusqu'à se permettre ces pieux larcins que la foi italienne excuse assez facilement. Le Bienheureux souffrait de voir si souvent disparaître les ornements de sa Madone, et s'en plaignait à elle avec une liberté toute filiale, quoiqu'il fût d'ailleurs très-satisfait de tout ce qui pouvait contribuer à propager le culte de sa chère Mère et la confiance en sa bonté.

Un jour pourtant, Fr. Crispino estima que la sainte Vierge était trop condescendante et lui en fit des reproches. Voici, tel qu'on le lit aux Actes du Bienheureux, ce fait délicieux de simplicité et de piété franciscaine.

Le Père Damascène, Mineur Conventuel, un des plus intimes confidents du Pape pendant sa villégiature de Castel-Gandolfo, porta un jour au Bienheureux, pour sa Madone, deux bouquets et deux cierges. Les fleurs déposées sur l'autel et les cierges allumés, Fr. Crispino après avoir salué sa bonne Mère, alla au jardin chercher des légumes. A son retour, fleurs et cierges avaient disparu ! « Comment, bonne Mère ! s'écrie Fr. Crispino ; en une seule fois, les cierges et les fleurs ! Vous êtes trop bonne ; un jour ou l'autre, ils vous enlèveront votre enfant d'entre les bras, et vous laisserez faire ! Oui, je vous le répète, vous êtes trop bonne : ils vous enlèveront votre *bambino*, et ce sera tant pis pour vous, *Mamma mia ;* car vous pourriez bien, au moins quand je ne suis pas là, garder un peu mieux votre autel ». — « Eh ! oui, dit alors le P. Damascène, qui s'était tenu blotti dans un recoin de la porte, en cachant les cierges et les fleurs, oui, Fr. Crispino, Elle laisse prendre, mais Elle sait se faire rendre ». Puis il embrassa longuement le saint Frère en lui disant : « Priez-la bien pour moi, votre Mère du Ciel ».

Clément XI était alors en villégiature à Castel-Gandolfo, distant d'Albano d'un mille et demi seulement. Une route charmante, couverte d'ombrage dans tout le parcours, va du château pontifical au Couvent des Capucins ; aussi les Prélats de la famille papale y faisaient leurs promenades habituelles et venaient prier dans la Chapelle du Couvent et converser avec le Bienheureux, pour lequel ils avaient une grande vénération. Ils ne se lassaient jamais d'entendre ses discours, et se faisaient un devoir de communiquer au Vénérable Pontife les choses admirables dont ils étaient témoins au Couvent des Capucins. Aussi Clément XI, qui avait lui-même la coutume d'aller au Couvent désira voir le saint Religieux et s'entretenir avec lui. L'humble frère, tout confus de l'honneur qu'il recevait, pouvait à peine répondre. Mais le Pape l'encouragea par sa bonté, et fut si édifié des paroles du Bienheureux, que chaque fois qu'il venait au Couvent, il voulait renouveler l'entretien, et ne se lassait pas d'admirer sa naïveté et sa piété joyeuse.

Le petit autel de la cuisine eut bientôt les sympathies pontificales, et le S. Pontife n'oubliait pas, lorsqu'il envoyait des cierges au Couvent, de faire choisir les deux plus gros pour la Vierge de Fr. Crispino. Un jour même après avoir assisté à la messe conventuelle, Clément XI voulut les remettre de sa propre main au Bienheureux en lui disant : « Vous les allumerez devant votre Madone, et vous Lui demanderez de Nous assister dans le gouvernement de l'Église ».

Pendant sa villégiature, ce pieux et grand Pape se rendait, presque tous les samedis, à la Madone dite de Galloro, pour assister aux litanies chantées par les Religieux de Vallombreuse. Un jour, on lui offrit, au retour de ce pélérinage, deux paniers de grives et le S. Père les accepta volontiers. Arrivé en face du Couvent des Capucins d'Albano, il fit arrêter sa litière et dit aux Religieux accourus, sur son passage, pour recevoir sa bénédiction : « Aujourd'hui, Nous avons fait heureuse chasse et Nous apportons quelques bonnes grives ; que Fr. Crispino vienne les prendre ». Le Bienheureux fut, en un instant, aux pieds du Vicaire de Jésus-Christ. « Fr. Crispino, reprit le S. Père, vous mettrez tout votre art à faire cuire ces grives, et Nous voulons que demain, vous mangiez celle qui vous reviendra : Nous vous l'ordonnons par obéissance ». — « Grand merci, Très-Saint Père : l'obéissance ne sera pas bien difficile », telle fut la réponse de l'humble Frère au Pape qui souriait en le bénissant.

Des personnes de tout rang et de toute condition venaient passer la belle saison à Albano ; et tous ceux qui se rendaient au Couvent demandaient de pénétrer dans la cuisine pour prier devant le petit autel de Fr. Crispino, qui les accueillait tous avec joie. Ce n'était pas assez, pour son amour, d'obtenir des miracles : il se fit apôtre aux pieds de sa chère Madone, et ne laissait échapper aucune occasion d'exciter les visiteurs à une dévotion toute filiale envers la sainte Vierge. Il parlait de ses privilèges, de son amour pour les hommes ; il avait même appris et récitait fort agréablement différentes poésies composées en son honneur. Puis il tombait à genoux ; ses visiteurs s'unissaient à ses prières, et se retiraient non moins consolés qu'édifiés de tout ce qu'ils avaient vu et entendu.

Son zèle pour la gloire de Dieu et le salut des âmes lui suggéra un expédient très ingénieux qu'il mit en usage dans le Couvent d'Albano et dont il nous donnera bientôt lui-même la raison. Il avait appris de mémoire différents passages de la *Jérusalem délivrée*, et, en temps et lieu, suivant l'opportunité, il les récitait aux séculiers qui venaient le visiter. Ceux-ci l'écoutaient avec beaucoup de satisfaction ; bientôt une conversation s'engageait, et le saint qui avait gagné toutes les sympathies de ses interlocuteurs, la détournait adroitement sur différents sujets de piété.

Alexandre Guidi, poète célèbre de ce temps, qui traduisit plus tard en vers italiens les Homélies de Clément XI, avait conçu pour le Bienheureux une très grande affection. Comme il lui demandait un jour quel était le passage du Tasse qui lui plaisait davantage, le Frère répondit que c'était celui du second chant sur la statue de la Madone, que le sultan Aladin fit enlever du temple des Chrétiens et porter dans la mosquée des

Sarrasins ; et aussitôt il commença à discourir sur l'auguste Mère de Dieu et sur la grande terreur qu'elle cause au démon et à l'enfer. Il parla avec une telle ferveur que Guidi, profondément touché, ne put retenir ses larmes : « Cet entretien, disait-il, a commencé par le rire et maintenant il finit par les pleurs ».

Le Cardinal, Benoît Pamphili venait souvent s'entretenir avec le saint Frère. Comme il aimait beaucoup la poésie, il le pria un jour de lui réciter quelques passages du Tasse. Fr. Crispino choisit celui du troisième chant, dans lequel le poète fait la description du Camp des Chrétiens en face de Jérusalem. De là il prit occasion de parler au Prélat de la joie ineffable que nos âmes éprouveront quand elles seront arrivées en face des portes du Paradis. Il parla du ciel avec enthousiasme; sa parole était brûlante, son visage transfiguré ; un feu divin s'échappait de son regard, et le pieux Cardinal, qui contemplait et écoutait avec admiration, ce pauvre frère lai sentait lui-même une flamme toute nouvelle s'allumer dans son cœur.

C'est ainsi qu'un grand nombre de Prélats et de Cardinaux se lièrent d'une étroite amitié avec notre Bienheureux et faisaient leurs délices de converser avec lui : tant ses paroles étaient tout à la fois aimables, simples et édifiantes !

Le Cardinal François Marie Casini, Capucin,

soit avant sa promotion au Cardinalat, lorsqu'il n'était encore que Définiteur Général de son Ordre et Prédicateur apostolique, soit lorsqu'il fut revêtu de la pourpre, venait passer la belle saison dans le Couvent d'Albano. Comme il était très-humble, il aidait souvent Fr. Crispino à laver la vaisselle. Après avoir terminé les prières d'usage, il demandait au Bienheureux de lui réciter quelques vers du Tasse : et toujours c'était pour eux une occasion d'échanger de pieuses réflexions sur les choses du ciel.

Fr. Crispino avait ainsi trouvé le moyen d'exciter de vrais désirs de perfection dans le cœur de tous ceux qui s'entretenaient avec lui. Et afin d'arriver plus facilement à ces entretiens pieux, il avait adopté comme formule de salutation familière cette parole du Tasse :

> Amico, hai vinto.
> Ami, tu as vaincu.

Le poète traite, dans ce passage, des vertus infuses par le S. Esprit dans l'âme de la jeune guerrière musulmane, qui, blessée à mort, reçut le saint Baptême et mourut chrétienne. Le Bienheureux était ainsi amené à rappeler aux personnes du monde les soins à prendre pour se préparer à une sainte mort, et ce sujet était, de tous, celui qu'il préférait traiter.

Le Père Angelo de Zagarola, Mineur Conventuel, habile Théologien, et prédicateur de renom, prêchant le Carême avec beaucoup de zèle et de succès à la Cathédrale d'Albano, vint un jour au Couvent des Capucins. Fr. Crispino le voyant seul un moment, s'approcha de lui, et après lui avoir humblement baisé la main, il lui adressa son salut d'usage : « Amico, hai vinto ! » Et la conversation s'engagea aussitôt sur la mort et l'importance de bien mourir, puisqu'il y va de l'éternité ; et ils en parlèrent avec tant de dévotion qu'ils ne purent retenir leurs larmes.

Dès lors, le P. Angelo conçut une si haute idée de la sainteté de Fr. Crispino, qu'ayant été nommé, dans la suite, Provincial de son Ordre, il écrivait au Bienheureux, dans les embarras de sa charge, afin qu'il l'aidât par ses prières auprès de Dieu et de la S. Vierge.

Cependant tous n'approuvaient pas les réminiscences poétiques du Bienheureux. Le P. Joseph de Vetralla, lecteur en Théologie dans le Couvent d'Albano, religieux d'un esprit rigide, d'une piété austère, blâma un jour Fr. Crispino de ce qu'il récitait ainsi des poésies profanes. Le serviteur de Dieu lui exposa humblement la raison qui le déterminait à agir de la sorte : « Le poisson, dit-il, ne va à l'hameçon du pêcheur que s'il y est attiré par quelque amorce agréable. Nos abstinences, cilices, et autres pénitences sont choses et mots qui rebutent les séculiers ; ils ne les comprennent pas et ne peuvent les souffrir ; ceux-là surtout qui sont en villégiature à Albano et n'y viennent que pour se récréer. Ces passages du Tasse, suivis de quelques réflexions pieuses, sont comme l'amorce qui les attire à des conversations dont ils retirent quelque fruit, avec le secours de Dieu et de la très-sainte Vierge Marie ».

Voilà pourquoi le saint frère, si rigide vis-à-vis de lui-même, était toujours si affable avec les personnes du dehors, et acceptait si facilement de converser avec elles.

Et pour combattre plus efficacement, au milieu de ces conversations si fréquentes, tout sentiment de recherche ou de vanité, toute distraction nuisible à la vie religieuse, il redoubla d'efforts pour assujettir la chair à l'esprit. Chaque soir, à une heure à laquelle il espérait n'être vu de personne, il se retirait dans une caverne située à la clôture du couvent : là, il se flagellait jusqu'au sang ; et la nuit, pendant que tous les religieux prenaient leur repos, il passait de longues heures en oraison.

Le Bienheureux songea aussi à augmenter ses abstinences, afin de se mieux défendre contre les tentations de vaine gloire, auxquelles il se trouvait exposé par l'estime qu'on lui témoignait. Il demanda donc au P. Gardien la permission de faire tous les carêmes de S. François, non prescrits par la Règle, savoir, ceux de la Pentecôte, de S. Pierre, de l'Assomption et de S. Michel. Il obtint la permission qu'il sollicitait et ne cessa plus dès lors d'observer tous ces jeûnes jusqu'à la fin de sa vie. Son humilité toujours ingénieuse, lui fit trouver un moyen très habile de cacher aux Religieux les mortifications qu'il pratiquait. Comme il était cuisinier, il n'entrait au Réfectoire qu'après avoir servi tous ses frères. Il apportait lui-même, de la cuisine, la soupe qu'il se préparait au pain et à l'eau : et il accommodait également à sa façon les autres aliments, à l'insu de tous les Religieux, excepté toutefois du P. Gardien, sans la permission duquel il ne voulut jamais rien faire, de peur d'être privé du mérite de la sainte obéissance.

Mais Fr. Crispino cherchait en vain à cacher sa sainteté. La haute estime que l'on avait de lui ne faisait que croître de jour en jour ; sa réputation s'étendait au delà d'Albano dans tous les pays environnants, et on accourait de tous côtés, pour lui parler et se recommander à ses prières. Il ne pouvait supporter tant d'honneurs, et se décida à recourir à ses supérieurs afin d'être envoyé dans quelque Couvent où il serait inconnu de tous. La sainte Vierge bénit son humble désir. Le P. Augustin de Tisana, Général de l'Ordre, étant venu au Couvent d'Albano, pour y faire sa retraite annuelle, Fr. Crispino se jeta à ses pieds et lui exposa, non sans verser d'abondantes larmes, le tumulte au milieu duquel il vivait et le danger qu'il courait dans ce couvent, le conjurant enfin de l'envoyer dans tel autre qu'il jugerait à propos. Plusieurs difficultés s'opposaient à ce changement, et le P. Général hésita un instant. Mais comme les raisons du Bienheureux lui paraissaient justes et saintes, il promit à Fr. Crispino de lui accorder la consolation qu'il demandait.

De retour à Rome, le P. Général communiqua au P. Casini, dont nous avons parlé plus haut et qui n'était pas encore Cardinal, la demande de Fr. Crispino. Le P. Casini aurait désiré que le saint frère demeurât au couvent d'Albano ; mais, tenant compte des motifs allégués avec une si parfaite pureté d'intention, il fit au P. Général cette réponse : « Pour fuir la superbe et la vanité, saint Hilarion voulut changer de solitude; Fr. Crispino veut maintenant changer de couvent pour le même motif. Il agit en cela selon l'esprit de Dieu et j'en recueille pour moi-même un précieux exemple ».

Le P. Général en conféra donc avec le P. Provincial de Rome, et au Chapitre suivant, Fr. Crispino fut fixé de famille au Couvent de Monte-

Rotondo. Il aurait sans doute désiré un lieu plus solitaire et moins fréquenté des séculiers; mais Dieu avait parlé par la voix de ses supérieurs ; il imposa silence à sa propre volonté, et se hâta d'exécuter l'ordre qu'il venait de recevoir.

CHAPITRE VII

LE BIENHEUREUX AU COUVENT DE MONTE-ROTONDO

(1700-1702)

Fr. Crispino cumule les emplois. — Par sa douceur, il réconcilie avec le Couvent une famille hostile. — La Madone du jardin et sa petite chapelle. — Les oiseaux vont becqueter à ses pieds. — Les attentions du Fr. Crispino pour les pauvres. — Prédiction au Capitaine Lanciani. — Le domestique du Couvent prodigieusement guéri. — Le vieux figuier. — La volonté de Fr. Crispino laissée par lui à Viterbe. — Il part pour soigner les religieux de Bracciano. — Son amour de l'obéissance. — *Christus factus est pro nobis obediens*. — Un saint triste est un triste saint. — Fr. Crispino transféré à Orvieto.

De tous les frères lais désignés par le Chapitre pour la famille du Couvent de Monte-Rotondo, Fr. Crispino arriva le premier. Il n'y trouva d'autre frère convers qu'un bon vieillard que l'âge et les infirmités rendaient incapable de tout service. Fr. Crispino dut, en conséquence, suffire à tous les emplois, jusqu'à l'arrivée des autres Religieux. Cet état de choses dura un mois entier, et pendant ce temps, le Bienheureux était tout à la fois portier, jardinier, quêteur et cuisinier du Couvent. Mais plus sa fatigue était grande, plus sa joie

l'était aussi. Il répétait souvent cette maxime :
« Le paradis n'est pas fait pour les lâches ; le
paradis n'est pas fait pour les lâches ! » et s'encourageait par ces paroles à embellir de plus en
plus sa couronne pour le ciel (1).

Dans ce cumul d'emplois, les plus grandes difficultés vinrent au Bienheureux de son office de
quêteur. La ville de Monte-Rotondo lui était
absolument inconnue et il ne pouvait aller frapper
sûrement à la porte des bienfaiteurs habituels du
Couvent. Toutefois, plein de confiance en la sainte
providence, il alla, comme S. François le lui
avait appris, mendier de porte en porte, sans
distinction aucune.

Sa douceur, sa modestie, son affabilité suppléèrent à tout. Une des familles les plus opulentes
de Monte-Rotondo avait intenté un procès au
Couvent des Capucins, au sujet des limites d'une
vigne, située vis-à-vis la Chapelle des Religieux.
Fr. Crispino, ignorant complètement le litige en
question, alla un jour frapper à la porte de cette
famille. On y fut tellement édifié de l'humilité et
de l'affabilité du saint frère, que non-seulement on
lui donna une abondante aumône, mais on lui dit
à plusieurs reprises de revenir en toute sécurité

(1) Il avait recueilli cette maxime dans la vie de S. Philippe de Néri, pour lequel il avait une très grande dévotion
parce qu'il avait été l'ami de S. Félix de Cantalice.

toutes les fois que les besoins du Couvent le demanderaient ; et, à quelques jours de là, le procès était fini à la satisfaction de tous les intéressés. Tant est grande sur les cœurs la vertu des saints ! Fr. Crispino eut bientôt gagné l'estime et l'affection de tous les habitants de Monte-Rotondo. Ils le prévenaient et lui apportaient eux-mêmes leurs aumônes, baisant avec esprit de foi son pauvre vêtement, et se recommandant à ses prières. Les religieux ne pouvaient revenir de leur étonnement, en voyant avec quelle facilité Fr. Crispino réunissait en quelques heures les ressources nécessaires à la communauté et qui n'avaient pu être procurées ni par le travail, ni par les honoraires, toujours facultatifs, des missions ou retraites spirituelles.

Mais les religieux étaient encore moins étonnés du dévouement de Fr. Crispino qu'édifiés de ses austérités au milieu de travaux si fatigants. Afin de suffire à tout, Fr. Crispino ne se contentait pas de travailler tout le jour, il consacrait même à ses emplois une partie de la nuit, et n'omettait néanmoins aucune des nombreuses prières et pratiques de pénitence dont nous avons déjà parlé.

Un religieux, touché de le voir ainsi surmené par le travail et dur pour lui-même, l'exhortait quelque fois à se traiter avec moins de rigueur.

Mais Fr. Crispino avait coutume de lui répondre : « Dieu, la S. Vierge et le Père S. François me donnent plus de santé et de force que je n'en mérite : c'est un signe manifeste de leur volonté. Ils attendent de moi que je ne recule devant aucune fatigue et que je fasse pénitence de mes péchés ». Un autre jour, il répondit aux mêmes exhortations : « Je suis le plus grand pécheur entre mes frères ; je dois donc supporter de plus rudes travaux et faire plus de pénitences que tous les autres ».

Enfin, les Religieux désignés par le Chapitre arrivèrent. La famille se trouvant au complet, le Bienheureux n'eut d'autre emploi que celui de jardinier. Son premier soin fut de choisir un endroit retiré, pour y élever une petite chapelle à la très-sainte Vierge, sous l'œil de laquelle il voulait toujours travailler. A cet effet, il réunit quelques vieilles poutres, les fixa en terre, entrelaça des branches d'arbres, et plaça à l'intérieur une statue de Marie. C'est là que désormais il viendra se reposer de ses travaux et puiser de nouvelles forces pour de nouvelles fatigues. Cette statue sera toujours pour lui la Madone de la Tolfa et d'Albano. Quand il eut terminé ce qu'il appelait la *Maison de sa Mère*, les Religieux lui disaient : « Mais, Fr. Crispino, cette frêle cabane ne résistera pas deux mois aux vents et à la pluie ». Et le Bienheureux de répondre avec une imperturbable assurance : « Que pourront faire les vents, les pluies et les tempêtes ? La montagne de S. Oreste ou celle de la Mosca sera renversée plus tôt que cette chapelle de la Madone, qui commande au vent, à l'air et à tout le ciel ! »

L'évènement vérifia les paroles du Bienheureux. Pendant plusieurs nuits, les vents soufflèrent avec tant de furie et il s'éleva des ouragans si impétueux, que plusieurs arbres furent déracinés ; mais la petite chapelle resta ferme et inébranlable au milieu de ces tourbillons ; ce qui ravit d'étonnement et d'admiration les Religieux et les séculiers qui venaient la visiter par dévotion.

Chaque matin, le Bienheureux offrait ses travaux à sa chère Madone, et lui demandait sa bénédiction ; après quoi il se mettait à l'œuvre avec un courage infatigable, toujours tête nue et à jeun pendant toute la matinée. Animé de l'esprit du Séraphique Patriarche, il aurait voulu que toutes les créatures fussent unies dans un même concert pour rendre hommage à l'Auguste Mère de Dieu. Il lui offrait les plus belles fleurs de son jardin, et, comme il avait, à l'exemple de S. François, une affection plus particulière pour les petits oiseaux du ciel, il répandait pour eux, aux pieds de la sainte image, du grain, des miettes de pain, et des herbes choisies, invitant par là ces innocentes créatures à becqueter aux pieds de Marie, à se réjouir en sa présence, et à célébrer ses louanges à leur manière (1).

Fr. Crispino, dans cette vie plus retirée et au milieu de ses fatigues, n'oubliait pas ses chers amis, les pauvres. Avec la permission du P. Gardien, il remettait chaque jour au Fr. Cuisinier un supplément de légumes que celui-ci préparait et distribuait aux indigents. Aux fêtes de la sainte Vierge, leur part était plus abondante et mieux choisie. Il ne faut donc pas s'étonner que Marie, à Monte-Rotondo comme ailleurs, récompensât, par des grâces extraordinaires, les pieuses industries, les délicatesses d'amour de son enfant.

Le capitaine Lanciani, compromis dans une fâcheuse affaire, s'était réfugié au couvent (2) pour

---

(1) Cette tendre affection pour les créatures est un des plus gracieux caractères des Saints franciscains. S. Antoine de Padoue, S. Joseph de Copertino, S. Séraphin de Montegranario, et un grand nombre d'autres, nous ont, après S. François, révélé quelque chose de cette lumière qui fait voir aux saints, dans les beautés du monde sensible, un reflet de la Beauté incréée, et porte leur piété à les transformer en actes d'adoration et d'amour, selon cette pensée d'un poète :

« Et, donnant un langage à toute créature,
« Prête, pour adorer, sa voix à la nature. »

(2) Les Couvents jouissaient alors du droit d'asile. Cette *fâcheuse affaire*, sur laquelle les premiers biographes du B. Crispino ne s'expriment qu'en termes vagues, n'était, rien

échapper aux atteintes de la justice ; et comme il avait conçu une haute estime de la sainteté de Fr. Crispino, il le pria d'intercéder pour lui auprès de sa chère Madone. Fr. Crispino, plein de compassion pour lui, alla se jeter aux pieds de Marie, et, revenant bientôt, lui dit avec assurance : « Vous avez encore deux mois à passer parmi nous ; puis, vous serez complètement libre ». Lanciani, grandement consolé de cette prédiction, en nota soigneusement la date. Au terme fixé, il reçut en effet des lettres qui, en lui annonçant l'heureuse issue de son affaire, le rendirent à la liberté.

Le fait suivant n'est pas moins remarquable. Un domestique du Couvent, faisant quelques réparations à la chapelle, s'étendit imprudemment en dehors de l'échelle, au sommet de laquelle il travaillait, et tomba sur l'autel de la hauteur de la voûte. Le contre-coup le rejeta sur le pavé, comme une masse inerte, et les Religieux, accourus à son secours, pour le porter dans sa chambre, se demandaient avec anxiété s'ils auraient le temps de lui administrer les derniers sacrements. Le servi-

---

moins qu'une accusation de double assassinat. Les détails très circonstanciés que le comte Paul di Campello, dans son ouvrage sur le Fr. Crispino, a pu fixer, grâce à ses infatigables recherches et à sa vaste érudition, établissent sur des documents officiels, et de première main, l'innocence du capitaine Lanciani.

teur de Dieu vint en toute hâte auprès du mourant. Tout en lui prodiguant ses soins, il passa légèrement sa main sur le cœur et la poitrine du pauvre jeune homme, et lui dit tout bas, mais sur un ton de certitude absolue : « Prenez courage, espérez en Dieu et en sa très-sainte Mère : dans deux jours, vous pourrez sortir du lit ». Il passa la nuit, soit à lui donner ses soins avec une tendre charité, soit à prier pour lui devant le très-saint Sacrement. Le lendemain, il fit la sainte Communion et accomplit avec beaucoup de ferveur plusieurs dévotions et pénitences à son intention, et ne cessa de prier et de se mortifier ainsi jusqu'au moment où ses vœux furent exaucés. A la fin du deuxième jour le malade quittait son lit sans aucune douleur, et sans aucune trace de blessure. Fr. Crispino, qu'il voulait remercier, coupa court aux effusions de sa reconnaissance, en lui disant avec son bon sourire : « Mon garçon, quand on veut faire de pareils sauts, on commence par apprendre la gymnastique ». Puis il l'envoya prier devant sa Madone.

Il y avait à cette époque, au Couvent de Monte-Rotondo, un grand figuier dont les fruits étaient excellents ; mais si vieux, si vermoulu, que le P. Gardien donna ordre de l'arracher. Fr. Crispino le pria de n'en rien faire. « Avec ses quelques radicelles, dit-il, il tiendra bon jusqu'au Chapitre général. A cette époque, nous célébrerons la canonisation du Bienheureux Félix de Cantalice et la promotion du P. François-Marie Casini au Cardinalat, et ce pauvre vieux figuier sera de la fête, et nous donnera ses fruits pour la dernière fois ». La prédication se vérifia de point en point en l'année 1712.

Pendant qu'il était de famille à Monte-Rotondo, le serviteur de Dieu eut plusieurs fois l'occasion de donner des preuves de sa charité héroïque à l'égard de ses frères malades. Un jour il fut assigné comme compagnon à un Religieux qui se rendait à Rome. Arrivés au Couvent, ils se présentèrent au P. Provincial qui venait de recevoir, à ce moment même, une lettre de Bracciano lui annonçant que presque tous les Religieux du Couvent étaient tombés malades, à cause des exhalaisons fétides des aqueducs récemment creusés près du monastère. A cette triste nouvelle, le P. Provincial se trouva dans un grand embarras, car il devait en quelque sorte improviser sur-le-champ, les secours nécessaires et avoir sous la main un infirmier d'un dévouement illimité. Fr. Crispino s'offrit spontanément en disant, comme autrefois Isaïe : « *Ecce ego, mitte me*. Me voici prêt à partir, envoyez-moi ». Le P. Provincial, lui faisant observer que, devant ce danger de maladie et de mort, il n'entendait aucunement presser sur sa volonté, le serviteur de Dieu répondit aussitôt avec autant de ferveur d'esprit que d'humilité : « Quelle volonté, P. Provincial, quelle volonté ! Quand je suis entré chez les Capucins, j'ai laissé ma volonté à Viterbe. Ici ma volonté sera toujours celle de mes Supérieurs ; voilà ce que j'ai promis en faisant, au pied de l'autel, le vœu d'obéissance. La promesse, je l'ai faite publiquement à Dieu, à la S. Vierge et au Séraphique Patriarche S. François, sans condition ni de maladie, ni de mort, ni d'autre chose. Ce que j'ai promis sans condition, je veux le tenir sans condition, fallût-il y perdre la vie ». Puis il se jeta aux pieds de son Supérieur, et le supplia de l'envoyer à Bracciano. Le Provincial le bénit et le députa auprès de ses frères malades. A quelques Religieux du Couvent de Rome qui lui représentaient les dangers de la *malaria*, Fr. Crispino répondit avec sa joyeuse rondeur : « Vous n'y entendez rien, mes amis : je vais à Bracciano en compagnie d'un grand médecin, et muni d'un remède très efficace contre le mauvais air. Le grand médecin, c'est le Père S. François ; et le remède excellent que j'emporte, c'est la sainte obéissance ».

On était au mois de juilllet. Dès le lendemain, malgré les ardeurs du soleil, le Bienheureux s'achemina en toute hâte vers Bracciano, où il trouva presque tous ses frères atteints de la fièvre. Il se mit aussitôt à les assister, le jour et la nuit, avec la tendresse d'une mère pour ses enfants. Non content de leur prodiguer ses soins, il multipliait en leur faveur ses pénitences et ne cessait d'intercéder pour eux auprès du Seigneur et de sa très-sainte Mère. Le cœur de Dieu ne pouvait rester insensible à tant de charité. En peu de temps, tous les malades avaient recouvré pleinement la santé, et au mois d'octobre, Fr. Crispino était de retour au Couvent de Monte-Rotondo.

Des nécessités de ce genre s'étant présentées successivement aux Couvents de Farnèse et de Gallèse, Fr. Crispino y fut envoyé. Il obéit avec la même joie et la même promptitude, employa les mêmes moyens, et eut les mêmes succès, à la grande édification des Religieux et des séculiers. A partir de cette époque, dès qu'il était besoin d'un dévouement extraordinaire, les Pères Gardiens de la Province demandaient le Bienheureux, qui leur fut accordé en plusieurs circonstances, et qui donnait ainsi, dans divers couvents, le fortifiant exemple de sa piété épanouie et de son ardente charité. Le P. Provincial ne ne se lassait pas d'admirer, non seulement la prompte obéissance, mais la sainte allégresse, avec laquelle le serviteur de Dieu accomplissait, dans les circonstances les plus pénibles tous les ordres de ses Supérieurs.

L'obéissance, en effet, lui était si précieuse et si chère qu'elle rendait douces et agréables, à ses yeux, les plus dures mortifications. Il aimait à s'entretenir, avec ses frères, de cette vertu fondamentale, et disait que le Religieux sans obéissance est un corps sans âme, inutile au Couvent et à l'Ordre tout entier.

Une nuit, après le chant des Matines, les Religieux prenaient la discipline en psalmodiant les prières accoutumées. Quand on fut arrivé à ce verset : *Christus factus est pro nobis obediens usque ad mortem :* le Christ s'est fait obéissant jusqu'à la mort, Fr. Crispino se flagella avec une tel violence qu'un des frères crut devoir, le lendemain, l'exhorter à la modération : « Mon cher frère, répondit le Bienheureux, quand je pense à cette grande et pénible obéissance que Jésus-Christ a pratiquée durant trente-trois ans, jusqu'à sa mort sur une croix, pour nous, misérables pécheurs, je sens mon cœur se déchirer et se fendre ». Puis il ajouta comme hors de lui-même : « Comment ! Jésus-Christ, le fils unique du Père éternel, le fils de la très-pure Vierge Marie, s'est fait obéissant pour moi jusqu'à mourir sur la Croix, et moi ver de terre, vil, misérable, le pire de tous les pécheurs, je n'ai pas le courage d'obéir à mon Supérieur avec une humble et sincère résignation ! Quand je pense à ce lamentable contraste, je me sens enflammé d'indignation contre moi-même et je voudrais mettre tout mon corps en lambeaux ».

Il ne faut pas s'étonner qu'avec des dispositions si généreuses et si humbles, Fr. Crispino fit de rapides progrès dans les voies les plus élevées de la perfection. Sa vertu d'ailleurs devenait de plus en plus aimable et joyeuse, et ce n'est pas à notre Bienheureux que peut s'appliquer cette réflexion du doux évêque de Genève : « Un saint triste est un triste saint ». Aux différents Chapitres de la Province, tous les supérieurs venaient tour à tour faire des instances auprès du Ministre Provincial pour obtenir qu'il fût fixé dans leur couvent respectif. Au Chapitre de 1702, ce fut le Gardien d'Orvieto qui réussit. Fr. Crispino partit pour le Couvent où il devait remplir les fonctions de quêteur, fonctions pénibles et difficiles, dans lesquelles il donnera pendant près de quarante ans, d'admirables et parfois de réjouissants exemples d'une sainteté qui ira chaque jour grandissant, selon cette parole des Proverbes : *Justorum semita, quasi lux splendens.*

CHAPITRE VIII

LE BIENHEUREUX AU COUVENT D'ORVIETO

(1702-1748)

A Orvieto, Fr. Crispino est aimé de tous. — Ses visites au marché. — Monseigneur des Acti et le Bienheureux. — Leur conversation sous la pluie. — Monseigneur Nuzzi ne lui est pas moins affectionné. — Fr. Crispino, tête de linotte. — Le prince d'Aragona et le *decorum* de Fr. Crispino. — Il se fait l'avocat des malheureux et des condamnés. — Le *Solitaire en pleine ville*. — Le *S. Félix d'Orvieto*.

La quête était très pénible à Orvieto, à cause de la distance entre la ville et le Couvent. Les Capucins avaient bien, dans la ville même, un petit hospice, mais le séjour y était peu tranquille et sujet à beaucoup d'ennuis. De plus, le Fr. Quêteur devait exercer son emploi dans la ville d'Orvieto, et aussi dans les campagnes et les montagnes des environs. Tant et de si pénibles travaux souriaient à la générosité du Bienheureux. A peine arrivé à Orvieto, il se mit à l'œuvre et et commença la quête. Là, comme partout ailleurs, son humilité ne le mit point à l'abri de l'admiration dont il fut l'objet pendant toute sa vie. Par sa joviale affabilité, son extérieur modeste et recueilli, il se concilia bientôt toutes les sympathies. L'Evêque, les Chanoines, le Clergé régulier et séculier, la noblesse et le peuple, tous le recevaient avec empressement et s'efforçaient de le retenir le plus longtemps possible pour s'entretenir avec lui : tant ils trouvaient de charmes dans sa conversation ! Les malades surtout désiraient le voir, espérant obtenir de sa charité quelque soulagement dans leurs maux, ou, tout au moins, quelques consolations spirituelles.

C'était chose vraiment admirable de voir arriver le saint frère sur la place où se trouvaient les marchands de poissons, les maraîchers, les fruitiers, les revendeurs de comestibles. « *Ecco fra Crispino*, criait-on de tout côté : voici Fr. Crispino ! » Et chacun l'invitait à choisir lui-même. Fr. Crispino acceptait cet empressement de la charité chrétienne, avec la réserve que lui imposait sa discrétion naturelle et son amour de la pauvreté. Depuis longtemps, il avait profondément gravé dans son cœur cette parole de S. François : « Je rends grâces à Dieu, de ce que, par sa bonté, j'ai toujours été fidèle à ma chère épouse, la Pauvreté. Je n'ai jamais été voleur d'aumônes, acceptant toujours moins que ne le demandait la nécessité ». Il méditait souvent cette belle maxime et en fit sa règle de conduite dans toutes ses quêtes. Aussi les bienfaiteurs, admirant sa délicatesse et sa modération, devenaient-ils de plus en plus empressés à lui offrir leurs services.

Personne, peut-être, à Orvieto n'eut, pour le serviteur de Dieu, une plus grande affection que l'Evêque, issu de l'illustre famille des Acti de Viterbe, et compatriote de Fr. Crispino. Non-seulement il lui donnait d'abondantes aumônes, mais il venait encore s'entretenir avec lui et ne s'en séparait qu'avec peine, parce que, disait-il, son âme éprouvait une joie très douce à converser avec ce saint Frère. Un jour, rencontrant dans la ville le Bienheureux qui, lourdement chargé du fruit de sa quête, retournait au Couvent, il fit arrêter sa voiture et commença à discourir avec lui. La conversation se prolongeait sans fin. Fr. Crispino, déjà fatigué du chemin, avait peine à supporter le poids de son fardeau. De plus, une pluie fine et pénétrante compliquait désagréablement la situation. Le serviteur de Dieu, voyant que la conversation ne finissait plus, regarda le Prélat et lui dit en souriant : « Monseigneur, moi je ne suis pas mouillé, parce que j'ai une sibylle qui me tient le parapluie et m'aide à porter mon fardeau ; mais votre cocher, vos serviteurs et vos chevaux sont déjà trempés ». Le pieux Evêque, s'apercevant alors de sa distraction, poursuivit sa route, grandement édifié et de plus en plus affectionné à Fr. Crispino dont il disait souvent à ses familiers : « Voilà un saint bien authentique, et, ce qui ne gâte rien, un saint joyeux ! »

Mais Fr. Crispino ne voulut pas profiter de la bienveillance du Prélat pour lui seulement et pour ses frères. Les veuves délaissées, les vieillards infirmes, les malades nécessiteux, les familles indigentes, les pauvres honteux, toutes les misères, en un mot, trouvaient en lui un avocat zélé auprès du bon Evêque, qui s'empressait de secourir toutes ces infortunes, et de pourvoir à tous ces besoins, admirant de plus en plus la charitable compassion de Fr. Crispino pour les malheureux, et son grand amour du prochain.

A la mort de l'Evêque des Acti, le siège d'Orvieto fut confié au Cardinal Nuzzi. Ce pieux et savant Prélat connut bientôt l'heureuse influence que Fr. Crispino exerçait, dans la ville épiscopale, par la sainteté de sa vie, et voulant continuer les bonnes œuvres de son prédécesseur, il s'informa, auprès du serviteur de Dieu, des aumônes que Monseigneur des Acti lui assignait pour chaque mois. « Seigneur Cardinal, répondit Fr. Crispino, ce que votre prédécesseur m'avait assigné par mois dans ses aumônes, je ne le sais pas et je ne l'ai jamais su. Des aumônes fixes, à tant par mois, embrouilleraient étrangement ma tête de linotte, incapable de tenir des comptes. Je vis et je fais vivre les Capucins mes frères, comme les oiseaux de l'air, qui vont se pourvoyant au jour le jour, sans calculer les mois. Quand survient une vraie nécessité et que le travail des Pères ne suffit pas à la communauté, alors seulement je recours aux bienfaiteurs et me recommande à leur charité. Mon livre de comptes et mon grand capital, c'est la Providence journalière du bon Dieu. Fixer les aumônes à tant par mois, croyez-moi, Seigneur Cardinal, j'y perdrais mon peu de cervelle, et je ferais perdre patience à votre majordome ».

Le Cardinal comprit combien grande était la discrétion de Fr. Crispino, et combien vrai son zèle pour l'observance de la pauvreté religieuse.

Il sentit dès lors s'accroître l'estime qu'il avait conçue pour le Bienheureux, et, comme son illustre prédécesseur, il aimait à le voir et à converser longuement avec lui.

Plusieurs fois, il lui arriva de saisir à la dérobée l'habit du pauvre frère, de le baiser et de l'appliquer contre sa tête et ses yeux, comme un remède aux douleurs qu'il y ressentait.

Le prince d'Aragona, alors gouverneur d'Orvieto avait également une grande sympathie pour le saint frère et cherchait parfois à provoquer, à l'improviste, sur tel ou tel incident, les réflexions du serviteur de Dieu. Un jour, comme il se tenait à la fenêtre de son palais, il aperçut Fr. Crispino conversant sur la place avec le chef de police et deux de ses agents. Le prince, le recevant quelques instants après, lui dit, sur un ton de trouble et d'indignation : « Comment, Fr. Crispino, n'avez-vous pas honte, vous qui portez l'habit religieux, de parler ainsi, sur la voie publique, avec ces hommes dont le métier est partout décrié, et de leur serrer la main, déshonorant ainsi non-seulement votre personne, mais tout l'Ordre des Capucins ? » — « Monseigneur, répondit Fr. Crispino avec beaucoup de douceur, ne vous troublez pas ; il est vrai que ces hommes font un métier qui, à tort ou à raison, est méprisé ; mais si leurs fonctions sont peu honorables, leurs mains sont celles de bons Chrétiens ». — « Mais alors, poursuivit le prince, que faites-vous du décorum ? » — « Monseigneur, reprit Fr. Crispino, le Père Saint François, dans sa Règle, n'a rien dit du décorum, dont le souci, en cette circonstance et dans un frère quêteur, serait orgueil : mais oui bien il nous commande de servir le Seigneur en pauvreté et humilité, d'être bons à tous et toujours ».

Le prince, très-édifié de cette réponse, conçut une plus grande affection pour le Bienheureux et le traita comme un intime ami. Mais Fr. Crispino ne se prévalait de ses rapports familiers avec le Gouverneur que dans le seul intérêt du bien. Il plaidait, auprès de lui, la cause des gens en procès, des prévenus, des exilés, des débiteurs, et le priait de terminer heureusement et promptement leurs affaires. Son plus grand bonheur était de venir ainsi au secours des malheureux. Apprenant un jour que les agents de police avaient maltraité et accablé de coups un pauvre malfaiteur, bien que celui-ci ne fit aucune résistance et demandât grâce, il alla aussitôt les trouver et les reprit tout à la fois avec bonté et avec force. Il exerçait sur eux un tel empire, qu'à partir de ce moment, les arrestations s'opérèrent selon les formes modérées de la justice et de la charité chrétienne. A cette occasion, Fr. Crispino conféra avec le prince Gouverneur en faveur des prisonniers, afin qu'ils fussent ou délivrés ou du moins traités plus humainement ; et le Prince, se rendant aux prières du Bienheureux donna à ses subalternes des instructions qui furent suivies de point en point. On ne s'étonne plus, après tous ces faits, de l'affection du peuple pour Fr. Crispino. Tous le regardaient comme un ange que Dieu leur avait envoyé pour veiller sur eux et les protéger.

Cette affection et cette sympathie ne diminuèrent en rien, ou plutôt ne firent qu'augmenter, pendant le long séjour du Bienheureux dans ce Couvent. Nous verrons plus tard le peuple se précipiter autour de lui et tailler furtivement, dans son habit ou son manteau, des pièces que l'on conservait ensuite comme de précieuses reliques.

Les Gouverneurs qui se succédèrent dans la ville, se firent tous un honneur d'avoir Fr. Crispino pour ami. Les Prélats qui avaient eu le bonheur de converser une fois avec lui, voulaient le revoir encore pour l'entendre parler des choses du ciel ou le consulter sur les affaires de leur conscience et l'intéresser au bien de leur diocèse : tant était grande l'idée qu'ils avaient de sa vertu !

Le Cardinal Gualtieri, après l'avoir observé pendant longtemps, aimait à entretenir les gens de sa maison ou les Prélats qui le visitaient, des vertus de Fr. Crispino, qu'il regardait comme le miroir des Réguliers, et le parfait Capucin. Il avait coutume de l'appeler *le solitaire en pleine ville*.

Le Cardinal Casini, Capucin, appelait Fr. Crispino *le S. Félix d'Orvieto*. Le Cardinal Acciajoli, protecteur de l'Ordre, n'avait pas du Bienheureux une moins haute estime. Dès qu'il tombait malade, sa première pensée était de se faire recommander aux prières de Fr. Crispino. Les deux Prélats qui lui succédèrent avaient la même confiance dans les prières du saint Frère. Le Père

Bonaventure Barberini, devenu plus tard Archevêque de Ferrare, et dont la cause de béatification est inscrite à la Postulation de l'Ordre, le proposait pour modèle aux Frères quêteurs, lorsqu'il était Général de l'Ordre.

Mais il serait trop long d'énumérer ici tous les Prélats qui eurent recours à l'intercession du saint Frère. Sa réputation se répandit tellement, que, de pays très éloignés et surtout de la Toscane, des familles entières, des généraux d'armées, des gouverneurs de province, recouraient à lui, et obtenaient, par ses prières, des grâces insignes. Le Seigneur se plaisait ainsi à vérifier, en son Serviteur, cette parole du Livre sacré : *Honestavit illum in laboribus :* Il l'a honoré au milieu des plus humbles travaux (Sap. 10, 10).

CHAPITRE IX

LE BIENHEUREUX AU COUVENT D'ORVIETO MIRACLES QU'IL Y OPÈRE

(1702-1748).

Charité de Fr. Crispino envers les pauvres. — Multiplication de la farine. — Le vin d'un tonneau vide. — Punition providentielle des religieuses qui lui avaient refusé l'aumône. — Fr. Crispino prédit à une religieuse dominicaine qu'elle ira bientôt en Paradis. — Les coups de ciseaux à son manteau dans la famille Falsacappa. — Le père du comte Ranucci miraculeusement assisté à son lit de mort.

Une des plus grandes consolations du Bienheureux dans son emploi de quêteur, était de venir au secours des indigents. Il avait obtenu de son supérieur la permission de leur distribuer des secours à l'hospice situé dans la ville même d'Orvieto, et les pauvres, accueillis avec beaucoup de charité par le saint Frère, venaient en grand nombre. Souvent le pain faisait défaut : mais souvent aussi le Seigneur se plut à le multiplier à la demande de Fr. Crispino.

Ce miracle de multiplication se renouvela plusieurs fois, soit à l'hospice, soit dans les maisons des particuliers, lorsque le Bienheureux s'y présentait pour demander l'aumône. Nous en rapporterons ici quelques exemples.

Un jour Fr. Crispino, ayant besoin de farine, se rendit à la maison de Madeleine de Rossi, qui donna ordre aussitôt à la servante d'aller remplir le petit sac du Frère. La servante répondit que les provisions s'épuisaient, et que, devant faire le pain le jour suivant, elle avait à peine de quoi servir la table de la famille. La pieuse dame voulut néanmoins faire l'aumône. Alors Fr. Crispino dit en souriant à la servante : « Ne craignez rien, vous ne mourrez pas de faim ! » De fait, la farine se multiplia de telle sorte, qu'après avoir rempli la petite besace du serviteur de Dieu, on put en avoir du pain pour les jours suivants, et pendant un mois entier, c'est-à-dire, jusqu'à l'époque de la nouvelle récolte.

Dans une circonstance particulière, Fr. Crispino devant quêter un vin plus généreux que de coutume, se rendit à la maison des Seigneurs Fabei, l'une des plus nobles de la ville, et fort attachée aux Capucins. Mais cette famille ne put offrir au Bienheureux que du vin ordinaire, car le fût du vin qu'il désirait, était complétement épuisé : « Eh bien ! reprit Fr. Crispino, allons un peu voir ce fût ». Les gens de la famille y allèrent pour contenter le saint religieux. Celui-ci, sans dire aucune parole, ouvrit lui-même le fût et le vin sortit en telle abondance que non-seulement Fr. Crispino put remplir la bouteille qu'il avait apportée, mais il en resta de quoi remplir un grand nombre d'autres pour la table des maîtres de la maison, tout stupéfaits en face de ce prodige.

Un fait analogue s'étant reproduit dans une autre circonstance, le propriétaire, quand il rencontrait le serviteur de Dieu, se plaisait à lui rappeler le prodige : mais ce souvenir était pénible à l'humilité du saint Frère : « Ne savez-vous pas, répondait-il, que S. François sait faire les miracles ? » Et il changeait aussitôt de conversation.

C'est ainsi que Dieu prenait en main la cause de son fidèle serviteur. Mais s'il lui plut de bénir les bienfaiteurs de Fr. Crispino, plusieurs fois il punit sévèrement ceux qui lui refusaient l'aumône par avarice, par mépris ou pour toute autre motif déraisonnable. Plusieurs Religieux des Couvents voisins étant un jour venus à Orvieto, Fr. Crispino alla demander un peu de vin à un Couvent qu'il savait être à même de lui faire aisément cette aumône. Les Sœurs estimaient beaucoup le Serviteur de Dieu et l'accueillaient ordinairement avec beaucoup de charité. Mais ce jour-là, soit qu'elles fussent empêchées par d'autres affaires, soit qu'elles ne voulussent pas se déranger, elles lui dirent assez rondement de revenir une autre fois. Fr. Crispino fit quelques instances, leur représentant l'urgente nécessité dans laquelle il se trouvait. Ce fut en vain. Alors le Serviteur de Dieu se retira en leur disant à plusieurs reprises : « Prenez garde, chères saintes du bon Dieu, prenez garde : vous vous en repentirez ! » En effet, il était à peine rentré à l'hospice des Capucins d'Orvieto qu'il aperçut la Sœur tourière. Elle venait le supplier de retourner au couvent afin qu'on lui fît l'aumône qu'il avait demandée. Un fort tonneau d'excellent vin s'était rompu en plusieurs endroits, et tout le contenu avait été perdu. A cette nouvelle, Fr. Crispino dit à la sœur : « Retournez, dites aux religieuses qu'il n'y aura pas d'autre accident. Je les ai averties deux fois, et leur ai dit clairement qu'elles s'en repentiraient. Voilà donc le profit qu'elles ont fait : pour un peu de vin refusé à S. François dans un cas de vraie nécessité, elles en ont perdu un tonneau tout entier ! » Il n'en dit pas davantage. La tourière essaya en vain de le déterminer à revenir au Couvent ; toujours il répondait qu'il y retournerait une autre fois, en temps opportun.

Gardons-nous bien de voir, dans ce fait, une vengeance personnelle du Bienheureux. Les Religieuses elles-mêmes envisagèrent cette punition à un autre point de vue. Fr. Crispino ne tarda pas à aller leur demander l'aumône, et il fut accueilli avec plus de bienveillance et de charité que jamais. Au demeurant, c'est là un fait isolé dans la vie de notre Bienheureux. Nous connaissons trop sa charité et la bonté de son caractère, pour soupçonner chez lui la moindre pensée de ressentiment et de rancune. Dieu avait révélé à son serviteur la punition qu'il imposerait à ces religieuses pour une faute bien légère : il voulait par là les détacher de plus en plus des choses terrestres, et le saint religieux, tout en les avertissant du châtiment que le Seigneur lui faisait connaître, ne jugea pas opportun d'intercéder en leur faveur pour une chose à laquelle il attachait si peu d'importance. Mais je le répète, ces exemples sont de rares exceptions. Le saint Frère quêteur portait toujours avec lui les plus abondantes bénédictions du divin Maître et du Père Saint François.

Ses biographes rapportent aussi plusieurs prophéties qu'il fit au début de sa quête.

Un jour, il se rendit au Couvent des religieuses Dominicaines, et ayant fait appeler une sœur de grande vertu, il lui dit aussitôt : « Quiconque est né doit mourir, et les âmes qui aiment vraiment Dieu doivent toujours être prêtes au grand passage. Votre céleste Époux vous veut au paradis. Que vous êtes heureuse ! Tandis que moi, misérable, je devrai rester plusieurs années encore en prison, dans cette vallée de misères, vous, sous peu de jours, vous serez libre et pour toute l'éternité. Oh ! que vous êtes heureuse ! Que vous êtes heureuse ! » Ayant dit ces paroles, Fr. Crispino se retira sans attendre de réponse. La religieuse demeura stupéfaite ; elle n'éprouvait alors aucune indisposition et jouissait de toutes ses forces. Mais, comme elle connaissait par expérience la sainteté du Serviteur de Dieu, elle profita de cet avis, mit toutes les affaires de sa conscience dans le meilleur ordre possible et attendit avec un grand calme, la volonté de Dieu. En effet, peu de jours après elle tomba malade, et après une courte maladie, elle passa à une vie meilleure, dans les sentiments d'une véritable épouse de Jésus-Christ.

Le Seigneur Falsacappa obtint à force d'instances, du Provincial de la Province romaine, que Fr. Crispino irait passer quelques jours à Corneto dans sa famille, pour l'édifier et la consoler. Le Serviteur de Dieu se résigna à la volonté de ses Supérieurs, et cette illustre famille conçut une si haute idée de sa sainteté, qu'un jour, une enfant de la maison, s'approchant adroitement, coupa dans son manteau une pièce qu'elle voulait garder par dévotion. Le Serviteur de Dieu connut par une lumière surnaturelle ce qui venait de se passer et pria aussitôt le bon Maître de réparer la brèche faite à son vêtement. Dieu l'exauça et peu d'instants après le manteau se trouva intact, comme si aucune entaille n'y avait été faite, ce qui remplit d'admiration toute cette pieuse famille.

Dans cette même circonstance, une dame qui se trouvait alors chez le Seigneur Falsacappa, pria Fr. Crispino de la recommander à Dieu. Fr. Crispino commença aussitôt à lui faire une exhortation pleine de feu sur la préparation à la mort, et lui prédit qu'elle mourrait en cette même année. En effet, avant la fin de l'année, la dame mourut saintement.

Comme le Serviteur de Dieu retournait de Corneto à Orvieto et passait par Toscanella, il reçut l'hospitalité dans la maison d'un illustre bienfaiteur des Capucins, le Seigneur Ranucci. Le père de ce Seigneur, très-avancé en âge, désirait vivement parler, avec le Saint Frère, de son éternité et du dernier passage qu'il voyait approcher avec beaucoup d'appréhension. L'homme de Dieu s'entretint longuement avec lui et releva son courage en lui promettant qu'à sa mort, il serait assisté par le Séraphique Père S. François, dont il avait tant aimé les enfants. Peu de temps après, ce pieux vieillard était sur le point de mourir. Depuis trois jours, il avait perdu l'usage de la parole. Tout à coup, il la recouvre pour dire à haute et intelligible voix : « Gloire à Dieu ! J'ai ici pour m'assister le Séraphique S. François, comme me l'avait prédit Fr. Crispino, et à côté de lui S. Félix... Gloire à Dieu ! gloire à S. Félix !... » Ce furent ses dernières paroles. Quelques instants après, il expirait doucement, laissant à sa famille une grande consolation, au milieu de la peine qu'elle éprouvait (1).

(1) Le Seigneur promit un jour à son Serviteur François que tous ceux qui aimeraient ses enfants et viendraient à leur secours, feraient une sainte mort ; et, depuis six siècles, cette promesse s'est vérifiée bien des fois d'une façon toute miraculeuse.

CHAPITRE X

LE BIENHEUREUX
EST ENVOYÉ AU COUVENT DE BASSANO
IL REVIENT A ORVIETO — SA VIE INTIME

(1702-1748)

Fr. Crispino, et ses scrupules au sujet du P. Gardien. — Il est transféré, sur sa demande, à Bassano. — Le blocus des bienfaiteurs d'Orvieto. — Ou Fr. Crispino, ou la famine. — Le Bienheureux retourne à Orvieto. — Il y passe plus de 40 ans. — Vie intérieure de Fr. Crispino. — Sa ferveur à Matines. — Son empressement à servir les Messes. — Ses industries au réfectoire. — Ses heures d'adoration. — Déposition de Fr. François de Viterbe, enregistrée au Procès de béatification. — Son recueillement durant l'exercice même de la quête. — Ce que Fr. Crispino devait laisser à sa mort. — Ses sentences fortifiantes. — Son zèle pour la conversion des pécheurs. — Ses communions et les grâces miraculeuses qui les accompagnent. — Prière du Bienheureux à la Sainte Eucharistie. — Sa joie d'entendre expliquer clairement les vérités évangéliques.

Sur ces entrefaites, un nouveau Gardien fut envoyé au Couvent d'Orvieto. Ce Religieux, issu d'une famille ducale, avait conservé sous la bure, malgré son esprit vraiment franciscain, une largeur excessive peut-être, en matière de pauvreté pratique. Enclin, par nature et par éducation, à une bonté qui oubliait de calculer, il préférait accorder le superflu que refuser la moindre chose nécessaire ou simplement utile à ses Religieux. Fr. Crispino, habitué au juste milieu de son prédécesseur, se défendit mal (1) contre les inquiétudes que le démon chercha de faire naître en son âme, à propos de ce qui lui semblait, de la part de son Supérieur, un excès de bonté, peut-être un manque à la pauvreté, qui alarmait la délicatesse de sa conscience.

Il s'en ouvrit donc au P. Provincial, et insista pour être déchargé de son emploi et changé de Couvent.

Il fut en effet transféré au Couvent de Bassano, où il devait continuer son office de Frère Quêteur. Mais, dès que la nouvelle de son départ fut répandue à Orvieto, les Bienfaiteurs, d'un commun accord, se rendirent au Couvent pour demander son retour. Les habitants de la Tolfa s'étaient bornés, nous l'avons dit, à adresser aux supérieurs des suppliques qui ne purent être exaucées. Ceux d'Orvieto ne s'en tinrent pas là.

---

(1) *Le Bienheureux se défendit mal.* Cette formule n'est point irrespectueuse. Rien ne nous oblige à croire que les Saints, dans chacune de leurs actions, ont atteint le mieux, le plus parfait. Dans cette circonstance en particulier, le mieux eût été pour le Fr. Crispino, d'exposer au Provincial ses inquié-

« Vous ne voulez pas le faire revenir de bon gré : eh bien ! vous le ferez revenir par force. » Un mot d'ordre fut donné aussitôt dans toute la ville : *plus d'aumônes aux Capucins, jusqu'au retour de Fr. Crispino !* Pendant un mois ou deux, les quelques provisions du Couvent et les honoraires volontairement offerts aux Pères, qui allaient prêcher dans les environs, suffirent à la communauté. Mais la consigne devenait de plus en plus rigide. Le successeur de Fr. Crispino, pour la quête, se heurtait à des portes fermées, à des refus impitoyables. « Ou Fr. Crispino, ou la famine ; » on ne sortait pas de ce dilemme, et la misère au Couvent devenait extrême.

Le Supérieur qui, en raison même de sa largeur et de sa bonté paternelle pour les religieux, souffrait de cette situation chaque jour plus dure, en référa au Provincial. Celui-ci, loin de s'offenser de ce blocus systématique, y vit au contraire un témoignage d'affection qui, de Fr. Crispino, s'étendait à tous les religieux, et ordonna au Bienheureux de retourner à Orvieto. Il était temps : le jeûne plus que rigoureux de la communauté avait duré cinq mois.

A partir de ce moment, les Supérieurs, appréciant mieux la salutaire influence que Fr. Crispino exerçait au Couvent d'Orvieto, sur les grands

tudes et de s'en tenir à sa décision, sans insister pour obtenir un changement d'emploi ou de Couvent.

et sur le peuple, l'y confirmèrent de famille dans les Chapitres suivants. C'est ainsi que S. Félix de Cantalice avait fait la quête, dans la ville de Rome, pendant l'espace de quarante ans, et que le Bienheureux Bernard de Corléon remplit, au Couvent de Palerme, pendant un grand nombre d'années, les divers emplois des frères convers.

Il nous est impossible de suivre le Bienheureux pas à pas, selon l'ordre chronologique, et nous devons, d'après les pièces même du procès de béatification, grouper les traits édifiants de sa vie, afin de montrer ses vertus héroïques et les pieuses industries que lui suggérait sa ferveur, pour travailler à son avancement spirituel, au salut des âmes et à la gloire de Dieu.

Cherchons d'abord à pénétrer dans la vie intérieure du S. Frère. Les vertus que nous lui verrons pratiquer nous donneront le secret des merveilles racontées dans la suite, et de l'affection dont l'entouraient tous ceux qui avaient le bonheur de le connaître.

Quelles que fussent les fatigues du Serviteur de Dieu, alors même qu'en revenant des quêtes les plus pénibles, il pouvait à peine se tenir debout, il n'omettait jamais d'assister à Matines. Toujours il se trouvait le premier au Chœur; sa modestie était si édifiante, son recueillement si profond, qu'il ressemblait plus à un ange qu'à un homme. Il se retirait le dernier de tous, prenait un peu de sommeil sur une planche, large seulement de deux palmes. Plusieurs heures avant le jour, il se levait de nouveau bien avant ses frères, se rendait à la chapelle, et là, prosterné devant le Très-Saint Sacrement, il demeurait immobile, tout absorbé dans la contemplation des choses divines.

A l'heure des messes, il s'empressait de les servir et assistait à toutes celles qu'il pouvait entendre. Sa ferveur alors était si grande qu'il excitait la dévotion dans le cœur de tous les assistants. Enfin venait le moment de quitter Dieu pour Dieu, c'est-à-dire de s'arracher à son tabernacle, pour aller le servir en pourvoyant aux nécessités de ses serviteurs. Fr. Crispino partait avec joie pour accomplir les devoirs de son emploi. « Allons, mon frère, disait-il à son compagnon, en chargeant sa besace sur ses épaules, allons faire l'obéissance ». A son retour, il allait de nouveau se prosterner devant le Très-Saint Sacrement, où il restait jusqu'à l'heure du dîner.

Sa nourriture était habituellement celle de la communauté; mais quand il n'était pas remarqué, Fr. Crispino se contentait de quelques morceaux de pain dur. Il avait coutume aussi de mêler de l'absinthe à sa boisson, en mémoire du fiel présenté au Fils de Dieu, et si quelque Religieux s'apercevait de cette mortification, il lui disait aussitôt avec un air de grande conviction : « Si vous étiez médecin, mon cher Frère, vous n'ignoreriez pas que l'absinthe et les herbes amères sont très-salutaires pour l'estomac. » Mais depuis longtemps, toutes ces jovialités, inspirées par l'humilité, étaient impuissantes à donner le change et à voiler ses mortifications.

Depuis le dîner jusqu'à vêpres, Fr. Crispino prenait part à la récréation commune des frères convers, si le jour le comportait, ou bien il allait donner ses soins aux allées du bosquet et au jardin des fleurs. Après Vêpres, il faisait son adoration proprement dite. Que se passait-il alors entre le Dieu de l'Eucharistie et cette âme simple qui l'appelait de toutes les ardeurs de son amour ? Il est des secrets que seuls les Anges adorateurs pourraient révéler. On le voyait, pendant de longues heures à genoux, le visage tout en feu, les yeux fixés sur le Tabernacle, comme étranger à la vie réelle et privé de l'usage de ses sens. Sa ferveur en cellule n'était pas moindre ni moins consolée.

« Le soir, dit Fr. François de Viterbe, quand les religieux étaient retirés, je me transportais souvent à la porte de la cellule de Fr. Crispino, afin de l'observer. Plusieurs fois, je l'ai vu verser un torrent de larmes, il pouvait à peine réciter quelques oraisons jaculatoires, souvent interrompues par les sanglots. Puis les sanglots cessaient, la voix du Serviteur de Dieu devenait haletante ; il soupirait ; je n'entendais plus que ces exclamations entre-coupées : « Ah! Ah! Ah! » qu'il prononçait d'une voix tremblante et auxquelles succédait un long silence. Je vis encore, par les fissures de la porte, une grande lumière et une splendeur extraordinaire. Voulant un jour m'assurer si le Serviteur de Dieu était en extase et élevé au-dessus du sol, comme je le croyais et comme je le crois encore, car les sons de cette voix haletante venaient du haut de la cellule, je me transportai dans un petit jardin sur lequel donnait la fenêtre de sa cellule. Je vis alors sortir de cette fenêtre, toujours ouverte, une lumière si vive que je ne pus en soutenir la vue ; mes yeux en furent éblouis, et je ne pus rien voir ».

Le Bienheureux, passait en prière tous les instants que lui laissait son pénible emploi. Lorsqu'il faisait la quête, son âme était tellement absorbée en Dieu que souvent il n'entendait pas ceux qui lui parlaient, en sorte qu'ils étaient obligés, ou d'élever la voix, ou même de le secouer avec une certaine énergie pour le rappeler à lui. Tout lui parlait de Dieu : s'il marchait la tête découverte, c'était, comme il l'a avoué lui-même plusieurs fois, par respect pour la présence de Dieu : si on louait la beauté des choses créées, il en prenait occasion pour exhorter ses interlocuteurs à remonter à la Beauté incréée, aux admirables perfections de l'Humanité de Notre Seigneur Jésus-Christ. Il s'écriait souvent dans un saint transport : « Qui n'aime pas Dieu est fou ! Qui n'aime pas Dieu est fou ! » S'il entendait les petits oiseaux chanter, à leur façon, les louanges du Créateur, aussitôt il invitait ses frères à s'unir à eux pour aimer Dieu et célébrer ses louanges.

Le chant du rossignol surtout faisait une plus vive impression sur son âme. « Entendez-vous, disait-il, entendez-vous comme ces petits oiseaux chantent bien ? Ils louent Dieu, louons-le donc nous aussi ! » Et aussitôt il tombait à genoux et commençait à louer Dieu avec son petit frère, le rossignol.

« Dans ses voyages, il ne parlait qu'à Dieu ou de Dieu, » dit un de ses compagnons de quête, Fr. François de Viterbe, qui raconte à ce sujet le fait suivant :

« Nous allions d'Orvieto à Ficulli ; Fr. Crispino avait prié pendant toute la route. Comme nous approchions du terme de notre voyage, il me demanda si je voulais avec lui réciter l'office de la Sainte Vierge. Je lui répondis que je n'étais pas à même de le réciter par cœur. « Donc, me dit-il, récitez vos prières en particulier ; pour moi, je vais dire l'Office de la Madone ». Quand

CHAPITRE X

nous eûmes achevé l'un et l'autre, il me dit :
« Maintenant je désire que nous récitions ensemble le saint Rosaire, nous aurons le temps de le dire avant d'être à Ficulli ».

« Le rosaire fini, je lui dis en plaisantant et pour égayer un peu le voyage : « Mais, Fr. Crispino, il y a si longtemps que vous faites la quête, que laisserez-vous donc après votre mort ?... »
A cette interrogation, Fr. Crispino s'arrêta ; son visage devint tout radieux. « Ce que je laisserai, me dit-il, en me mettant la main sur la tête et avec une grande ferveur d'esprit, ce que je laisserai, le voici, mon cher compatriote : par la miséricorde de Dieu et de la Bienheureuse Vierge, ma Souveraine Mère, j'espère laisser tant de choses que le monde entier en parlera ».

« Et à ce moment, poursuit Fr. François, je m'aperçus que le Serviteur de Dieu était élevé au-dessus de terre de la moitié d'une palme environ. Je voulais le contempler ; mais je fus contraint de baisser les yeux ; mon regard ne put supporter la flamme du sien et le rayonnement éblouissant de son visage. Quelques instants après, Fr. Crispino revint à lui et dit à haute voix : « *Deus, in adjutorium meum intende !* et nous commençâmes les litanies de la S. Vierge » (1).

(1) Dans plusieurs ordres religieux, toutes les prières commencent par cet appel au secours divin.

La bouche parle de l'abondance du cœur : aussi Frère Crispino parlait de Dieu en toute occasion et à toutes les personnes qu'il abordait. Il s'était rendu familières certaines sentences qui l'aidaient à se maintenir dans une union continuelle avec la Volonté divine, à laquelle il rapportait toute chose. S'il était accablé de quelque fatigue extraordinaire ou affligé de quelque peine, il encourageait son âme par cette belle maxime du Séraphique Père Saint François :

> Si grand est le bien que j'attends,
> Que toute peine m'est délice.

D'autres fois :

> Qui pense au paradis a horreur de la terre.

Pourvoir la communauté des ressources nécessaires, était une charge à laquelle il se dévouait de tout cœur, mais sans aucune inquiétude : « Notre Père du ciel, disait-il, y pense beaucoup plus que nous ; plaçons en Lui notre espoir, et nous trouverons abondance de tout bien. » S'il parlait avec des marchands, il les exhortait à observer les règles de la justice : « Faites attention que Dieu voit le contrat et la marchandise. » S'il se trouvait en voyage, exténué de fatigue, il levait les yeux au Ciel et disait : « Jésus-Christ, ô mon Maître, faites que dans cette fatigue je n'aie d'autre fin que vous ; » ou bien encore : « Le paradis n'est pas fait pour les lâches, on n'y va pas en carrosse. »

Quelquefois aussi il s'écriait dans un saint transport : « Qui aime Dieu avec pureté de cœur, vit heureux et meurt content. Aimez Dieu et ne péchez pas. Faites le bien et laissez dire. Je ne lèverais pas une paille, que ce ne fût pour la gloire de Dieu. »

L'amour de Dieu embrasait tellement son cœur qu'il ne pouvait supporter qu'il fût offensé en sa présence. Rien ne pouvait alors arrêter l'ardeur de son zèle. Son visage s'enflammait et il allait, au besoin, se jeter aux pieds du coupable en le conjurant de ne plus outrager son Dieu. Si le coupable se rendait à ses charitables remontrances, le Bienheureux lui adressait aussitôt quelques paroles bienveillantes et lui promettait de prier avec lui. Mais si, au contraire, le malheureux s'obstinait dans son péché, Fr. Crispino le menaçait de la vengeance divine, et Dieu punit souvent, d'une manière visible, ceux qui méprisaient les exhortations de son serviteur. Quand dans une église, Fr. Crispino voyait quelqu'un manquer au respect dû au lieu saint, il allait droit à lui, lui montrait le Tabernacle et le rappelait au devoir par ces simples paroles : « Il est là ! » S'il rencontrait dans la rue une dame dont la toilette blessait la modestie chrétienne, il possédait le secret de la reprendre avec autant de force que de délicatesse et de charité.

Frère Crispino nourrissait cette admirable ferveur et ce zèle pour la gloire de Dieu, par un fréquent usage des Sacrements. Les Constitutions des Capucins prescrivent aux Clercs et aux Frères Lais de se confesser et de communier au moins deux fois la semaine, ou plus souvent si leurs supérieurs le jugent à propos et leur en donnent la permission. Pendant les cinquante-sept années que le Bienheureux passa en religion, il observa rigoureusement cette sainte prescription, et, bien que son âme fût exempte de souillure, il ne s'approchait jamais de la sainte Table sans s'être confessé, au moins de ses fautes passées, bien qu'elles ne fussent que légères.

Le P. Gabriel d'Ischia, son confesseur, a déposé qu'un jour, pendant que le Bienheureux s'agenouillait devant lui pour se confesser, il lui apparut si beau et si resplendissant, qu'il ressemblait « à une créature toute céleste ».

Quand il s'approchait pour recevoir le Pain du Ciel, il était porté plus qu'il ne marchait vers l'Autel. Plusieurs fois on l'a vu, le front entouré d'une auréole lumineuse, soulevé de terre, comme si son corps, soustrait aux conditions de la matière, était déjà spiritualisé. Les condescendances divines ne s'arrêtèrent pas là, car les témoignages consignés aux actes de béatification, affirment que, plus d'une fois, l'humble frère lai entendit les mélodies des anges qui adoraient Dieu dans son cœur, et que l'Enfant-Jésus daigna se révéler à lui, sous les espèces eucharistiques.

Ces sublimes intimités expliquent et nous font comprendre, bien imparfaitement, hélas ! un des traits saillants de son amour pour l'Eucharistie, amour tout de confiance, tout d'épanouissement et de saints transports, qui bannissait les craintes anxieuses, les retours sur son indignité devant le Dieu trois fois saint. Elle est belle sans doute l'humilité de l'âme qui dit à l'Emmanuel : « Seigneur, je ne suis pas digne de vous recevoir en moi » ; mais il est également beau, plus beau peut-être, ce sentiment d'un cœur, dont la sainte avidité s'écrie : « Jésus, mon Jésus, venez, je vous aime ! ».

Aux effets spirituels de la sainte Communion se surajoutait parfois, pour le Bienheureux Crispino, un effet sensible. Lorsqu'il avait participé au Banquet divin, il apparaissait plus agile et plus fort ; il semblait ne pas ressentir la fatigue et se chargeait avec un joyeux entrain des poids les plus lourds. Mais si c'était un jour de fête, il passait toute la journée à l'église, absorbé dans la contemplation et les plus ferventes actions de grâces. Un biographe contemporain du Bienheureux a extrait de ses manuscrits une longue prière à la

S. Eucharistie. Nous nous faisons un bonheur de la reproduire en entier.

« Je me présente à Vous, ô Jésus, dans votre Sacrement, comme un fils à son tendre père, car je vous reconnais pour mon Père, et je sais, et je tiens pour certain que vous êtes ici en personne, comme vous êtes dans le ciel. C'est l'amour qui vous a porté à venir demeurer avec moi, non-seulement par la puissance de votre bras divin, mais encore par la présence réelle de votre Corps. Oui, c'est votre amour qui vous a porté à faire, à mon avantage, le plus grand des miracles. Je vous adore, je reconnais devant vous ma misère et me confie en vous.

« Et vous, S. Vierge, Refuge des pécheurs, Mère de Dieu qui l'avez tant aimé sur cette terre, qui l'aimez tant dans le ciel, et qui, par le mérite de cet amour, êtes digne d'être élevée au-dessus des Chœurs des Anges, et d'être la Reine des Saints, obtenez-moi de votre Fils, qui m'est ici présent, une étincelle de cet amour qui, comme une flamme ardente, brûlait dans votre cœur.

« Et vous, saints Anges, qui demeurez ici pour faire la cour à votre Roi, unissez vos louanges aux miennes, et obtenez-moi la grâce que mes louanges soient rendues dignes de lui plaire, et que je puisse célébrer dignement sa gloire.

« O mon Jésus, qui êtes ici présent, qui m'écoutez, qui me voyez, qui vous complaisez dans ma confiance envers vous, et vous réjouissez dans mes paroles, parce que vous êtes mon tendre Père, mon fidèle Ami, mon Frère par nature et par grâce, vous qui désirez d'être aimé de moi, bien que mon amour ne vous serve en rien, puisque vous êtes heureux sans moi, et qu'il ne serve qu'à moi-même, qui ne suis rien sans vous, fortifiez mon amour, mon espérance, ma foi, afin que je vous loue mieux, que je vous aime mieux, que je vous glorifie mieux.

« Ne permettez pas, ô mon divin Maître, que les Anges qui sont ici autour de vous, et qui vous voient vous abaisser jusqu'à moi, aient la douleur de ne trouver en moi, votre enfant, que peu d'amour, peu de foi, envers un Dieu si aimable, un Père si aimant. Ce serait vraiment trop douloureux pour moi, parce que je suis votre enfant, que vous m'avez appelé de ce nom, et que je vous ai coûté le prix de votre Sang !

« Ne permettez pas que les Anges aient lieu de vous demander pourquoi vous faites tant pour une créature, qui vous rend si peu et qui s'inquiète si peu de vous.

« O Seigneur, sauvez mon honneur devant vos anges, puisque je suis votre fils. Je veux vous demander une grâce qui mette mon honneur à couvert ; pardonnez-moi si mon désir est trop ambitieux, mais enfin je me présente à mon Père. Faites que je puisse dire à vos anges : Il est vrai que j'ai reçu de mon Dieu plus que vous, mais aussi je lui ai rendu encore plus que vous je l'ai aimé encore plus que vous ».

Pour entretenir le feu divin dont brûlait son âme, Fr. Crispino lisait attentivement chaque jour un chapitre de l'Imitation ou de quelque autre livre spirituel. Au réfectoire, il écoutait avec une grande attention la lecture de la vie des Saints, afin d'apprendre à aimer Dieu plus parfaitement, et de se fortifier par leurs exemples.

Il était avide aussi de la parole de Dieu, et se rendait avec un saint empressement aux différentes prédications qu'il pouvait entendre. Il choisissait un petit coin retiré, se tenait immobile, et écoutait le prédicateur dans un tel recueillement, qu'il pouvait ensuite, grâce à son extrême facilité de mémoire, reproduire tous les passages les plus saillants du sermon. « Qu'elles sont belles, disait-il souvent, qu'elles sont belles les vérités de notre Patrie ! ».

Un jour, à la cathédrale d'Orvieto, un Prédicateur avait pris, pour sujet de son sermon, les grandeurs de Dieu et les illusions du monde. Fr. Crispino, en entendant ce discours, était ravi de joie, et, les jours suivants, dans toutes les maisons où il entrait, à toutes les personnes qu'il rencontrait, il disait avec un sentiment d'ineffable allégresse : « Voilà bien la grande vérité que les Prédicateurs devraient toujours nous inculquer, et que nous devrions bien comprendre une bonne fois ! C'est que dans ce monde, tout est vanité, tout est tromperie, et il n'y a de vrai bien qu'en Dieu, parce que Dieu est notre fin et tout notre trésor. Mais nous sommes sans jugement et ne voulons pas aimer notre Divin Père et Seigneur de tout notre cœur, de toutes nos forces ».

CHAPITRE XI

LE BIENHEUREUX AU COUVENT D'ORVIETO. SA DÉVOTION A LA S. VIERGE

(1702-1748)

Fidélité de Fr. Crispino au contrat de Notre-Dame du Chêne. — Ses fêtes de prédilection. — La beauté de Jésus et de sa mère. — Les eulogies de la Madone. — *Monstra Te esse matrem*. — Autant de choux plantés, autant d'*Ave Maria*. — L'Apôtre de la Madone. — Les trois degrés de la dévotion envers Marie. — Une prophétie réalisée.

L'emploi du Bienheureux au Couvent d'Orvieto ne lui permettait plus, comme par le passé, de vivre continuellement aux pieds de sa chère Madone; mais sa piété envers Marie ne diminua en rien.

Le contrat de Notre-Dame du Chêne, alors que l'enfant de Marzia Fioretti dépassait à peine sa cinquième année, conservait toute sa force. Marie fut toujours la tendre Mère qu'il aima de tout son cœur, et l'auguste Souveraine à laquelle il avait voué toute sa vie.

Nous avons déjà vu qu'il jeûnait au pain et à l'eau tous les samedis de l'année, et aux vigiles de toutes les fêtes de la S. Vierge, célébrées par la S. Église. Mais entre toutes ces fêtes, il en était trois plus particulièrement chères à son cœur, et pour lesquelles sa préparation ordinaire ne suffisait plus : l'Annonciation, l'Assomption et l'Immaculée Conception.

L'Annonciation surtout était sa fête de prédilection, parce que, disait-il, au jour de cette solennité, il avait changé de Mère, et au lieu d'une mère pauvre et misérable, il avait acquis une Mère riche et souveraine du monde entier. Il se préparait à ces trois fêtes par des jeûnes, des disciplines et autres pénitences extraordinaires, qu'il ajoutait à celles de la communauté. Le premier jour d'août, il commençait son carême de l'Assomption ; et, comme les deux autres fêtes tombaient, l'une pendant le carême de l'Avent, l'autre pendant le carême de l'Église, il s'astreignait alors à un jeûne rigoureux, au pain et à l'eau.

Au jour de la solennité, il se procurait des cierges et des fleurs en grand nombre pour orner l'autel, de l'encens et des parfums pour embaumer l'église. Après s'être confessé, il s'approchait de la sainte Table, et demeurait longtemps comme ravi en extase, dans la contemplation du mystère liturgique. On voyait accompli en sa personne ce que disait l'Apôtre : « Notre conversation est dans les Cieux ».

« Qui n'a pas vu l'Humanité de Jésus, disait-il à ceux qui louaient quelque beauté de la terre, qui n'a pas vu l'Humanité de Jésus et la beauté de ma Reine, ne sait pas ce que c'est que la vraie beauté, et n'est pas capable d'en juger ».

Il s'était fait peindre, par un de ses amis, un petit tableau représentant la S. Vierge avec l'Enfant-Jésus dans ses bras. Tous les soirs, il rentrait dans sa cellule et demeurait longtemps immobile en face de la sainte image, qu'il ne pouvait se lasser de contempler. Puis, donnant un libre cours aux sentiments dont son cœur était embrasé, il allumait deux cierges, et chantait, de toute son âme, les louanges que lui inspirait, sur l'heure, son amour filial.

Il avait recueilli, dans ses lectures spirituelles, les eulogies les plus caractéristiques de la S. Vierge et il invoquait Marie, sous ses divers titres suivant les circonstances où il se trouvait. S'il se considérait comme pécheur, il l'appelait son Refuge ; dans ses infirmités, il l'appelait son Salut ; sa Consolation, lorsqu'il était affligé ; sa Richesse, dans la nécessité ; et toujours il aimait à la nommer sa grande Protectrice. Mais de tous ces noms, le plus familier, le plus cher à sa piété était celui que donnent les petits enfants à leur mère. On l'entendait souvent s'écrier : « *Ah ! Mamma mia ! Mamma mia !* » En récitant l'Office de la Vierge, quand il arrivait à ces paroles de l'hymne des Vêpres : « *Monstra te esse matrem !* » Montrez que vous êtes notre Mère! il les disait et les répétait tant de fois, qu'il semblait ne pouvoir les détacher de ses lèvres.

Partout où il rencontrait une image de la Madone, il s'arrêtait et récitait quelques prières en son honneur. Dès qu'il entendait seulement prononcer son nom, son visage s'enflammait et il inclinait dévotement la tête par respect pour ce nom sacré. Lorsque, pour remplir son office de quêteur, il allait de porte en porte, on l'entendait chanter doucement l'*Ave Maris Stella* ou le *Regina Cœli*. Quand il s'agissait d'une cause désespérée, il promettait avec assurance une heureuse issue. « Ne craignez rien, disait-il, j'ai parlé à ma souveraine Mère. » Il recourait à elle en toute rencontre, avec une imperturbable confiance.

Sur la fin de sa vie, presque incapable de mouvement, les membres perclus par la goutte qui le faisait tant souffrir, il voulait encore cultiver un petit jardin où il plantait des choux pour les pauvres. Comme il avait peine à remuer la terre, on lui faisait observer que les choux ne pourraient pas pousser sur un terrain si mal préparé : « Oh! mais, répondit-il, j'ai dit un *Ave Maria* pour chaque plante à ma souveraine Mère ». La S. Vierge, en effet, ne manqua jamais de répandre ses bénédictions sur le petit jardin de son serviteur.

Ce n'était pas assez pour le Bienheureux d'aimer cette tendre Mère, il voulait la faire aimer de tous ceux qui l'approchaient. Nous avons vu ses pieuses industries dans les autres Couvents. A Orvieto, son office de quêteur lui fournissait de nombreuses occasions pour répandre cette dévotion. Partout où il s'arrêtait, il aimait à entretenir ses hôtes de la dévotion à Marie : « Mes amis, disait-il souvent, soyons dévots à la Vierge Marie, Mère de Dieu, car elle est toute notre espérance et notre Avocate ». Il exhortait les mères de famille à réciter le chapelet avec leurs petits enfants, afin que formés, depuis leurs premières années, à cette pratique, ils gardassent, pendant toute leur vie, la salutaire habitude d'honorer et d'aimer la Reine du Ciel. Aussi l'appelait-on communément « l'Apôtre de la Madone ». Lorsque, pendant ses quêtes de la campagne, il devait passer la nuit chez des bienfaiteurs, il amenait la conversation sur les louanges de Marie. Peu à peu, il s'animait et parlait de cette tendre Mère avec tant d'onction, que les auditeurs, suspendus à ses lèvres, passaient sans s'en apercevoir, de longues heures à l'écouter. Il lui arriva même quelquefois de consacrer toute la nuit à ces pieux entretiens, sans songer à dormir, bien que sa fatigue fût extrême. A l'aube, le Bienheureux reprenait sa besace et partait en disant: *De*

Maria nunquam satis : on n'en dit jamais assez sur Marie. Parler de sa Mère du Ciel, lui était le délassement le plus salutaire.

Dans ces longs entretiens, Fr. Crispino avait coutume d'expliquer les trois degrés de la vraie dévotion à la S. Vierge. Le premier, disait-il, c'est d'abandonner le péché pour l'amour d'Elle. Le second consiste à ajouter quelque dévotion particulière, comme de jeûner le Samedi en son honneur, de réciter le chapelet ou quelque autre prière. Le troisième enfin consiste à imiter ses vertus et particulièrement sa pureté. Il concluait en disant que la dévotion à Marie est une des grandes marques de prédestination. Et il disait toutes ces choses avec tant de simplicité, de clarté et de douceur, qu'il les laissait profondément imprimées dans le cœur de ceux qui l'écoutaient.

Bien des fois déjà, nous avons vu que Marie ne se laissait pas vaincre en générosité par son serviteur, et se plaisait à lui accorder des grâces et des faveurs extraordinaires. Ces mêmes faveurs se renouvelèrent à Orvieto.

Un bienfaiteur, pour lui faire une aumône de vin, le conduisit un jour dans ses caves. « Cette voûte, lui dit Fr. Crispino, va bientôt s'écrouler ; mais je prierai ma Mère et Souveraine afin que, par sa puissante protection, il n'en arrive aucun mal ! ». Sur cette admonition, le maître fit examiner soigneusement la voûte ; on n'y aperçut aucun indice de ruine prochaine, et la parole du serviteur de Dieu fut regardée comme se rapportant à un avenir éloigné. Mais dès la nuit suivante, la voûte s'effondra. Les maîtres firent aussitôt enlever les décombres; et quel ne fut pas leur étonnement lorsqu'ils trouvèrent les tonneaux intacts! Ils comprirent alors combien était grande la puissance du serviteur de Dieu auprès de celle qu'il appelait sa Mère et sa Souveraine.

CHAPITRE XII

LE BIENHEUREUX AU COUVENT D'ORVIETO
SON ZÈLE POUR L'OBSERVANCE DES TROIS VŒUX DE RELIGION

Fr. Crispino concilie admirablement les droits de la pauvreté religieuse avec les inspirations de sa charité fraternelle. — Son attention délicate aux plus petits détails. — Sa vigilance pour la vertu angélique. — Pièges tendus à sa vertu. — Comment il y échappe. — Les trois clous de fer et les trois clous d'or.

Fr. Crispino, à l'exemple du séraphique Père, mettait un soin jaloux à ne violer en rien les droits de la très sainte Pauvreté dont il avait fait profession. Ses biographes insistent sur la sollicitude avec laquelle il avait toujours l'œil fixé sur son vœu de pauvreté lorsqu'il était chargé de la quête. L'ardente charité, qu'il avait pour ses frères, le pressait vivement de pourvoir à toutes leurs nécessités ; il aurait même désiré leur procurer en abondance toutes les choses qui pouvaient leur être agréables, et cela lui eût été facile, tant les peuples montraient d'empressement à lui faire l'aumône. D'un autre côté, la voix de la pauvreté se faisait entendre, et pour rien au monde, il n'eût consenti à lui être infidèle.

Toutefois, aux fêtes solennelles de Notre Seigneur et de la S. Vierge, il avait soin de se procurer une nourriture meilleure et un vin plus généreux. Il se prêtait de bon cœur à cet adoucissement, sachant bien qu'en agissant ainsi, il se conformait à l'esprit du Père S. François. En effet, le saint Patriarche, aux jours des grandes solennités et spécialement de Noël, désirait que tous les enfants de Dieu, toutes les créatures fussent dans l'allégresse, et il demandait aux gouverneurs des villes de faire répandre du grain par la ville et la campagne, afin que les petits oiseaux eussent, au jour de Noël, leur part à la joie commune.

Mais vis-à-vis de lui-même, Fr. Crispino faisait toujours pencher la balance du côté de la plus stricte pauvreté. Son habit d'une propreté irréprochable, était toujours usé et rapiécé. Sa cellule n'avait aucune surcharge pour l'ameublement très-simple destiné aux frères convers. Dans les détails les plus menus de la vie pratique, le B. Crispino, quoique sa trempe d'âme et sa rondeur de caractère lui rendissent très difficile l'attention à ces minuties, veillait à ce que la sainte pauvreté fût en tout parfaitement sauvegardée : une lampe devait être éteinte, dès que sa lumière n'était plus nécessaire ; le foyer ne devait rester allumé que dans la mesure voulue. « Si je lais sais ce bois, disait-il un jour en jetant de l'eau dans l'âtre, si je laissais ce bois se consumer, maintenant que tous les religieux sont réchauffés, S. François me le ferait payer fort cher ».

Le Bienheureux ne se montrait pas moins circonspect vis-à-vis du vœu plus délicat de chasteté. Sans cette vigilance, sa vertu eût été exposée à de grands périls, eu égard aux relations continuelles que son office de quêteur l'obligeait d'avoir avec toute sorte de personnes, et à la grande affection qu'on lui témoignait. En sortant pour la quête, il se rappelait, selon la recommandation des Constitutions (ch. XI), les paroles d'un frère qui, brûlant un peu de paille, disait : « Ce que gagne la paille au contact du feu, les serviteurs de Dieu le gagnent dans la conversation inutile avec les femmes ».

« Aussi, sa conversation avec les femmes ne se prolongeait jamais au-delà du strict nécessaire, à moins qu'elle n'eût pour objet les choses de Dieu et le travail de la sanctification. S'il lui arrivait parfois de voir à l'improviste quelque peinture ou quelque statue trop peu décente, il en détournait aussitôt son regard, et s'efforçait d'obtenir, quand cela était possible, que des productions de ce genre ne fussent pas exposées en public. Sa démarche, grave sans roideur, modeste sans affectation, était un indice de la pureté de son cœur, et sa présence inspirait le respect. Les femmes surtout, si elles avaient à lui porter l'aumône, avaient soin de se couvrir avec modestie, parce qu'elles savaient que si elles l'abordaient, même pour lui remetre l'aumône, dans une mise peu décente, à première vue il leur tournait le dos ».

« Et de la sorte, poursuit un autre biographe, lorsqu'il se retirait des maisons des séculiers, il laissait toujours après lui cette bonne odeur de Jésus-Christ, dont parlait aux premiers chrétiens l'Apôtre des nations ».

Aussi le démon essaya-t-il, à bien des reprises, de faire tomber lourdement celui dont la vertu était une édification pour tous et une prédication vivante. Nous rapporterons ici deux exemples des pièges qu'il tendit au serviteur de Dieu.

Lorsque le Bienheureux commençait à faire la quête au Couvent d'Orvieto, alors qu'il était jeune encore et connaissait peu la ville, quelques jeunes gens débauchés, ne pouvant croire qu'il fût aussi pur que le disait la voix publique, résolurent d'en faire l'expérience. Une femme de mauvaise vie, gagnée par eux à prix d'argent, entra dans leur complot, et ils arrêtèrent ensemble les moyens de le mettre à exécution. L'occasion ne tarda pas à se présenter. Fr. Crispino s'en allait par la ville, recueillant les aumônes ordinaires ; cette femme, le voyant passer, l'introduisit dans sa maison et le conduisit à la cave pour lui donner le vin dont il avait besoin. Après lui avoir gracieusement rempli sa bouteille, elle lui tint des propos honteux et le provoqua au mal. A ces paroles, le serviteur de Dieu frémit d'horreur, comme à la rencontre d'un reptile venimeux. Il se mit aussitôt au milieu de la cave, les bras étendus en forme de croix, et entonna à pleine voix les litanies de la S. Vierge, sur l'air que l'on avait adopté pour la Chapelle du Couvent. La malheureuse femme déconcertée, et craignant que les passants ne fussent attirés par la nouveauté du fait, supplia le Bienheureux de cesser et de se retirer. Mais Fr. Crispino voulut terminer le chant des litanies, après quoi il se retira prudemment et en silence, sans laisser voir aucun trouble sur son visage, mais au contraire avec un air calme et recueilli, pour ne donner à personne le soupçon de ce qui venait de se passer.

Plusieurs années après, Satan tendit de nouvelles embûches au serviteur de Dieu. Deux jeunes gens perdus de mœurs, ayant gagné à leur cause une veuve avec laquelle ils avaient un commerce secret, tramèrent un complot assez analogue au premier. Il fut convenu que cette femme se rendrait, à un moment donné, à l'hospice des Capucins, situé dans la ville, et dans lequel les femmes peuvent entrer. Elle demanderait à voir Fr. Crispino, sous prétexte d'obtenir sa recommandation auprès d'un monastère, et profiterait de l'entrevue pour le tenter contre la sainte vertu. Tout fut exécuté comme il avait été réglé. La veuve arriva à l'hospice à un moment où elle savait que le Bienheureux s'y trouvait seul, et après l'avoir entretenu quelques instants, elle le sollicita au mal. Fr. Crispino, tout effrayé, eut recours au même expédient. Il se tourna aussitôt vers une image de la S. Vierge suspendue au mur, se mit à genoux, et, les bras étendus en forme de Croix, commença à chanter l'*Ave Maris Stella* sur un ton très élevé. A ce spectacle, la veuve prit la fuite et le saint frère demeura victorieux aux pieds de sa chère Madone.

Sans doute, Fr. Crispino continua son chant et pria pour celle qui voulait le perdre, car le lendemain cette veuve égarée fit demander pardon à l'homme de Dieu, lui promettant de se convertir et de changer de vie.

Nous avons déjà parlé longuement de l'obéissance du Bienheureux et nous aurons occasion d'y revenir. Il nous suffira donc d'observer ici que Fr. Crispino voulait avoir pour toutes ses actions, même pour les plus petites, la bénédiction de son supérieur et le mérite de l'obéissance. Il en agissait de même pour les choses de sa conscience, ne voulant rien entreprendre, sans le consentement et la bénédiction de son Confesseur ou de son supérieur.

Quand il refléchissait à ses trois vœux, alors, dans la ferveur de son âme, les yeux attachés sur une image de Jésus Crucifié, il le remerciait et le bénissait en disant : « O mon doux Seigneur, vous avez voulu être attaché sur une Croix douloureuse avec trois clous de fer, et moi, votre vil serviteur, vous avez voulu, par votre miséricorde, m'attacher avec trois clous d'or à la croix douce et suave de la Religion ». Et son âme attendrie faisait monter, pendant de longues heures, vers le Crucifix, les sentiments de sa reconnaissance. Afin de raviver dans son esprit le souvenir de ses trois vœux, il les renouvelait à toutes les principales fêtes de l'année, et Dieu, de son côté, renouvelait, dans le cœur de son serviteur, la grâce de la première donation, les nobles élans de sa jeunesse religieuse : « *Renovabitur, ut aquilæ, juventus tua* ».

CHAPITRE XIII

LE BIENHEUREUX AU COUVENT D'ORVIETO
SA CHARITÉ ADMIRABLE ENVERS LE PROCHAIN.

Fr. Crispino, proviseur universel pour les réparations. — *Sa Sybille.* — Ses attentions fraternelles pour son compagnon à l'hospice. — Son frère *Domenicuccio.* — Son zèle pour venir en aide à toutes les nécessités du prochain. — Les prisonniers, les malades. — Leçon salutaire qu'il donne à un religieux mécontent. — Le *Missionnaire des Montagnes.* — Une maison de couturières. — Une religieuse et son péché de haine. — Les deux frères ennemis. — L'intervention de Fr. Crispino entre deux blasphémateurs. — Le maître d'hôtel puni de ses blasphèmes. — Le fils dénaturé et blasphémateur. — Conversion d'une dame égarée. — Fr. Crispino, serviteur lâche et inutile.

A Orvieto, Fr. Crispino, outre son office de quêteur, eut à s'occuper de travaux bien difficiles. Le couvent, vieux et mal bâti, avait souvent besoin de réparations : et le bon Fr. Crispino, transformé, pour la circonstance, en proviseur universel, devait procurer les bois, les pierres, la chaux nécessaires et jusqu'aux bêtes de somme pour transporter ces matériaux. Tout autre eût reculé devant une si lourde charge : Fr. Crispino, au contraire, semblait se multiplier et suffisait à tout. Plus la besogne était surmenée, plus il se montrait actif ; et son activité calme, douce mais continue, était accompagnée d'une gaieté communicative qui se traduisait fréquemment par quelques bons mots ou quelque réflexion plaisante, et qui encourageait les ouvriers, en même temps qu'elle les édifiait.

A ceux qui, témoins de ces fatigues, lui exprimaient leur compassion, il répondait allègrement : « Comment voulez-vous que je sois fatigué ? ! Ma *Sybille* vient à mon secours ». Portait-il de lourdes charges sur les épaules ; sa force lui venait d'une sybille. Si la pluie ou la neige le surprenait dans ses courses ; une sybille lui tenait le parapluie. Un jour enfin, le P. Provincial insista pour savoir ce qu'il entendait par cette sybille. « Oh ! ma *Sybille*, dit-il, c'est la charité fraternelle ! ».

Le Bienheureux usait aussi d'une admirable discrétion à l'égard de son compagnon de quête, prenant toujours pour lui-même les plus lourds fardeaux et les corvées les plus pénibles. A l'hospice de la ville, tandis qu'il se contentait, pour son propre compte, d'un morceau de pain et d'un mélange d'eau et de vin, il veillait à ce que son compagnon eût une boisson plus fortifiante, une nourriture plus substantielle, telle que l'exigeaient ses rudes travaux. Il ne négligeait rien pour lui rendre agréables et son emploi de quêteur, et son séjour à l'hospice, deux choses également pénibles pour les jeunes Religieux. Fr. Crispino avait le secret d'adoucir leurs peines, et tous ceux qui ont vécu avec lui ont affirmé, tour à tour, devant les juges qui instruisaient sa cause de béatification, combien sa charité était délicate, et combien ils s'estimaient heureux d'avoir vécu avec un confrère aussi affable qu'il était pieux et édifiant. Fr. Dominique de Canepina, compagnon du Bienheureux, raconte que, dans les premiers temps, il eut à essuyer de grandes peines intérieures. Il ne pouvait se résigner à passer de longs jours, presque seul à l'hospice, d'autant que le climat lui paraissait contraire à sa santé. Il voulait donc demander son changement à ses supérieurs.

Or, un jour que ces pensées le préoccupaient davantage, il vint à table pour dîner. Fr. Crispino, le regardant en face lui dit : « A quoi pensez-vous ? Quelle idée vous traverse l'esprit, *Domenicuccio mio*, mon bon petit Dominique ? Envoyez donc promener ces tentations, ce chagrin, ces révoltes et remettez-vous joyeusement à la sainte obéissance. En s'appliquant à un emploi pour lequel on éprouve une plus grande répugnance, on acquiert un plus grand mérite devant le Seigneur....Et vive Dieu toujours ! vive sa Mère et la nôtre ! » — « Et pour me consoler davantage, poursuit frère Dominique, il me promit d'alléger le poids de mes travaux, et de m'entretenir dans une sainte joie ; après quoi j'éprouvai une grande consolation ».

La charité admirable du saint frère quêteur, ne se bornait pas seulement à ses frères. Dieu avait ouvert un champ très-vaste à sa charité. Fr. Crispino se trouvait continuellement en relation avec des séculiers de tout rang et de toute condition : il voulut faire du bien à tous. « Personne, dit un de ses biographes, ne saurait croire qu'un pauvre frère puisse faire pour le bien des hommes, autant de choses que sut en faire Fr. Crispino dans son humble condition de *frère convers* ».

Après en avoir obtenu la permission de ses Supérieurs, il procurait en secret des aumônes à un grand nombre de familles tombées dans la misère. Il ne s'épargnait aucune fatigue pour leur faire parvenir du pain, des vêtements, et souvent le prix de leur loyer. Apprenait-il qu'une jeune fille se trouvait abandonnée à elle-même, sans ressources et exposée par conséquent à bien des périls, il allait aussitôt intéresser quelque pieuse dame au sort de cette enfant et lui demandait, au nom de la S. Vierge, de la protéger.

Quand on lui parlait de quelque procès ou de quelque division de famille, il offrait sa médiation aux intéressés et savait, par sa bonté, les réconcilier et les amener à terminer amicalement leurs différends. Il s'efforçait aussi d'apaiser les discordes qui s'élevaient entre les époux. « Un ménage désuni, disait-il, est comme une ville démantelée : les démons peuvent y entrer à l'aise ». Si des enfants oubliaient leurs devoirs vis-à-vis de leurs parents, Fr. Crispino les exhortait de son mieux et les faisait rentrer dans le droit chemin. Il trouvait des maîtres aux serviteurs, et du travail aux ouvriers.

L'homme de Dieu était aussi l'avocat et la consolation des pauvres prisonniers. Souvent il allait les visiter ; il leur portait quelques aumônes, les encourageait en leur faisant entrevoir une prochaine délivrance, les exhortait à changer de sentiments et de conduite, et ne se retirait jamais sans avoir relevé leur courage. Constamment il allait frapper à la porte des gouverneurs pour plaider leur cause, et les faire délivrer le plus tôt possible. S'ils étaient détenus pour dettes, il faisait en sorte que leurs dettes fussent acquittées ; s'il n'y avait contre eux que des soupçons, il cherchait à les dissiper, et à faire ouvrir bien vite les portes de leur prison.

Mais ce qui enflammait par-dessus tout la charité de Fr. Crispino, c'était le soin des malades. Continuellement il était appelé auprès d'eux. Ce seul office de charité aurait pu occuper tout son temps, et l'on se demande avec étonnement comment il pouvait suffire à tant de bons offices qu'il rendait à son prochain, et aux pénibles emplois que ses Supérieurs lui confiaient.

Quand il entrait dans les maisons, on l'entourait comme un ange venu du ciel : il encourageait et consolait les affligés par ses paroles tout à la fois pieuses, douces et empreintes d'une sainte gaieté.

Il s'approchait ensuite du malade, l'amenait à se résigner à la volonté de Dieu, à recevoir les sacrements, et à mettre ordre à toutes ses affaires temporelles et spirituelles. Si quelquefois il était contraint de faire des reproches, il montrait tant de douceur et d'affabilité, que toujours, lorsqu'il se retirait, il laissait le coupable animé de bonnes dispositions.

Fr. Crispino, nous l'avons déjà vu ailleurs, excellait dans ce beau ministère ; et il l'exerça toute sa vie avec beaucoup de fruit. Plus tard, nous le retrouverons à Rome, vieillard octogénaire, tout brisé par l'âge et les infirmités, se traînant avec peine dans les quartiers les plus éloignés du Couvent, sans s'inquiéter de la pluie, des rues fangeuses, des froids pénétrants de l'hiver, ni des ardeurs du soleil au plus fort de l'été, toujours rayonnant de la joie de Dieu, et épuisant jusqu'à la fin ce qui lui restait de forces, pour aller consoler les pauvres malades et les mourants.

Autant le Bienheureux aimait à faire du bien à ses frères, autant il avait en horreur la médisance. Il la détestait comme un poison, et fuyait le médisant, comme on fuirait une personne à l'haleine pestilentielle. Quelqu'un se laissait-il aller à ce vice en sa présence, si son humble condition ne permettait pas au Fr. Crispino de le reprendre, il demeurait un moment dans la compagnie, mais comme distrait par d'autres pensées, et bientôt il se retirait adroitement. S'il se trouvait avec des égaux, il avait coutume de faire intervenir dans la conversation le récit du miracle opéré en faveur de saint Antoine de Padoue. Lorsqu'on ouvrit le cercueil du grand Thaumaturge pour la translation de ses reliques, on trouva tout son corps réduit en cendres, à l'exception de la langue, qui était fraîche et vermeille, parce que, dit S. Bonaventure qui était présent à cette cérémonie, elle avait toujours béni le Seigneur, et rendu service au prochain. Après avoir raconté ce fait merveilleux, Fr. Crispino montrait quel sort différent était réservé à la langue du médisant, et exposait les tourments auxquels elle serait soumise. Tous ceux qui l'entendaient, concevaient une vive horreur pour ce vice, et ceux qui y étaient sujets, faisaient d'énergiques efforts pour s'en corriger.

Un Religieux du Couvent d'Orvieto, avait un jour essuyé, de la part de son Supérieur, un refus qui lui paraissait injuste. Ce religieux, d'ailleurs d'une conduite régulière et exemplaire, n'eut pas assez de vertu pour supporter cette épreuve avec résignation. Au premier moment, il laissa échapper plusieurs paroles de murmure dont ses frères furent mal édifiés. Fr. Crispino, ayant appris ce fait, alla le trouver dans sa cellule, le salua humblement, et lui dit, avec son affabilité ordinaire :

— « Mon cher frère, vous désirez sauver votre âme, n'est-ce pas ? ».

— « Oui, certainement ».

— « Eh bien, si vous voulez vous sauver mettez en pratique ces trois maximes : faire du bien à tous vos frères, les aimer tous, dire du bien de tous ».

La leçon fut bonne. Ce Religieux, réfléchissant pendant l'oraison sur les paroles du Serviteur de Dieu, en fut si pénétré et se les appliqua si efficacement, qu'il alla demander pardon du scandale donné à ses frères, et ne fit entendre, dans la suite, aucune parole de blâme contre ses supérieurs.

La mission d'un frère quêteur n'est pas seulement de recueillir des aumônes pour le Couvent; il en a une autre, plus noble et plus belle, qu'il ne doit jamais perdre de vue : celle de la prédication muette dont parlait le Père saint François à ses compagnons, celle d'édifier les peuples, par sa modestie, son humilité, sa charité, et la bonne odeur de toutes les vertus séraphiques. Nous avons vu combien Fr. Crispino était éloquent dans ce genre de prédication. Les peuples comprirent ses enseignements, et eurent en lui une confiance illimitée. Aussi, dès qu'il sortait de son Couvent pour demander l'aumône, une foule nombreuse se pressait autour de lui : c'était des affligés qui lui demandaient quelque consolation, des personnes dans le doute qui venaient chercher ses conseils, des pécheurs qui venaient se recommander à lui ; et le Bienheureux avait pour tous quelque parole fortifiante. Bientôt, il ne se contenta plus de recevoir, avec sa bonté ordinaire, ceux qui venaient à lui ; il allait lui-même trouver les pécheurs et les malheureux, et dès lors, ses quêtes ne furent plus autant des quêtes que des missions ; à tel point que quand le Bienheureux arrivait à la campagne, pour recueillir les aumônes, les bons paysans qui l'attendaient toujours avec impatience, avaient coutume de dire : « Le Missionnaire des montagnes est arrivé ».

Dans les maisons où il entrait, il aimait à s'entretenir avec ces campagnards simples et droits, à leur parler de Dieu, des principaux mystères de notre foi, du Paradis, de l'Enfer, à les exhorter à une grande confiance envers la Très-Sainte Vierge; et il leur parlait avec tant de force et d'onction, qu'on aurait peine à croire tout le bien produit par ces pieuses exhortations.

A Orvieto, un certain nombre de jeunes filles se réunissaient dans une même maison, pour apprendre la couture. Mais bientôt, avec le consentement de la maîtresse de maison, plusieurs jeunes gens, d'une conduite fort légère, eurent accès dans le lieu où elles se réunissaient; ce qui causait, non sans motif, un grand scandale dans la ville. Le Bienheureux ayant appris ce qui se passait, en fut vivement affligé, et cherchait une circonstance favorable pour y mettre ordre. Or un jour, un violent tremblement de terre s'étant fait sentir, Fr. Crispino prit de là occasion de rappeler à ces jeunes personnes le danger auquel elles s'exposaient, et le châtiment que Dieu réservait à leur mauvaise conduite. Il leur parla avec tant d'énergie, que toutes, pénétrées d'une crainte salutaire, mirent fin au scandale, et quittèrent ce lieu dangereux, bien résolues à travailler désormais, dans leurs maisons respectives, sous les yeux de leur mère.

Une religieuse haïssait mortellement en secret une de ses sœurs, et n'attendait qu'une occasion favorable pour satisfaire sa haine. Un jour,

Fr. Crispino s'étant rendu au monastère vit, au parloir, cette religieuse et quelques autres sœurs désireuses de s'entretenir avec lui des choses de Dieu. Fr. Crispino amena peu à peu la conversation sur les dangers du péché de haine, et rapporta à ce sujet un châtiment épouvantable, infligé par la justice divine. Avant de se retirer, il appela à part la coupable, et lui dit : « Avez-vous entendu ? sachez que tout ce que je viens de dire est pour vous : pensez-y, et faites-en votre profit ». Ces paroles suffirent pour convertir cette religieuse et l'amener à une parfaite réconciliation avec sa sœur.

Plus retentissante encore et plus édifiante fut la réconciliation qu'il opéra entre deux frères, qui, pour de misérables questions d'intérêt, se haïssaient mutuellement. Ils avaient même fixé un jour pour vider leur querelle, les armes à la main. Les instances de la famille et de leurs amis n'avaient rien obtenu. Le serviteur de Dieu, averti de leur dessein, alla aussitôt les trouver, et se donna tant de peine auprès de l'un et de l'autre, que le jour même où ils devaient consommer leur crime, il les amena à terminer à l'amiable leur différent, et à s'embrasser bien fraternellement.

Deux hommes se querellaient dans une rue d'Orvieto. Ils en étaient venus à un tel point de colère, qu'ils vomissaient, contre Dieu et contre la sainte Vierge, ces horribles blasphèmes qui sont la triste spécialité du bas peuple italien. Frère Crispino, accourt auprès d'eux : « Mais, malheureux, s'écrie-t-il, que vous a donc fait le Seigneur béni ! Que vous a fait sa très-sainte Mère ! ». Et comme le paroxysme de leur colère les rendait insensibles, Frère Crispino se jette à leurs pieds, en présence de tous les spectateurs de cette scène, et les conjure, avec un tel accent de douleur poignante, de cesser leurs blasphèmes, que les deux adversaires, confus, attendris peut-être, hésitent un moment, et Fr. Crispino prend la main de l'un et de l'autre, les rapproche, et s'écrie dans un élan irrésistible : « Au nom de notre Mère du Ciel, que vous avez outragée, réconciliez-vous sur-le-champ, et demandez pardon à ce peuple du scandale que vous venez de donner ». Les larmes des coupables furent leur réponse, et Fr. Crispino se dirigea immédiatement vers l'église de Saint-André, où il alla prier. Sans doute, il voulait compenser, par sa ferveur, l'injure qui venait d'être faite à son Dieu et à sa chère Mère du Ciel.

Dans une autre circonstance, le zèle du Bienheureux contre le blasphème ne fut que l'annonce du châtiment qui frappa le coupable. Il s'était présenté chez un maître d'hôtel, pour demander du vin qui devait servir au saint sacrifice de la

Messe. Le maître d'hôtel refusa, et Fr. Crispino se retirait en toute humilité, quand cet homme ajouta à son refus des paroles ironiques contre le très-saint Sacrement de l'autel. Le Bienheureux se retourna, et lui dit avec vivacité : « Je vous en avertis, vous vous en repentirez ».

A ces paroles, le maître d'hôtel entre en fureur, et profère d'exécrables blasphèmes. Fr. Crispino était comme atterré. Son regard fixe, brillant, semblait scruter, dans les profondeurs de cette âme, les responsabilités terribles qui pesaient sur elle. Puis, par un geste automatique et comme inconscient, il lève lentement la main et montre l'église de S. Juvénal. « Vois-tu cette église, malheureux ? » — « Eh ! que m'importe ton église et ton Juvénal, » répond le blasphémateur. — « Que t'importe ?! Tu vas mourir, et demain ton cadavre y sera exposé. Que Dieu te fasse miséricorde ! ».

Le Maître d'hôtel méprisa la prophétie du saint Frère, et rentra tranquillement chez lui. Quelques instants après, il mourait presque subitement, et le lendemain son cadavre était exposé à l'église de S. Juvénal.

Dans la ville d'Orvieto, un homme blasphémait habituellement le saint nom de Dieu ; Fr. Crispino avait essayé plusieurs fois de le corriger de ce défaut, mais toujours inutilement. Un jour enfin, il le pressa plus vivement que de coutume, l'avertissant que la justice divine était sur le point d'éclater ; mais le malheureux s'obstina dans son crime, et ne tint aucun compte de ce dernier avis. Or, un jour, comme il vomissait, selon sa coutume, d'horribles blasphèmes et que son père le reprenait de son impiété, le malheureux, se précipita sur lui et le frappa avec fureur. Un de ses parents, témoin de cette triste scène, fut tellement indigné, que, saisissant une arquebuse, il la déchargea contre ce fils pervers. Celui-ci eut le temps de se dérober derrière un mur, tout en continuant à blasphémer. La balle frappant le mur, devait naturellement rebondir ; mais, guidée par une force invisible elle se détourna, atteignit le blasphémateur dans la bouche même, lui déchira la langue, et il tomba mort sous le coup de la justice divine.

Ce fait, forcément public, devint une arme puissante entre les mains du serviteur de Dieu : il la raconta à un grand nombre de pécheurs, afin de leur faire comprendre avec quelle rigueur Dieu punit les coupables qui ne veulent pas se convertir.

Une dame de distinction menait une vie déréglée, et entretenait des relations coupables avec plusieurs personnages de la ville. Fr. Crispino lui rappela un jour ce terrible exemple de la justice divine, et de là, il prit occasion de l'exhorter à penser souvent à la mort, à se rendre dans les églises au moment des funérailles, et à réfléchir pendant quelques instants en face des cercueils sur le néant des choses d'ici-bas. Pour seconder ce premier sentiment de crainte, et favoriser la conversion, il l'engagea aussi à faire naître dans son cœur le désir du ciel, et pour cela, à considérer, le soir, les étoiles, en se disant à elle-même : Parmi les complices de mes désordres, y en a-t-il un seul qui soit capable de fabriquer la plus petite de ces étoiles ? Ne suis-je donc pas une insensée d'abandonner un Dieu si puissant, et qui m'a préparé tant de gloire, pour m'attacher à de misérables vers de terre, à des hommes qui m'entraîneront avec eux aux peines éternelles ? — Et le serviteur de Dieu parla du ciel en termes si admirables, que cette dame, émue jusqu'au fond de l'âme, se mit à pleurer ses égarements, et peu de temps après, par une de ces résolutions généreuses dont la miséricorde divine garde le secret, elle se retira dans un monastère pour y mourir saintement.

Bien des fois, le Bienheureux opéra des conversions semblables à celles que nous venons de raconter. Quand ses paroles avaient été inefficaces, il ne se tenait pas pour vaincu. C'est alors que son zèle redoublait d'efforts. Il priait pour les pauvres pécheurs, se flagellait et n'épargnait rien pour satisfaire à la justice divine, toucher le cœur de Dieu, et obtenir, pour ces malheureux, la grâce d'une vraie et solide conversion.

Cette ardente charité avait allumé dans son cœur le désir d'aller avec les religieux de son Ordre, travailler au salut des infidèles. Il comprenait ce que vaut le don de la foi, et on l'entendait dire bien souvent : « Oh ! combien nous sommes obligés au Seigneur béni, de ce qu'il nous a fait naître dans le sein de l'Eglise Catholique ! Aussi voulait-il faire participer à ce don inestimable tous les hommes qu'il aimait comme ses frères. Plusieurs fois, il demanda à partir, mais toujours la permission qu'il sollicitait lui fut refusée. Il désirait du moins entendre les récits des missionnaires, et les résultats de leurs pénibles travaux. Un jour, le P. Bonaventure, Capucin qui avait prêché l'Evangile au Congo pendant quatorze ans, racontait simplement les souffrances des missionnaires de l'Ordre, au milieu de ces peuplades sauvages et sous ce climat de feu. Fr. Crispino se mit à dire en soupirant : « Oh ! que je suis malheureux ! Et je demeure ici à faire le lâche ! Pour vous, Père Bonaventure, vous êtes heureux d'avoir tant souffert pour la foi de Jésus-Christ ! ».

Telle est l'idée que le serviteur de Dieu avait de lui-même, quand il se comparait aux autres. Si après une existence si bien remplie, il se regardait encore comme un lâche et un serviteur inutile, il nous est facile de comprendre quel était son désir de souffrir pour Jésus-Christ, et de faire du bien à ses frères.

CHAPITRE XIV

LE BIENHEUREUX AU COUVENT D'ORVIETO
SON HUMILITÉ, SA PATIENCE ET SON AUSTÉRITÉ.

L'âne du Couvent. — Cet âne ne doit pas porter de chapeau. — Les ovations de Montefiascone et les tristesses de Fr. Crispino. — Fr. Crispino ne sait que dire des imbécilités et faire des âneries. — Une religieuse d'Orvieto s'arroge la mission d'injurier le Bienheureux pour exercer sa patience. — Fr. Crispino est calomnié auprès du Général de l'Ordre. — Durs reproches qu'il supporte joyeusement de la part d'un religieux d'un autre Ordre. — *Pati et contemni pro te.* — Le remède de Fr. Crispino contre la fièvre. — Les morsures d'un chien de garde. — Les trois ennemis de Frère Crispino. — Leçons pratiques de mortification données à une patricienne d'Orvieto. — Violences du démon contre le Bienheureux. — Sa Semaine-Sainte. - La vraie place des clous de Jésus crucifié. — La croix de procession. — La douceur ineffable d'une inexprimable douleur.

Nous lisons dans la vie de saint Félix de Cantalice, Capucin, que ce grand serviteur de Dieu, avait coutume de se nommer lui-même l'âne des Capucins. Si le passage se trouvait obstrué par la foule, Fr. Félix, chargé de sa besace, criait à haute voix : « *Deo gratias !* Place, par charité, laissez passer l'âne des Capucins ». Et à ceux qui lui demandaient avec étonnement : où donc est cet âne ? le saint, se désignant du doigt, répondait : « Me voici avec ma charge sur le dos : vous ne voyez donc pas ? C'est moi qui suis l'âne du Couvent ».

Le Bienheureux Crispino, dès le commencement de sa vie religieuse, avait choisi S. Félix comme le modèle qu'il voulait reproduire et copier exactement. Il criait donc, lui aussi, quand une foule nombreuse ne lui laissait plus le passage libre : « Faites place au pauvre âne, afin qu'il puisse porter sa charge au Couvent ».

La rigueur du froid lui ayant causé de profondes crevasses au talon, il pria son compagnon de vouloir bien lui porter secours, en réunissant les deux extrémités de la déchirure, avec l'alêne et le ligneul. C'était aussi le remède qu'employait S. Félix en pareille circonstance. Comme l'opération était douloureuse, le compagnon du Bienheureux Crispino usait, par charité, de beaucoup de précautions. Le serviteur de Dieu, s'en apercevant, lui dit alors : « Mon cher frère, travaillez sans crainte, et supposez que vous ferrez le sabot d'une bête de somme ».

Fr. Crispino, même par les temps les plus mauvais, ne se couvrait jamais la tête. Comme on lui en demandait la raison : « C'est, répondait-il, parce qu'un âne ne porte pas de chapeau. »

Non seulement le serviteur de Dieu s'abaissait ainsi à ses propres yeux, mais il désirait être regardé par tous comme un homme vil et méprisable. Il ne pouvait supporter les honneurs qu'on lui décernait. Souvent, pendant ses quêtes, on se précipitait autour de lui, on baisait respectueusement son habit, on allait même jusqu'à tailler furtivement dans son manteau des pièces qu'on gardait ensuite comme de précieuses reliques. Un jour, comme il passait à Montefiascone, il fut environné par une si grande foule de peuple, qu'il avait de la peine à se dégager. Tous criaient : « Ecco Fra Crispino ! Voici Fr. Crispino: voici le bon serviteur de Dieu! voici le saint ! ». Le pauvre frère cherchait à s'esquiver, et criait de toutes ses forces : « Eh ! mes amis ! quelle mouche vous a piqués aujourd'hui ? Allez à l'Eglise : allez adorer Dieu, vénérer la sainte Vierge et les Saints, et non point un pécheur, un misérable, un homme de rien ». Mais plus il criait, plus la foule se pressait autour de lui. Il fallut enfin que deux prêtres le missent entre eux pour l'arracher à cette multitude, et le faire entrer dans une maison. Un orgueilleux serait moins confus de l'humiliation la plus dure, que ne le fut Fr. Crispino après cette ovation. A peine arrivé dans la chambre qui lui avait été offerte par un bienfaiteur, pour se mettre à l'abri de la vaine gloire, il se flagella longtemps, passa les jours suivants dans la pratique de la plus rigoureuse pénitence, et partit de Montefiascone pendant la nuit, pour n'avoir pas à subir quelque nouvel assaut de l'admiration populaire.

A ceux qui se recommandaient à ses prières, il avait coutume de répondre : « Vous vous trompez d'adresse, mes amis. Je suis un pécheur, bien ingrat envers la bonté de Dieu ». Quelqu'un s'étonnait un jour de cette parole : « Oui, reprit-il avec animation : je suis un misérable et un ingrat. Si un infidèle ou un hérétique avait reçu les lumières qui m'ont été départies, il serait un grand saint, et moi je n'ai pas fait un pas dans la voie de la perfection ! ».

Quelquefois ses Supérieurs le consultaient dans leurs doutes : « Que puis-je répondre, Père Gardien ? Vous savez que j'ai de l'esprit comme mon frère l'âne, et que je parle aussi sagement qu'un perroquet. Écoutez ce que disent les Pères, et ne faites plus appel à ma tête de linotte ».

Il disait dans une autre circonstance : « Père Gardien, Fr. Crispino est un âne ; mais les rênes qui le conduisent sont entre vos mains : c'est pourquoi, selon que vous voulez qu'il marche ou qu'il s'arrête, lâchez ou retenez les rênes ».

« Faites bien attention à moi, Père Gardien,

disait-il encore, afin que je ne fasse pas quelque sottise, car j'ai une tête d'oie ».

Après avoir soigné son Supérieur pendant une longue maladie, avec un dévouement et une délicatesse admirables, il vint un jour lui demander pardon : « Veuillez bien m'excuser, Père Gardien ; j'avais bien la bonne volonté de vous soigner de mon mieux. Mais qu'attendre de ce pauvre âne, de ce pauvre oison ? Je n'ai pu que commettre des grossiéretés et des âneries ».

Un jour, comme il devait aller d'Orvieto à Bagnorea, des vieillards, des malades et des estropiés étaient accourus de toute part sur son passage. Le compagnon de Fr. Crispino vint l'en avertir : « Oh ! répondit le Bienheureux en soupirant, que ces braves gens sont simples de croire que je puis obtenir de Dieu leur guérison ! S'ils savaient quel grand pécheur je suis, au lieu d'avoir confiance en moi, ils me prendraient en pitié ».

La Providence permit que l'humilité du Saint fut mise à l'épreuve de toute manière. Une religieuse d'Orvieto, aussi bien intentionnée sans doute qu'elle était sotte, s'arrogea à elle-même la mission d'exercer son humilité et sa patience. Elle descendait à la porte, chaque fois que Fr. Crispino se présentait pour demander l'aumône ; et lui jetait à la face mille paroles de mépris, lui reprochant d'être hypocrite, escroc, rebut du monde, et autres aménités de ce genre. Cette indiscrète religieuse renouvela périodiquement ces injures toutes les fois qu'elle en eut l'occasion, durant l'espace de vingt ans, et tous ceux qui l'entendirent, observèrent avec admiration que le serviteur de Dieu ne donna jamais le moindre signe de trouble ni d'impatience, mais qu'il supporta constamment ces invectives avec une gaieté et un contentement inaltérables. « Oh! vraiment, répondait-il parfois, vous me connaissez pour ce que je suis. Ce n'est pas un mal qu'il y ait à Orvieto quelqu'un qui sache me démasquer et me traiter comme je dois l'être ». Et, comme l'observa la religieuse elle-même, la joie du saint augmentait à proportion des outrages qu'il recevait, et il répondait à tant d'injures en souhaitant mille bénédictions.

Le serviteur de Dieu allait quelquefois demander l'aumône dans une famille noble. L'aîné des enfants le recevait toujours avec bonté et affabilité ; mais son frère insultait grossièrement le saint, chaque fois qu'il arrivait, et sa haine alla si loin, qu'il inventa, contre sa pureté, de noires calomnies, et le dénonça au Révérendissime P. Bonaventure Barberini, alors Général de l'Ordre. Ce digne Supérieur, ayant pris des informations, eut bien vite reconnu la haine qui inspirait la dénon-

CHAPITRE XIV

ciation, et confondit le calomniateur. Quant au Bienheureux, malgré tant d'indignes traitements, il ne cessa pas d'aller dans cette maison. Comme un religieux voulait un jour l'en dissuader, il lui répondit avec un visage épanoui et tout rayonnant de joie : « Que dites-vous là, mon Père ? que dites-vous là ? mais cet homme est mon plus cher ami ». Et cela dit, il entra joyeusement pour demander l'aumône.

Un jour que le serviteur de Dieu était allé faire la quête au monastère de Saint-Louis, il dit, selon sa coutume, en entrant au parloir : « Deo gratias ! où êtes-vous, petites saintes ? » Puis se tournant vers un Religieux d'un autre ordre qui se trouvait présent, il lui adressa son salut habituel : « *Amico, hai vinto ? Ami, vous avez vaincu !* ».

Ce religieux s'indigna de cette formule qui lui paraissait sans doute trop familière ou trop profane : « Vous êtes un hypocrite, un fourbe, lui dit-il brusquement. Voyez si c'est ainsi que doit parler un Religieux ! ? ».

Fr. Crispino ne se troubla pas, et ne répondit rien ; mais afin d'éviter le scandale, il se retira immédiatement et revint peu après. Les Religieuses voulurent le consoler : « Pauvre Fr. Crispino, disaient-elles, ayez patience.... Vous avez été scandalisé sans doute....». Le serviteur de Dieu en souriant : « Et pourquoi me scandaliser ? répondit-il. Il a dit la vérité. Celui-là est un homme qui me connaît bien.... ». Cela dit, Fr. Crispino reçut l'aumône et se retira.

Maintes fois, quand il revenait de ses quêtes, harassé de fatigue, trempé de pluie et transi de froid, ou brûlé par le soleil, il se rendait dans sa petite cellule, où il croyait n'être vu et entendu de personne, et répandait son cœur devant Dieu: « O mon Dieu, voilà bien ce que je cherche : beaucoup de fatigues, et beaucoup de mépris ! ».

Dieu répondait à ce pieux désir, en ménageant, dans une large mesure, des injures à son humilité, et des douleurs à sa patience.

Le serviteur de Dieu, coupant un jour du bois avec quelques compagnons, se fit, avec la hache, une grave blessure à la main gauche. Quoiqu'il fût sur le point de perdre le pouce, et que le sang jaillit à gros bouillons, il ne poussa pas le moindre soupir, et n'en eût tenu aucun compte, si son voisin ne s'en fût aperçu. Tous accoururent aussitôt, et ce ne fut qu'en lui imposant une sorte de contrainte, qu'ils obtinrent de pouvoir bander la blessure, et de lui faire quitter le travail.

Une autre fois, il fut surpris d'une fièvre très violente, en faisant la quête dans la montagne. Au moment même où il venait de passer du frisson glacial aux brûlantes ardeurs de la fièvre, il alla pour souffrir davantage, sur une hauteur voisine, à l'endroit où le soleil dardait ses rayons. Les cultivateurs qui travaillaient près de là, le reconnurent, s'approchèrent et, comprenant que le mal était grave, voulurent le transporter dans leur maison. Fr. Crispino, selon sa coutume, répondit que ce n'était rien, et refusa leurs services avec sa douceur ordinaire. Comme leurs instances devenaient de plus en plus pressantes, le saint, ne pouvant contenir le feu d'amour qui embrasait son âme, se laissa aller à un transport de joie : « Ne voyez-vous pas, mes amis, ne voyez-vous pas combien le monde est beau ? Que de belles choses Dieu a créées pour l'homme ! Que de délices il nous a données à savourer ! Quelles joies ineffables il nous prépare ! Est-ce donc grande merveille que l'homme souffre quelque chose pour lui ? Allez donc, mes braves, allez tranquillement à votre travail ; je vous suis bien reconnaissant de votre bonne intention ». Et les laboureurs se retirèrent, moins étonnés de ce qu'ils venaient d'entendre, que du ton inspiré de Fr. Crispino et des flammes de son regard.

Un jour, le serviteur de Dieu allait faire la quête dans une ville. Un énorme chien de garde, d'ordinaire très paisible et très doux, entra dans une rage terrible en voyant paraître le frère, se précipita sur lui, le renversa, lui déchira le visage, et semblait vouloir le mettre en lambeaux. Les maîtres de la maison accoururent, et finirent par délivrer l'homme de Dieu. Ils le relevèrent aussitôt, mais voyant son visage tout meurtri, et son corps couvert de sang, ils ne purent retenir leurs larmes. Seul, Fr. Crispino avait conservé sa joie ordinaire, et rassurait les autres, disant que ce n'était rien. Puis, comme s'il eût fait une excellente rencontre, et trouvé un grand trésor, il poursuivit son travail avec une sainte joie. On voulait tuer le chien sur-le-champ; mais le serviteur de Dieu, sachant bien que la fureur de cet animal était l'œuvre du démon, s'y opposa, lui jeta un morceau de pain, et en reçut les plus tendres caresses. Tous ceux qui étaient là offrirent au saint frères les offices de charité que réclamaient ses blessures. Fr. Crispino refusa, disant qu'il ne fallait pas se mettre en peine pour si peu de chose. Après de longues instances il consentit enfin, et accepta le pansement sommaire qui put lui être donné, et se retira après avoir rendu d'humbles actions de grâces. Une forte bise soufflait en ce moment. Plusieurs personnes ayant rencontré le saint, remarquèrent que, pour souffrir davantage, il avait, en route, enlevé le bandeau qui couvrait la plus large de ses blessures. On l'entendit aussi, le long du chemin, chanter, pour remercier le Seigneur, des hymnes et des cantiques spirituels, comme fait le laboureur, lorsqu'après une abondante moisson, il retourne chez lui, glorieux et triomphant, portant dans ses bras des gerbes chargées d'épis.

Les pénitences, auxquelles le Bienheureux se soumit pendant toute sa vie, furent si rigoureuses, qu'il ne put évidemment les supporter sans un secours spécial du ciel. Il voulut, dès ses premières années de religion, suivre les saints de son Ordre dans la voie des austérités les plus effrayantes, et ne se démentit jamais. A peine sorti du noviciat, il demandait au P. Gardien de la Tolfa à marcher nu-pieds, sans même porter les sandales en usage dans l'ordre. On lui refusa. Ne pouvant mortifier ses pieds, il songea à mortifier sa tête, et demanda qu'il lui fût permis d'aller toujours sans mettre le capuchon sur la tête, ni rien autre qui put le garantir des ardeurs du soleil ou des rigueurs du froid, et on le lui permit. Dès lors, soit au jardin, soit à la quête, malgré le soleil, la pluie ou la neige, on le voyait toujours la tête découverte. Si on lui témoignait de la compassion, il répondait gaiement que tout son mal était dans le cerveau; en sorte qu'il avait besoin de le soumettre, selon les circonstances, tantôt à un froid très vif, tantôt à une chaleur très ardente ; et puis, ajoutait-il, Notre-Seigneur Jésus-Christ, sur la croix, n'a porté autre chose qu'une couronne d'épines.

Il avait coutume de dire à son corps : « Écoute

bien ce que je te dis : entre toi et moi, il n'y aura jamais la paix, parce que tu es trop mauvais : mais je saurai bien te dompter et te soumettre ».

D'autres fois, il disait à ses frères, avec une grande ferveur d'esprit : « J'ai pour mon malheur, deux ennemis implacables : le démon et mon corps ; pour ce qui est du monde, qui est le troisième, déjà j'en suis sorti. Je triomphe du démon en me recommandant à Dieu et à la Bienheureuse Vierge, et je veux triompher de mon corps, en le battant et le maltraitant ».

Il passait une grande partie de la nuit en prières. Le lit, sur lequel il prenait quelques instants de repos, n'était composé que d'une simple planche, large de deux palmes. Aux religieux qui l'exhortaient à se relâcher de cette rigueur, à cause de sa vieillesse et de ses infirmités, il répondit : « Ah ! mes frères, vous ne savez pas quelle mauvaise bête est mon corps. Durant toute ma vie, à cause de son insolence, je n'ai jamais pu avoir la paix avec lui. J'ai appris, par une longue expérience, que je ne puis me fier à lui un seul moment ; c'est un serpent que le froid ne suffit pas à mortifier : qu'il sente, un moment, un rayon de soleil, aussitôt il se réchauffe, entre en fureur et pourrait bien m'empoisonner. Et voilà pourquoi, jusqu'à la mort, je dois me tenir en garde et le châtier, un bon bâton à la main ».

« Un jour, raconte son compagnon, Fr. François de Viterbe, comme nous venions de rentrer à l'hospice, après avoir achevé la quête, Fr. Crispino prépara toutes choses pour notre repas. Il mit sur la table quelques petits poissons, quelques fruits, et m'invita charitablement à bien dîner. Il fit même semblant de m'encourager par son exemple ; mais bientôt il prit à la main un simple morceau de pain, et disparut. Comme j'avais remarqué qu'il s'absentait souvent pendant le repas, je le suivis nu-pieds et sans faire de bruit, afin de savoir ce qu'il faisait en cette circonstance. Or, il monta les escaliers de l'hospice, et s'enferma dans une petite chambre, et aussitôt je l'entendis pleurer et se frapper rudement avec sa discipline. Quand je m'aperçus qu'il se disposait à descendre, je revins moi-même en toute hâte me remettre à table ; bientôt après, j'entendis Fr. Crispino descendre à son tour les escaliers, en chantant un cantique, afin que je ne puisse pas soupçonner ce qu'il venait de faire. Il revint à table près de moi, comme pour achever de dîner, mais en réalité, il ne prit aucune autre nourriture ».

Une dame de l'aristocratie d'Orvieto, grande bienfaitrice du couvent, raconta elle-même, comme il est rapporté aux Actes, qu'elle était, dans sa jeunesse, encline au luxe et aux somptuosités trop recherchées. Elle en fut souvent reprise par le Bienheureux. Il lui rappelait la sentence de nos saints livres : *Vanitas vanitatum*... Si elle se plaignait de ses souffrances, Fr. Crispino lui répondait qu'on ne va pas au Paradis en carrosse. Et comme elle insistait sur quelques souffrances personnelles, il lui dit : « Représentez-vous que vous assistez à un grand marché où tout le peuple accourt. Au lieu de marchandises, chacun présente ses croix. Soyez assurée qu'en comparant la vôtre à celle de votre prochain, vous reconnaîtrez qu'elle est la moins lourde de toutes, et vous retournerez chez vous en louant Dieu ».

Au conseil, le Bienheureux voulut joindre l'exemple. « Un jour, raconte cette dame, Fr. Crispino était venu chez moi pour demander l'aumône. Il avait les pieds enflés et tout crevassés au talon, et nous étions au moment le plus rigoureux de l'hiver. J'eus compassion de lui, et je lui demandai comment il pouvait, par une saison si pénible et avec des infirmités aussi graves que les siennes, faire ainsi la quête a travers la ville. Fr. Crispino me répondit courageusement qu'il ne ressentait aucune douleur, sa chair étant semblable à celle d'une bête de somme, puisqu'il était l'âne de ses frères. Et aussitôt, je le vis heurter avec violence ses pieds et ses talons contre le fauteuil sur lequel il était assis ; les gerçures s'élargissaient ; elles laissaient voir la chair vive, et bientôt le sang coula en abondance. « C'est ainsi, poursuivit Fr. Crispino, c'est ainsi que je fais pour guérir mon mal... »; voulant m'apprendre le cas que je devais faire des petites incommodités corporelles que je supportais avec tant de peine ».

Satan lui-même obtint de Dieu la permission de faire souffrir le saint frère. Il espérait le vaincre, mais il ne fit qu'augmenter ses mérites. Fr. Christophore, autre compagnon du Bienheureux, le trouva plusieurs fois jeté par terre, hors du lit sur lequel la goutte ou le rhumatisme le tenait cloué. Il le prenait alors dans ses bras, et le remettait sur son pauvre lit; et le serviteur de Dieu le remerciait sans laisser paraître le moindre signe d'émotion.

Dans la nuit de Noël de l'année 1747, Fr. Christophore, avec le consentement du Bienheureux, l'abandonna pendant quelques instants pour se rendre à la Cathédrale, et assister aux cérémonies de cette nuit salutaire. Il avait à peine franchi le seuil de l'église, qu'une inspiration soudaine le contraignit de retourner, en toute hâte, à l'hospice pour porter secours au pauvre vieillard. Il le trouva hors du lit, avec l'habit roulé autour de la tête; les esprits malins avaient essayé de l'étouffer, et sa poitrine était toute meurtrie des coups qu'il venait de recevoir. Mais l'Enfant Jésus veillait sur son fidèle serviteur, et le démon fut obligé de se retirer honteusement.

Pendant la Semaine-Sainte, et principalement pendant les trois jours qui précèdent la fête de Pâques, le Bienheureux redoublait de ferveur, et multipliait ses austérités pour honorer la Passion de son bien-aimé Sauveur. Pendant ces trois jours, il ne prenait aucune nourriture. Il semblait avoir perdu toute sa joie : on le voyait, contrairement à ses habitudes, triste et vivant à l'écart, dans un silence absolu. S'il était obligé de sortir pour la quête, il ne remarquait et ne saluait personne, tant sa douleur était profonde !

Fr. Crispino allait aussi, pendant ces jours, visiter les tombeaux que l'on érigeait en l'honneur de Jésus mort sur la croix. Ceux qui l'accompagnaient l'entendaient souvent exhaler sa douleur par de violents soupirs, et le voyaient verser d'abondantes larmes. Le P. Hyacinthe, qui fut son confesseur pendant plusieurs années, le surprit agenouillé aux pieds d'un crucifix, en proie à une telle douleur qu'il semblait plus mort que vif.

Un jour, comme il priait ainsi devant le saint Sépulcre, il fut tout-à-coup saisi d'une si vive compassion pour Jésus expirant sur la croix, que ne pouvant plus contenir au dedans de lui-même l'excès de sa douleur, il se mit à crier avec force :

« Ah! mon Dieu, mon Dieu ! combien vous avez souffert pour moi. O saint amour, combien nous vous sommes redevables ! Oh! combien je désire souffrir pour votre amour ! » Les personnes qui priaient accoururent auprès du Bienheureux, et lui demandèrent s'il se trouvait mal; mais Fr. Crispino, revenant à lui et comprenant qu'il avait été entendu, baissa humblement la tête et se retira au plus vite.

La grande pensée de la croix lui rendait légères toutes les souffrances qu'il endurait. Quand il entreprenait ses quêtes, s'il avait à parcourir des chemins difficiles, il se représentait les sentiers du Calvaire et il marchait joyeux à la suite de Jésus ! Si son fardeau était lourd, il l'appelait sa chère croix, et il portait sa besace avec une sainte allégresse !

Le chanoine Mazzinelli, voyageait un jour à cheval, par un chemin impraticable, lorsqu'il aperçut Fr. Crispino : le Bienheureux portait une lourde besace sur ses épaules, il paraissait exténué, et pouvait à peine avancer à travers la boue épaisse qui recouvrait la route. A cette vue, le chanoine suspendit sa marche : « Eh ! comment donc, Fr. Crispino, comment pouvez-vous aller avec un fardeau si pesant, sur une route si mauvaise, et par un temps si affreux ? » — « Monsieur le chanoine, répondit le Bienheureux, Notre

Seigneur Jésus-Christ eut bien la force de porter pour nous la croix au Calvaire, avec le poids énorme de tous nos péchés : parmi ces péchés, se trouvaient les miens, plus lourds que ceux des autres ; et je n'aurais par la force de porter pour lui ce fardeau, sur ce chemin et par le temps qu'il fait ! ». Cela dit, Frère Crispino salua le prêtre, et poursuivit sa route, en pensant à la croix du Calvaire.

De retour au couvent, c'était toujours au pied de la croix qu'il allait réparer ses forces épuisées. Malgré le soin qu'il apportait à cacher tous ses exercices de piété, ses frères l'ont vu souvent s'arrêter devant le crucifix qui se trouve au sommet du grand escalier, dans les couvents de l'Ordre. Le Bienheureux contemplait longtemps l'image de Jésus crucifié, et baisait affectueusement ses pieds ; quelquefois, ne pouvant plus contenir l'ardeur de son amour, il s'écriait hors de lui-même, avec un accent de douleur ineffable : « Oh ! mon Dieu ! mon Dieu ! ». Et il ne pouvait se lasser de répéter ces paroles.

Un jour, comme il allait sortir de l'hospice avec son compagnon de quête, il s'arrêta selon sa coutume, devant le crucifix. Fr. Crispino croyait être seul, mais son compagnon contemplait, en secret, la scène touchante qui se passait. Le Bienheureux avait saisi le clou enfoncé dans les pieds du Sauveur : il semblait vouloir l'arracher et disait avec un accent de tendre compassion : « Mon Jésus, ces clous ne sont pas bien dans vos pieds : comme ils seraient mieux là, dans mon cœur ! »

Les compagnons du Bienheureux furent souvent témoins de sa dévotion envers la croix du divin Sauveur. Tantôt ils l'entendaient pleurer et sangloter en face de la sainte image ; tantôt ils le voyaient étendre les bras, en forme de croix, et faire des inclinations ou des génuflexions devant Jésus crucifié : d'autres fois, il collait ses lèvres aux pieds de la sainte Victime, et demeurait longtemps dans ces pieux embrassements.

Il était jaloux aussi de porter la croix des Capucins aux Processions. « Je le voyais, raconte un de ses frères, je le voyais saisir cette croix avec un grand recueillement, et des sentiments d'une contrition extraordinaire ; il l'embrassait avec amour et la serrait affectueusement sur son cœur où il semblait vouloir la cacher. Je l'entendais dire quelquefois : Ah ! mon très cher Rédempteur, combien vous avez souffert pour moi ! — et il recommençait à l'embrasser, collant encore plus affectueusement ses lèvres à la plaie du côté. Pendant la procession, il marchait avec une très grande modestie. Comme nous nous arrêtions quelquefois je le voyais diriger ses regards vers le saint crucifix, et faire monter vers lui de fervents soupirs d'amour..... ».

En 1747, comme il souffrait de la goutte, et pouvait à peine marcher, le Père Gardien voulait désigner un autre Frère pour porter la croix. Fr. Crispino fit des instances afin qu'une fois encore cette joie lui fût accordée. « Mais si vous tombez ? frère Crispino, dit le Père Gardien ». — « J'ai ici mon Seigneur, répondit le Bienheureux, il m'aidera ». Il l'aida en effet, et cette année encore, le saint vieillard parut en tête de ses frères, portant la croix du couvent, à la grande édification de tout le peuple.

Plusieurs fois aussi, les compagnons du Bienheureux le trouvèrent en extase devant cette croix. Ecoutons le père Hyacinthe de Bellune : « C'était en 1745, un matin, je me trouvais à la sacristie de notre couvent d'Orvieto, et je me préparais à célébrer la sainte Messe. Entendant venir un Religieux, je détournai mes regards, et je vis entrer Fr. Crispino : il avait les yeux fixés sur l'image sacrée d'un crucifix qui se trouvait en face de la porte ; il était tellement absorbé par la considération de la mort du divin Rédempteur, sa compassion pour lui était si extrême, son visage si pâle, qu'il semblait être lui-même un autre crucifié... Mais dès qu'il m'aperçut, il revint à lui et son visage reprit ses couleurs naturelles ;

il s'approcha de moi avec son air joyeux, et me dit qu'il était disposé à me servir la sainte Messe ».

Le Frère Dominique de Canepina, son compagnon de quête, le trouva un jour en extase dans la sacristie du même couvent. Fr. Crispino était debout, immobile, les bras étendus en forme de croix, et les yeux fixés sur l'image du crucifix. La présence de frère Dominique ne troubla pas le Bienheureux, car il était étranger à tout ce qui se passait autour de lui.

Et cette grâce de compassion sensible pour les souffrances du Sauveur, croissait avec les années. A Rome, dans les derniers temps de sa vie, Fr. Crispino ne pouvait plus fixer avec quelque attention l'image de Jésus crucifié, ou méditer sur la Passion, sans éprouver, au plus intime de son âme, ce sentiment profond qu'un de ses confrères, le B. Jacopone, l'auteur du *Stabat Mater*, a si bien appelé la douceur ineffable d'une inexprimable douleur.

CHAPITRE XV

DONS SURNATURELS

Don des miracles. — Les nuages en cercle. — Fr. Crispino indique à un arbre l'endroit où il doit tomber. — La foudre repoussée cinq fois. — L'orage, qui empêchait la procession de la Fête-Dieu à Orvieto, se dissipe au commandement de Fr. Crispino. — La chapelle rurale.

Le Seigneur se plut à récompenser, même dès cette vie, la grande foi et les vertus héroïques du serviteur de Dieu. Il semble avoir reçu le don de commander à toutes les créatures inanimées.

Dans les premiers temps de son séjour à Orvieto, il s'était rendu, avec quelques bûcherons du pays, à une forêt voisine de la ville, pour y faire une provision de bois. A peine furent-ils arrivés à destination, que le ciel s'obscurcit, et bientôt une pluie torrentielle rendit tout travail impossible. Fr. Crispino, s'étant mis à genoux, leva les yeux au ciel et dit avec une foi vive : « O Seigneur, bénissez notre travail et faites que la pluie ne nous dérange pas ! » Il achevait à peine cette courte prière, que les nuages s'élargirent en cercle autour de l'espace dans lequel ils devaient travailler, tandis qu'en dehors de ce cercle, la pluie continuait à tomber à torrents.

A ce fait merveilleux, vint bientôt s'en ajouter un autre plus merveilleux encore. Les bûcherons achevaient de couper un chêne très élevé. L'arbre, en tombant, s'inclina tout-à-coup, par un biais imprévu, sur le lieu même où se trouvait Fr. Crispino occupé à préparer le repas des ouvriers. A leurs cris d'épouvante, Fr. Crispino lève la tête et voit l'arbre prêt à l'écraser. « Au nom du Seigneur, dit-il sans hésitation, tombe là-bas! ». L'arbre, retenu et dirigé par une force invisible, dévia brusquement et tomba à l'endroit désigné par le Bienheureux. A cette vue, les bûcherons étaient stupéfaits : le serviteur de Dieu leur dit avec sa jovialité habituelle : « Mes amis, nous avons vaincu; grâce à la bonté du Seigneur, vous prendrez heureusement votre repas : aussi bien, c'eût été dommage de perdre, par la maladresse de cet arbre, la bonne pitance que je vous ai préparée!». Ces faits ont été attestés, sous la foi du serment, par les bûcherons qui en furent témoins; et ils ont ajouté, dans leur déposition, qu'en plusieurs autres circonstances, ils avaient été miraculeusement préservés de la pluie, pendant leur travail, par l'intercession du saint Frère.

Un jour, Fr. Crispino faisant la quête aux environs d'Orvieto, cheminait seul dans une campagne solitaire et récitait les prières que la Règle prescrit aux frères convers. Soudain, le ciel s'obscurcit, le vent d'orage soulevait des tourbillons de poussière, tandis que les éclairs déchiraient, de leurs sinistres lueurs, les nuages amoncelés. Le serviteur de Dieu, à défaut d'un meilleur abri, se réfugia sous un arbre, pour laisser passer la rafale. Mais à peine y était-il que la foudre éclate au-dessus de sa tête, avec un horrible craquement ; et Fr. Crispino se voit environné d'une fumée épaisse que sillonnent les zigzags de la foudre. Immobile, intrépide dans sa confiance héroïque, il prend son chapelet et trace, avec la croix, contre la foudre qui tourne autour de lui, le signe de la rédemption : « *A fulgure et tempestate, libera nos, Domine* ». Cinq fois, la foudre s'approche de lui comme d'une proie qui lui est dûe ; cinq fois, elle est repoussée par la modeste croix du chapelet et l'imperturbable assurance du Bienheureux, qui la voit enfin se perdre en terre sous ses pieds, le laissant non-seulement sain et sauf, mais dans une parfaite sérénité. Il aimait plus tard à raconter ce fait, pour montrer la puissance de la foi et la bonté de Dieu qui défend, contre tous les dangers, ceux qui l'invoquent avec confiance.

Cette protection miraculeuse se reproduisit à bien des reprises, durant le cours de sa vie : et lorsque, par une curiosité indiscrète, on lui en demandait la raison, il cherchait par quelque réponse joviale à donner le change à ses interlocuteurs : « Je suis tout brûlant de chaleur, et voilà pourquoi ni la neige ni la pluie ne laissent sur moi aucune trace d'humidité ». D'autres fois, pour esquiver toute réponse, il disait : « Je passe entre les gouttes ; faites comme moi, et de la sorte, vous ne serez point mouillés ». Ou bien encore, il disait en plaisantant : » La Sybille me protège avec son parapluie ». Nous savons ce qu'il entendait par cette Sybille.

Fr. Crispino eut occasion de faire éclater la puissance de sa foi, dans une circonstance solennelle, aux yeux de tout le peuple d'Orvieto. Cette cité se distingue, entres toutes les autres villes d'Italie, par sa dévotion envers le très-saint sacrement de l'Eucharistie. On y conserve le corporal miraculeux tout imbibé du sang qui coula de la sainte hostie, consacrée par un prêtre qui avait des doutes sur la présence réelle. C'est pourquoi, le jour de la Fête-Dieu, on y célèbre, en grande pompe, l'auguste mystère de nos autels. Or, une année, pendant que le Bienheureux était au couvent d'Orvieto, on se disposait à célébrer cette fête avec la solennité accoutumée. Tous les préparatifs étaient faits ; une illumination brillante avait été organisée ; lorsque soudain un ouragan se déchaîna si impétueux, si violent, que toute manifestation extérieure devint impossible. Le vent renversait les arcs de triomphe, emportait ou déchirait les tentures, et les ouvriers étaient déjà sur le point d'enlever les appareils de l'illumination. Il est facile de comprendre la tristesse et le découragement de ce peuple catholique, accouru en foule de tous les environs.

Fr. Crispino alla à la cathédrale, et témoin du dégât causé par l'orage, témoin aussi de la peine profonde qu'en ressentait le peuple, il se rendit sur la place publique, et fit le signe de la croix contre les nuages. Les nuages obéirent et se dissipèrent au commandement du serviteur de Dieu : le vent cessa, le ciel redevint calme et serein, et la solennité commença bientôt, au milieu de la jubilation universelle.

La joie du Bienheureux était à son comble. Il était heureux de voir toute la ville, groupée processionnellement autour de la sainte Hostie, témoigner à Jésus sa foi, son amour et sa reconnaissance. Tant qu'il demeura à Orvieto, il ne manqua jamais d'assister à cette procession. C'est grâce à son zèle que tous les Religieux de la ville portent un cierge allumé, afin de rendre plus d'honneur au Divin Maître et rehausser l'éclat de la cérémonie. Pour lui, il portait la croix du couvent avec tant de gravité, de recueillement et de modestie, qu'il excitait tous les fidèles à la piété, en même temps qu'il provoquait leur admiration.

Toutes les lois de la nature cédaient devant la

foi ardente du Bienheureux Crispino. Il était si avide du pain Eucharistique, que, lorsqu'il devait entreprendre la quête de la montagne, afin de ne pas être privé de cet aliment céleste, il priait le Père Gardien de lui envoyer, à jours fixes et à des endroits déterminés, un des prêtres du couvent. Celui-ci célébrait le saint sacrifice dans quelque chapelle rurale, et Fr. Crispino avait la consolation d'y assister et la facilité de purifier sa conscience, et de se nourrir du pain des Anges. Or, un soir, pendant ses quêtes, comme il se proposait de recevoir le lendemain la sainte Eucharistie, il avait prié le sacristain d'ouvrir la chapelle de bonne heure, afin qu'il eût le temps de se préparer convenablement à ce grand acte de la vie chrétienne. Selon la promesse qu'il avait faite, le sacristain vint ouvrir la chapelle de très grand matin ; mais quel ne fut pas son étonnement, lorsqu'en entrant, il aperçut le saint frère à genoux devant le très-saint Sacrement, ravi en extase, et les bras étendus en forme de croix ? ! Par où et comment était-il entré ? C'est le secret de Dieu, un secret qu'il ne fut pas possible aux hommes de pénétrer, et que le saint frère n'a pas révélé.

CHAPITRE XVI

DON DE PROPHÉTIE

Don de prophétie. — Le *héraut de la vie ou de la mort*. — Antoine Vincenti obtient dix ans de vie. — Les Alberici d'Orvieto et la catastrophe dont ils sont préservés. — Le Comte de Bardi, sur un avis du Bienheureux, échappe aux embûches de ses ennemis. — Sœur Rose-Céleste doit aller fêter la Noël en Paradis. — Les réticences mystérieuses de Fr. Crispino dans la famille des Santarelri. — La part du Seigneur dans la famille Fabei. — Les deux sœurs Fabei Carmélites. — Le Comte qui *compte* mal. — La fausse vocation de Rosalinde Pazzaglia. — Son heureux mariage.

Le Seigneur avait communiqué au Bienheureux le don de prophétie dans une si large mesure, qu'il parlait des choses futures et éloignées avec autant de facilité et d'assurance que nous parlons des faits dont nous avons été témoins. Il ne se passait presque aucun jour sans qu'il annonçât l'avenir, et ses prédictions se réalisaient infailliblement. On venait le consulter de toutes parts, les uns sur le succès d'une entreprise, les autres sur l'issue d'un procès, d'autres encore sur les conséquences d'une maladie, et toujours il répondait sans la moindre hésitation, comme si sa parole n'eût été que l'écho d'une réponse intérieure qu'il recevait le premier. C'était surtout au chevet de ses chers malades qu'il faisait éclater ce don merveilleux. On pourrait dire que le nombre de ses prédictions égalait le nombre de ses visites. Si les infirmes devaient mourir bientôt il le leur annonçait sans crainte, en les avertissant de se préparer, avec le plus grand soin, à leur dernière heure, et il les disposait lui-même, avec un zèle infatigable, à se résigner à la volonté divine et à paraître devant le souverain Juge. Si au contraire ils devaient se relever de leur maladie, le Bienheureux leur en donnait l'assurance, mais en tirant toujours un enseignement utile de leur état présent, et une leçon salutaire, pour l'usage qu'ils devaient faire du temps à venir. Quand Fr. Crispino était appelé auprès d'un petit enfant malade, s'il disait en l'abordant que c'était un petit ange du bon Dieu ou un petit voleur du ciel, on savait que l'enfant mourrait bientôt : s'il le bénissait on ne doutait plus de sa guérison. Et ces faits se renouvelaient si souvent, que Monseigneur Vallignani, gouverneur d'Orvieto, avait coutume de dire que Fr. Crispino était le héraut de la vie et de la mort.

Les contemporains du Bienheureux ont conservé le souvenir de ces prophéties dont ils avaient été les témoins. Nous choisissons de préférence celles qui ont été examinées durant les diverses procédures canoniques.

Antoine Vincenti, déjà condamné par tous les médecins et prêt à rendre le dernier soupir, gisait sur son lit de douleur, au milieu de sa nombreuse famille qui l'entourait, dans une désolation facile à comprendre. Comme on n'avait plus rien à espérer des secours de la terre, on eut recours à la charité et à l'intercession de Fr. Crispino. Le Bienheureux arriva aussitôt, et, voyant le triste état du malade, il l'exhorta à se résigner à la volonté divine et à se préparer à la mort; après quoi il se retira. Mais la femme du malade vint, avec ses quatre petites filles, se recommander de nouveau au serviteur de Dieu, et fit intervenir le père Gardien pour le déterminer plus facilement à intercéder auprès du Ciel en sa faveur. Profondément ému, en voyant cette famille dans la détresse, le saint frère passa toute la nuit en oraison, priant le Seigneur avec toute la ferveur de son âme, de vouloir bien prolonger la vie du pauvre malade. Dès la pointe du jour suivant, poussé par une inspiration d'en haut, il se rendit en toute hâte à la maison de Vincenti, et dit en entrant, avec une grande allégresse : « Eh bien ! Antoine, livre neuf, compte nouveau ! Dieu vous accorde dix ans de vie. Rendez-lui donc grâces de tout votre cœur : vivez en bon chrétien, et mettez ordre à vos affaires, car une fois ces dix années accomplies, vous retomberez malade, et il faudra mourir ». En effet, Vincenti fut presque subitement guéri; il vécut saintement pendant dix années, après quoi il retomba dans sa première maladie et mourut.

A l'aide de cette lumière surnaturelle dont son esprit était illuminé, Fr. Crispino connut souvent des dangers que la prudence humaine ne pouvait pas soupçonner, et prévit de grandes catastrophes, dont il préserva ceux qui en étaient menacés.

Une des familles d'Orvieto, les plus nobles et les plus généreuses à son égard, était celle des Alberici. Or, il arriva qu'un enfant de cette maison tomba malade d'hydropisie. Le mal paraissait sans remède, et la mère, dans cette extrémité, n'eut plus d'autre espérance que la médiation du serviteur de Dieu. Celui-ci se rendit charitablement aux désirs de cette mère désolée, et pria tant, qu'il obtint du ciel la parfaite guérison du petit malade. Bientôt un autre enfant de la même famille tomba malade à son tour. Fr. Crispino promit que lui aussi serait guéri; mais l'accomplissement de sa promesse se faisait attendre, et la mère impatiente tourmentait sans cesse le Bienheureux afin qu'il obtînt sans plus de retard la guérison de son fils. Enfin, le serviteur de Dieu lui répondit: « Pour le moment, il ne vous serait pas avantageux qu'il fût guéri, parce que vous iriez aussitôt en villégiature à la campagne, et vous seriez tous exposés à un grand péril. Attendez donc jusqu'après les vendanges, et votre enfant sera guéri. » En effet, pendant qu'on faisait les vendanges, la maison de campagne des Alberici s'écroula ; le toit et les planchers s'effondrèrent, et la famille entière eût été ensevelie sous les décombres. Peu de temps après cet accident, que rien ne faisait prévoir, Fr. Crispino dit à la mère : « Maintenant votre fils va recouvrer la santé ». Cette dernière prophétie se vérifia comme les premières ; le Bienheureux, en ne se rendant pas immédiatement aux désirs de cette mère, avait donc sauvé toute sa famille, alors qu'elle lui demandait seulement la vie de son fils.

Citons encore un fait du même genre. Un jour le Bienheureux sortit de bon matin de l'hospice pour aller en ville ; au lieu de s'acheminer vers l'église, selon sa coutume, il se dirigea vers la porte du château, et attendit jusqu'au moment où arriva le Comte de Bardi. Quand celui-ci passa, l'homme de Dieu l'aborda et l'avertit secrètement d'un très grave danger auquel il allait être exposé sur le chemin qu'il suivait. Le Comte, profitant de cet avis prit une autre direction, et plus tard il apprit qu'en effet ses ennemis lui avaient tendu des embûches sur la route où il s'était engagé en premier lieu.

Mais revenons avec le Bienheureux auprès de ses chers malades. Sœur Rose Céleste, prieure des Dominicaines de S. Pierre à Orvieto, était tombée dans une grave maladie. Elle consulta Fr. Crispino pour savoir si le mal la conduirait au tombeau, et l'homme de Dieu répondit : « Soyez consolée, ma sœur, vous ne mourrez pas immédiatement : mais nous en parlerons plus tard ». En effet, la malade se rétablit, et put achever le temps de sa supériorité. Bientôt après, elle commença à ressentir de légères douleurs ; Fr. Crispino vint la visiter, et lui dit : « Maintenant donc, préparez-vous, parce qu'au jour de la plus grande joie de la Mère de Dieu et du monde tout entier, c'est-à-dire au saint jour de Noël, vous irez participer aux fêtes du ciel, avec le divin enfant Jésus et sa très-sainte Mère, comme aussi avec les Mages et les Bergers ». L'événement confirma cette prédiction : le saint jour de Noël étant arrivé, Sœur Rose partit pour le ciel.

Pierre Santarelli et Dominica, son épouse, désiraient beaucoup avoir un enfant auquel ils transmettraient le nom et la fortune de leur famille. Dominica recourut au Fr. Crispino afin qu'il intercédât pour eux et leur obtînt du ciel cette faveur. Le serviteur de Dieu répondit : « Dans peu de temps, vous aurez l'héritier que vous désirez, mais... » et il ne voulut pas en dire davantage, laissant ainsi sa phrase inachevée. Peu de temps après, en effet, Dominica put constater qu'elle portait en son sein la bénédiction désirée. Quelques semaines avant sa délivrance, elle vint encore trouver Fr. Crispino et lui demanda un *Agnus Dei* qu'elle se proposait de placer sur l'enfant auquel elle donnerait le jour. Au lieu d'un, l'homme de Dieu en apporta deux, et lui dit : « Je vous en donne deux, parce que tous les deux serviront, mais.... » et de nouveau il laissa sa phrase inachevée. Au temps fixé, Dominicadonna le jour à deux enfants, mais elle mourut trois jours après. Ainsi se réalisèrent les deux prédictions du Bienheureux, en même temps que fut expliquée la mystérieuse réticence qui les accompagnait.

On cite un très grand nombre de cas dans lesquels Fr. Crispino, cédant ainsi aux désirs des parents, intercédait pour eux, et leur obtenait du ciel la postérité après laquelle ils soupiraient. Ces enfants que son crédit auprès de Dieu avait obtenus, devenaient ensuite l'objet de sa plus tendre affection et de sa plus vive sollicitude. S'ils tombaient malades alors même qu'ils fussent déjà abandonnés des médecins, alors même quelquefois qu'on fit déjà les préparatifs de leur sépulture, le saint frère leur obtenait à nouveau, par sa ferveur, cette vie qu'ils devaient déjà à ses prières, comme l'ont attesté avec reconnaissance, dans leurs dépositions authentiques, plusieurs familles privilégiées.

CHAPITRE XVI

Dans la noble maison des Fabei d'Orvieto, tous les enfants furent atteints à la même époque de la variole. Un des enfants étant en danger de mort, on eut recours à l'intercession de Fr. Crispino, et on le pria de bénir le petit malade. Fr. Crispino se rendit à cette demande, et on vit avec admiration une amélioration instantanée dans l'état de l'enfant. Le Bienheureux revint le jour suivant, non plus cette fois pour guérir, mais pour faire la part du Seigneur parmi tous ces petits malades. Il fit pressentir sa pensée en disant : « Mais comment ? parmi tous ces enfants, n'y en aura-t-il donc pas un seul pour la cour de mon Dieu ? ». Et continuant à tenir ses yeux fixés sur l'un d'entre eux, dont l'état semblait moins grave, il répéta que Dieu en voulait un présentement, et qu'il était nécessaire de le lui donner. Il n'avait pas encore fini de parler, que le petit enfant sur lequel le serviteur de Dieu fixait un regard de tendre affection, commença à se trouver plus mal et mourut ce jour-là même.

Bien assurées que le serviteur de Dieu était éclairé d'une lumière céleste, deux filles de cette maison, voulant plus tard faire choix d'un état de vie, recoururent à ses sages conseils. Fr. Crispino leur répondit que sa Souveraine et sa Mère les voulait l'une et l'autre dans un couvent de Carmélites déchaussées, à Rome. La première, en effet, prit bientôt l'habit de sainte Thérèse; mais la seconde hésitait toujours et prolongeait son séjour dans le monde, donnant ainsi au démon le moyen de susciter plus d'un obstacle à sa vocation. Le serviteur de Dieu vint lui faire des reproches, disant qu'elle manquait de respect à la noble Princesse qui l'invitait. La jeune fille rentra en elle-même; elle comprit que l'homme de Dieu lui parlait au nom du ciel, et brisant généreusement tous les liens qui la retenaient dans le siècle, elle hâta son départ et prit l'habit religieux, dans le même couvent que sa sœur. Elles se soutinrent mutuellement par une sainte émulation, et vécurent l'une et l'autre dans une parfaite observance de la règle.

Nous nous trouvons ici en face d'une nouvelle sorte de prophéties, dont la vie du Bienheureux nous présente un grand nombre d'exemples. Quand il connaissait la volonté de Dieu sur le genre de vie auquel une âme était appelée, il révélait hardiment la vocation divine, et mettait tout en œuvre pour la faire suivre.

Le Comte Tarquinio Clementini discourait un jour, avec ses amis, sur l'état qu'il se proposait à faire embrasser à deux de ses filles : l'une étant plus vive et paraissant plus mondaine, l'autre étant d'un naturel plus calme et témoignant moins de goût pour les fêtes du siècle, il destinait la première au mariage et la seconde au cloître. Sur ces entrefaites, le serviteur de Dieu arriva ; il se mit à sourire en entendant les beaux projets de ce Seigneur, et lui dit sur un ton moitié sérieux, moitié plaisant : « Ah ! Comte, vous comptez bien : mais tous vos comptes ne sont pas exacts, et ne font pas le compte du Père céleste (1). Sachez bien que cette fille qui vous est si chère, et que vous voulez placer dans le mariage, Dieu l'a choisie pour le cloître ; et j'espère qu'elle saura correspondre à la grâce divine en devenant une bonne religieuse. Quant à l'autre, il l'a destinée à un saint mariage qui certainement ne lui sera point désavantageux ». Quelque temps après, en effet, la première des filles se consacrait à Dieu dans un monastère d'Amélia ; la seconde épousait le connétable de Narni, et toutes deux vécurent pieusement dans leur vocation.

Plus circonstanciée encore est la prophétie que fit le Bienheureux à Rosalinde Pazzaglia d'Ischia, élève au monastère de saint Paul d'Orvieto. Elle avait résolu d'embrasser la vie religieuse dans ce couvent. Un jour Fr. Crispino lui découvrit la cause secrète de cette décision ; c'était le désir de plaire à sa directrice et l'attachement excessif qu'elle avait pour elle. Le Bienheureux l'avertit

---

(1) La langue italienne, avec ses inversions, donne à cette jovialité un tour beaucoup plus gracieux.

que cette vocation ne venait point de Dieu, et que, pour plaire à son amie, elle se rendrait malheureuse, et se préparait d'amers regrets pendant tout le temps de sa vie. La pauvre fille fut stupéfaite en entendant un langage tout à la fois si sincère et si assuré : mais elle confessa la vérité en présence de cette même religieuse qui la circonvenait de mille attentions. Fr. Crispino, alors, lui prédit qu'elle contracterait, malgré de sérieuses difficultés, un mariage très avantageux, qu'elle attendrait, pendant plusieurs années, les bénédictions de la maternité et que, dans la suite, Dieu exaucerait ses vœux en lui donnant un fils ; enfin il l'exhorta à se vêtir toujours avec une grande modestie et mit fin à cette conversation.

Tout ce qu'avait annoncé le serviteur de Dieu s'accomplit à la lettre. Peu de temps après, la jeune fille sortit du monastère : elle fut demandée en mariage par le seigneur Fabio Castiglioni, jeune homme aussi pieux que riche. On réussit à surmonter toutes les difficultés suscitées, soit par les hommes, soit par la malice du démon ; le mariage fut célébré, et, après cinq ans de stérilité, Rosalinde mit heureusement au monde son premier-né qui fut appelé Luc Crispino, en mémoire du serviteur de Dieu.

CHAPITRE XVII.

LUMIÈRES SURNATURELLES.

Triple prédiction au chanoine Basili. — Le P. Constantin de Bergame et sa témérité. — Les deux plats de poissons du Cardinal Gualtieri. — Les fleurs introuvables. — Celles du Paradis seront beaucoup plus belles. — Côme Puerini et sa confession mal faite. — Il ne faut pas avoir peur d'être et de paraître bon chrétien. — Un jeune patricien d'Orvieto se convertit, à son lit de mort, par l'intercession du Bienheureux. — Apparition de Sœur Constance Valentini. — Prédiction faite à un hôtelier après la mort de sa femme. — *Oh! que vous êtes heureux!*

On ne saurait assez admirer la franchise avec laquelle le Bienheureux annonçait aux hommes les volontés divines, même quand il fallait, pour cela, détourner une âme de la vie religieuse et l'engager au mariage. Mais s'il s'opposait, avec tant de force, aux projets imprudents de vie religieuse, avec quel zèle ne pressait-il pas les âmes qu'il savait être véritablement appelées par le divin Maître ? Tant il est vrai qu'une seule pensée le dirigeait en toutes choses, et était à ses yeux le point de départ de toute vie et de toute perfection chrétiennes, à savoir : le bon plaisir de Dieu.

Dom Thomas Basili, chanoine de l'insigne collégiale de saint André à Orvieto, eut à supporter de violentes douleurs de reins et fut en proie, pendant plus de dix jours, à des souffrances intolérables. Les remèdes des médecins ne lui procuraient aucun soulagement, la mort approchait à grands pas et il n'y avait plus d'espoir de le sauver. Un soir, une heure environ avant le coucher du soleil, Fr. Crispino vint lui rendre visite et en entrant dans sa chambre, il le salua joyeusement, en disant : « Bien-aimé chanoine, soyez sans inquiétude ». Cela dit, le serviteur de Dieu tombe à genoux, prie pendant quelques instants, le visage dans les mains : « Bien-aimé chanoine, soyez sans inquiétude, » dit-il en regardant le malade, puis il reprend sa prière avec un recueillement plus profond. « Bien-aimé chanoine, soyez sans inquiétude, la grâce vous sera accordée. » Et à cette troisième affirmation, Fr. Crispino fait le signe de la croix sur le malade, avec une relique de S. Joseph de Léonisse. Enfin le Bienheureux se relève et dit pour la quatrième fois : « Bien-aimé chanoine, soyez sans inquiétude, la grâce vous est accordée : demain, vous serez rendu à la santé et délivré de vos souffrances. » Le lendemain, en effet, ce prêtre était subitement guéri au grand étonnement de tous ceux qui avaient connu le triste état où la maladie l'avait réduit.

Cette lumière surnaturelle, qui éclairait le Bienheureux, ne lui révélait pas seulement les choses futures; elle lui montrait aussi les choses secrètes et éloignées. Nous devons à sa gloire de raconter encore quelques-uns de ces prodiges, afin de montrer dans quelle large mesure le Seigneur communiquait ses dons à son fidèle serviteur.

Deux religieux de l'Ordre des capucins, revenant au couvent d'Orvieto, devaient traverser le torrent de Paglia que des pluies récentes avaient considérablement grossi. Le plus ancien des deux religieux, le P. Constantin de Bergame, plus résolu et plus courageux que son compagnon, eut la pensée de se hasarder et de traverser le torrent à cheval. L'autre, le P. Séraphin de Rieti, attendit sur la rive, non sans une poignante anxiété. Et ces craintes n'étaient certes pas sans fondement. Le religieux, un peu téméraire peut-être, essaya de lutter contre le courant, ou de revenir sur la rive. Ses efforts furent vains, et il disparut, avec sa monture, sous les eaux fangeuses qui l'entraînaient. Le P. Séraphin, après avoir inutilement appelé au secours, se hâta de longer le torrent pour arriver au pont le moins éloigné et porter au couvent la triste nouvelle. Il arriva à l'hospice du Fr. Crispino, dans un état complet d'abattement et de fatigue. Mais à peine essayait-il de raconter au Bienheureux comment le P. Constantin avait été noyé dans les eaux du torrent, que le serviteur de Dieu le prévint : « Tranquillisez-vous, cher P. Séraphin, lui dit-il : vous verrez bientôt ici le pauvre noyé. Et demain matin, vous vous lèverez de bonne heure pour aller au couvent, et vous direz au P. Gardien de faire chanter une messe, en l'honneur de saint Antoine de Padoue, en action de grâces pour la préservation du P. Constantin ». Ces paroles consolèrent le P. Séraphin : il connaissait la sainteté du frère et, malgré la scène horrible à laquelle il venait d'assister, il ne douta pas de la prédiction. En effet, une heure ne s'était pas écoulée, qu'on frappait encore à la porte de l'hospice: c'était le P. Constantin dont il serait inutile de décrire le lamentable état. Il raconta avec joie comment, déjà submergé il avait été miraculeusement sauvé par S. Antoine de Padoue. Une lumière surnaturelle avait donc révélé au Bienheureux Crispino tout ce qui se passait, et nous pouvons croire qu'il ne fut pas étranger à l'intervention de S. Antoine dans cette extrémité. Il se réjouit avec ses frères, et après les avoir servis avec la plus délicate charité : « Mes amis, leur dit-il, une autre fois, quand vous aurez à traverser un torrent, commencez par bien regarder l'eau, et si elle est trouble, dites comme nos bonnes gens : trouble on la voit, trouble on la laisse : bien sot qui s'y engage ; à moins, ajouta-t-il finement, en se tournant vers le P. Constantin, que vous n'éprouviez un besoin irrésistible de ces sortes de bains qui sont un excellent remède contre... la témérité !».

Le cardinal Gualtieri, étant à sa villa de Crognolo, située à trois milles du couvent des Capucins, ordonna à son intendant Cantini, d'envoyer le lendemain deux plats de poisson au couvent. Cantini, étant allé de bonne heure à Orvieto, rencontra Fr. Crispino, qui lui dit aussitôt, comme s'il eût entendu les ordres du Cardinal : « Eh bien ! Quand est-ce que vous nous ferez parvenir le poisson que le cardinal vous a commandé de nous envoyer ! Faites attention toutefois : ce ne sont pas deux plats, mais un seul que nous recevrons. En vérité, s'il convient à son Eminence de se conduire selon la splendeur de son rang ; nous devons, nous Capucins, ne point dépasser les limites de notre pauvreté ». L'intendant fut tout surpris de voir que Fr. Crispino connaissait déjà et l'ordre du cardinal et même la quantité de l'aumône qu'il avait commandée. Il en parla à son maître qui lui répondit, avec le plus grand calme : « Vous ne saviez donc pas que Fr. Crispino est un vrai saint, un saint à miracles ! ».

Un autre jour, le même Cantini était très inquiet. Il devait, dans cette villa, servir à dîner à un prince d'Angleterre. Il était allé exprès à Rome ; pour compléter les préparatifs de cette réception solennelle. Mais, au dernier moment, il s'aperçut qu'il avait oublié les fleurs qui devaient orner la table et les salons. Son zèle de majordome — peut-être aussi un grain d'amour-propre, bien excusable en cette circonstance — le rendit très sensible à cet incident et il courut à Orvieto pour chercher, mais inutilement, ces fleurs tant désirées. Fr. Crispino le rencontra, comme fortuitement, et sans lui laisser le temps de raconter sa peine et ses inutiles recherches : « Ne soyez point inquiet, lui dit-il; dans quelques heures, je vous procurerai des fleurs bien rares et en grande quantité ». A peine le majordome était-il de retour à la villa, que Fr. Crispino arriva de son côté, portant les fleurs promises, et Cantini put orner avec profusion tous les appartements du palais. Il eût été assez difficile d'expliquer comment le serviteur de Dieu, avait pu, en si peu de temps, se procurer ces fleurs et les porter à la villa. Mais ce détail passa inaperçu devant un fait bien autrement prodigieux : les fleurs du Bienheureux ne se trouvaient point à Orvieto, ni chez les Capucins, ni dans aucun autre jardin du voisinage ! On parla longtemps de ces fleurs. Où le Bienheureux les avait-il trouvées ? C'est un secret qu'il n'a jamais voulu dire. Quand on l'interrogeait sur ce point, il avait coutume de répondre : « Cherchons à gagner le paradis : si nous y arrivons, nous verrons des fleurs mille fois plus belles ». Et après cette réponse, il détournait immédiatement la conversation.

C'était surtout pour procurer le bien des âmes, que le serviteur de Dieu se servait du don de prophétie qu'il avait reçu. Côme Puerini, d'Orvieto, était réduit à l'extrémité et abandonné des médecins. Le serviteur de Dieu, connaissant, par une lumière surnaturelle, l'état lamentable dans lequel se trouvait l'âme du malade, pria le Seigneur de lui rendre la santé, afin qu'il pût mettre ordre à sa conscience et faire pénitence de ses péchés. Grâce à l'intercession du Bienheureux, Côme recouvra miraculeusement la santé. Le Fr. Crispino lui exposa, alors, avec une implacable netteté, la longue série de ses fautes, dans les détails les plus circonstanciés et les plus secrets, ajoutant que les péchés de sa dernière confession, ne lui avaient pas été remis. « Et pourquoi ? » demanda le coupable. « Vous le savez bien : cette confession, vous l'avez faite avec un repentir factice et des réticences calculées ». Il l'exhorta ensuite à pleurer ses fautes et à changer de vie, s'il ne voulait pas tomber dans la damnation éternelle. Côme fut stupéfait d'entendre l'homme de Dieu lui révéler ainsi sa vie la plus intime : et bientôt, pénétré d'un sincère repentir, il purifia sa conscience, et mena, dans la suite, une vie très édifiante, rendant grâces au Seigneur, plus encore pour la vie de l'âme que pour la vie du corps, dont il était redevable à l'intercession de Fr. Crispino.

Un autre habitant d'Orvieto, après être demeuré trois ans sans recevoir les sacrements, touché enfin de la grâce divine, s'était confessé dans le plus grand secret. Comme il retournait à sa maison, il rencontra le serviteur de Dieu, qui, tout rayonnant de joie, l'aborda doucement, le félicita de la victoire qu'il venait de remporter sur son ennemi, et l'assurant de la fête célébrée dans le ciel à cause de sa conversion, l'exhorta à persévérer généreusement dans les saintes résolutions qu'il venait de prendre. « Et puis, ajouta-t-il sur un ton d'affectueux reproche, n'ayez donc pas si peur d'être et de *paraître* un bon chétien ». Cet homme ne fut pas moins heureux que surpris de voir que le saint frère avait eu connaissance de ce qui s'était passé ; il reconnut dans le Bienheureux un ambassadeur que le ciel lui envoyait pour l'assurer de son pardon, et l'affermir dans la voie nouvelle où il venait de s'engager.

Un jeune homme, d'une noble famille d'Orvieto avait reçu, à la tête, un coup mortel. On appela immédiatement un prêtre qui, ne pouvant avoir de lui aucune parole, ni aucun geste, dut se borner à lui administrer les derniers sacrements. En ce moment, Fr. Crispino, sans avoir été prévenu, entra dans la chambre du moribond, se pencha doucement vers son oreille, et lui adressa quelques paroles, à voix basse. Le malade recouvra aussitôt l'usage de ses sens et demanda un prêtre pour se confesser. Il eut le temps de mettre ordre à sa conscience, et quelques instants après, il mourait dans des sentiments de sainte joie. Chacun comprit que le serviteur de Dieu avait connu, par une lumière surnaturelle, le triste état où se trouvait l'âme du jeune homme, qu'il avait intercédé en sa faveur, et qu'il avait obtenu pour lui la grâce d'une bonne confession. Les funérailles se firent au milieu d'un grand concours de peuple : « J'y allai moi-même, dépose Dom Salvator Marini ; je remarquai Fr. Crispino dans la foule : il était si heureux qu'en sortant de l'église, il sautait presque de joie : signe évident que l'âme du jeune homme était sauvée ».

Ce prêtre était autorisé à tirer cette conclusion, car souvent Fr. Crispino connaissait, par révélation divine, l'état de l'âme après la mort.

Au monastère des Franciscaines d'Orvieto était morte sœur Constance Valentini, très dévouée à notre Bienheureux. Grandement affligé de cette mort, Fr. Crispino priait pendant la nuit devant le saint Sacrement et conjurait le Dieu de miséricorde de délivrer sa servante des peines du Purgatoire. Pendant qu'il priait ainsi, il vit apparaître, au-dessus du maître-autel, une lumière resplendissante : une voix se fit entendre au milieu de cette lumière ; c'était la voix de sœur Constance : « Fr. Crispino, lui dit-elle très distinctement, ne pleurez plus, parce que je suis déjà en Paradis ». Frère Venance des Grottes, religieux de grande vertu, qui priait aussi, à cette heure, dans le fond de l'église, vit la lumière et entendit la voix : il fut donc impossible au Bienheureux de garder le secret sur cette vision et il s'unit à son frère pour rendre grâces à la miséricorde divine.

La femme d'un hôtelier, du diocèse d'Orvieto, était passée à une vie meilleure. Six jours après, son mari se rendit chez les Capucins d'Orvieto, pour recommander la défunte aux prières de la Communauté et faire célébrer des messes à son intention. Il n'avait pas encore eu le temps de manifester son désir, que l'homme de Dieu, tout joyeux et avec un visage épanoui : « Mon cher ami, dit-il, je sais déjà ce que vous voulez. Votre femme est morte ; vous venez demander des prières pour le repos de son âme et faire célébrer des messes à son intention. Il y a déjà six jours qu'elle est sortie de cette vallée de larmes et vous l'avez fait ensevelir au palais Boverini. Ecoutez-moi : si vous voulez faire dire des messes, vous le pouvez ; mais alors vous les ferez appliquer pour les âmes du purgatoire et non pour votre femme : elle n'en a pas besoin. Elle a vécu en bonne chrétienne par la pratique fidèle de ses devoirs d'état; et pendant sa longue infirmité, elle a tout enduré avec une grande résignation à la volonté divine; elle a souffert volontiers pour l'amour de Dieu, et Dieu, en récompense, lui a donné le Paradis. Oh! que vous seriez heureux, s'il vous était donné de voir comme elle est heureuse dans le ciel! ». L'année suivante, comme on devait ouvrir le tombeau où le corps de cette pieuse femme avait été déposé, on trouva le cadavre intact et sans corruption; il n'était plus possible de douter des affirmations consolantes du Bienheureux.

Un jour, ses frères l'observaient secrètement pendant qu'il priait près de la dépouille mortelle d'un homme auquel il avait prodigué les soins les plus affectueux, pendant sa dernière maladie. Fr. Crispino étendait les bras en croix, et récitait quelques prières; après quoi, il s'approchait du défunt et l'embrassait tendrement, en disant: « Oh! que vous êtes heureux! que vous êtes heureux! » Puis il se remettait en prières, et revenait l'embrasser en répétant toujours, dans un saint transport de joie: « Que vous êtes heureux! que vous êtes heureux! ». Frère Crispino, en effet, avait eu révélation de ce qui s'était passé après la mort de cet homme, et il se hâta d'aller trouver sa veuve désolée, et de l'assurer que déjà il était près de Dieu dans le Ciel.

CHAPITRE XVIII

LE BIENHEUREUX AU COUVENT D'ORVIETO
SA REPUTATION DE SAINTETÉ

Fr. Crispino et les enfants d'Orvieto. — Il est le conseiller universel. — Sa manière de répondre à ses interlocuteurs. — La meilleure méthode d'Oraison. — Le moyen de lutter contre les assauts de l'ennemi — Le Curé de S. Venance et ses difficultés théologiques. — Fr. Crispino et son bâton. — Le cardinal Nuzzi *très éminent*, et *très souffrant*. — Les sollicitations de deux parents du Bienheureux.

Après tout ce que nous avons vu du séjour du Bienheureux, au couvent d'Orvieto, après avoir admiré sa charité si douce, sa patience, sa simplicité et cette affabilité joviale qui rendait sa vertu si aimable, nous ne pouvons nous étonner de la confiance et de la respectueuse affection que lui témoignaient les personnages de tout rang et de toute condition, comme les petits et les humbles.

Quand Fr. Crispino sortait de son couvent pour la quête, il était bientôt environné d'une foule plus ou moins nombreuse. Ici, c'étaient des enfants qui se pressaient autour de lui, et lui faisaient une ovation conforme à leur âge. Les uns l'appelaient à haute voix, d'autres le saisissaient par le manteau, d'autres le tiraient par la corde, d'autres baisaient son habit. Fr. Crispino les recevait avec bonté, écoutait leurs naïves paroles, les caressait tour à tour, et leur donnait, dans un langage enfantin, de sages conseils. Plus souvent, c'étaient des pauvres, des malades, des personnes affligées : on peut dire que toutes les misères et toutes les tribulations d'Orvieto et des environs se donnaient rendez-vous à ses pieds.

Ce n'étaient pas seulement les pauvres et les affligés qui se pressaient autour du saint religieux : les personnages les plus distingués recouraient à lui, et s'honoraient de son amitié. On voyait tour-à-tour, auprès de lui, des cardinaux, des évêques, des généraux d'armée, des princes et autres personnages du plus haut rang. Sa renommée s'était étendue bien au-delà des limites d'Orvieto : les fidèles accouraient à lui de toutes les Provinces de l'Italie, et, après avoir fait une heureuse expérience de sa sainteté, ils retournaient raconter au loin quel riche trésor possédait le couvent de Capucins d'Orvieto.

Fr. Crispino était donc devenu l'oracle de tout le pays. Les prophéties qu'il semait, pour ainsi dire, sur ses pas, avaient révélé le don de lumière qui lui était accordé dans une si large mesure, et tous recouraient à ses sages conseils. Les évêques le consultaient sur les questions les plus épineuses de leur administration; le gouverneur et les juges venaient lui soumettre les cas les plus difficiles; et les pères de famille l'interrogeaient sur la vocation de leurs enfants.

Ici, c'est un jeune homme qui se propose d'entrer dans l'Ordre des Capucins : mais il veut auparavant visiter Fr. Crispino, afin de savoir ce qu'il pense de sa vocation. Le Bienheureux l'écoute avec bienveillance, le confirme dans sa sainte résolution et lui donne les plus sages exhortations sur la vie religieuse. Le jeune homme suit les conseils de l'homme de Dieu, et devient un digne enfant de saint François.

Là, c'est une jeune fille sur le point de s'engager dans les liens du mariage. Tourmentée intérieurement par un vague remords qui lui fait craindre de ne pas suivre en cela la volonté divine, elle va interroger le saint religieux. Après l'avoir entendue, Fr. Crispino lui reproche de s'être trop engagée, et la détourne de ce premier mariage. Mais afin que tout se passe sans trouble et sans scandale, il lui promet de recommander cette affaire au Père des miséricordes. Il va donc se mettre en prières, puis revenant quelques instants après, il dit à la jeune fille avec une entière assurance : « Quand le Seigneur vous aura dégagée de vos premiers liens, faites bien attention de ne pas transgresser le conseil que je vous donne : vous ne devez plus chercher de mari, mais attendre avec patience celui que le Ciel vous enverra. » La jeune fille est fidèle au conseil du serviteur de Dieu, et le Ciel aussi est fidèle à accomplir ce qu'il a révélé au Bienheureux. Les premières fiançailles sont bientôt dissoutes sans bruit, et un nouveau parti très avantageux se présente.

Mais ce qu'il y a de plus admirable encore, c'est d'entendre ce pauvre frère quêteur répondre, par une théologie aussi simple que sublime, aux questions qui lui sont adressées, sur des points, parfois très délicats, de la vie spirituelle. Quand il était consulté, disent ses contemporains, il se recueillait, demeurait en silence pendant quelques instants, et semblait attendre que quelqu'un vînt lui suggérer intérieurement la réponse qu'il devait faire. Il répondait bientôt, et toujours une douce onction de la grâce faisait pénétrer dans l'âme de ses interlocuteurs les sages conseils qu'il donnait. C'est pourquoi le chanoine Rosati, célèbre théologien d'Orvieto, après avoir conversé avec le Bienheureux, ne pouvait s'empêcher de lui témoigner son étonnement : « Oh ! disait-il, combien plus, Fr. Crispino, vous en savez avec vos besaces, que moi avec tous mes livres ! ».

Ecoutons quelques-uns de ses admirables enseignements. Une dame lui demandait un jour une méthode pour l'oraison mentale. « Une méthode, répondit le Saint, une méthode! Je veux faire mieux; je veux même vous suggérer les points sur lesquels vous pourrez dilater votre cœur aussi longtemps que vous voudrez. Quand vous serez à genoux, vous regarderez Jésus attaché à la croix, et vous considèrerez quel est celui qui est suspendu à cette croix, quel est celui qui l'y a fixé, pour qui et pour quoi il y demeure. Pensez à toutes ces choses, et vous y trouverez sujet à méditation pour tout le temps de votre vie ». Voilà bien la méthode des saints: méthode simple, facile, droite et vraiment féconde. Le crucifix a toujours été, pour les saints, un livre de suprême éloquence; et toute leur méthode consistait à bien ouvrir leur cœur à ses enseignements. Ils ont pu ignorer, comme le fait remarquer le pieux auteur de l'Imitation, les définitions savantes de l'oraison et de la componction, et peut-être même tenir en petite estime les procédés plus ou moins ingénieux que certains ascètes modernes décorent du nom de méthode; mais ils savaient lire et entendre la Croix qui parle, à tous et toujours, de pardon, de paix, d'espérance et d'amour; ils savaient puiser, à la théologie du Livre divin, ces nobles aspirations, ces vertus héroïques que le langage sacré appelle les *ascen-*

sions du cœur. Et c'est ainsi qu'ils s'élevaient aux plus hauts sommets de la perfection et étonnaient le monde, aussi bien par la solidité de leur savoir, que par la supériorité de leurs vertus.

Un chanoine d'Orvieto demandait un jour au serviteur de Dieu s'il ressentait quelquefois les assauts de l'ennemi, des combats intérieurs, des troubles et des angoisses d'esprit : on pouvait en effet, se poser cette question, tant la vertu la plus héroïque paraissait facile et comme naturelle à notre Bienheureux. Celui-ci, pris à l'improviste, répondit avec simplicité : « Oh ! si vous saviez combien de fois l'ennemi vient m'assaillir, vous en seriez epouvanté : mais aussitôt je le repousse, en me conformant aux enseignements de S. Paul qui, dans sa lettre aux Ephésiens, nous dit que nous devons nous fortifier et relever notre courage, au milleu de la lutte, par la douce mélodie des hymnes, des psaumes et des cantiques spirituels. Croyez-moi : quand nous agissons ainsi, l'ennemi disparaît comme un nuage qui se dissipe au souffle du vent ».

Qu'il eût été beau d'assister à ces scènes de la vie intime du Bienheureux ! de voir le démon livrer à son cœur les assauts les plus redoutables, et d'entendre le serviteur de Dieu opposer, aux suggestions du mauvais esprit, le simple élan de sa confiance filiale en Marie, qui se traduisait par quelque joyeux cantique, auquel sans doute les anges du ciel venaient faire écho !

Le curé de Saint-Venance, sachant que le Bienheureux avait des communications intimes avec Dieu, voulut l'interroger sur les secrets impénétrables de la prédestination, de la grâce efficace, du nombre de ceux qui sont appelés et de ceux qui sont élus. Le serviteur de Dieu s'inclina, adorant, comme l'Apôtre, les jugements incompréhensibles du Seigneur; mais, sur les instances réitérées de son interlocuteur, il parla de ces questions, en termes à la fois si simples et si sublimes, que celui-ci, tout émerveillé, reconnut dans son langage une inspiration céleste. Il l'interrogea ensuite sur les Sacrements et chercha à l'embarrasser par des subtilités d'école : « Parmi les âmes, disait-il, c'est le petit nombre qui reçoit dignement les sacrements. C'est donc le petit nombre qui sera sauvé. »

« Vous n'oubliez qu'un point, répliqua Fr. Crispino; c'est que N. Seigneur Jésus-Christ surajoute à notre indignité personnelle, la dignité de ses mérites infinis, lorsqu'il voit en notre âme, malgré toutes ses misères, le simple désir du bien. Notez encore que la *douce Mère* de misericorde intervient en notre faveur, et gardez-vous de sophistiquer contre la bonté de la Mère et du Fils. C'est pourquoi, quand vous êtes appelé, ou quand vous savez qu'il y a quelque malade dans votre paroisse, je vous conjure de vous montrer plein de sollicitude pour lui administrer les sacrements. Et quand le pauvre pénitent vous appelle pour se confesser, ou quand vous l'avez disposé à l'aide de la parole de Dieu, soyez fidèle à votre devoir, et ne cherchez pas à en savoir davantage. C'est la miséricorde divine qui a établi les sacrements, et c'est la miséricorde divine qui prépare et achève leur œuvre ».

Le Cardinal Gualtieri lui demandait un jour comment il faisait pour s'accommoder si bien à la trempe d'esprit de tous les Gardiens qui se succédaient au couvent d'Orvieto. Le serviteur de Dieu n'hésita pas un instant : « Eminentissime seigneur, répondit-il, je suis entre les mains de mon supérieur et je fais sa volonté, absolument comme ce bâton, dont je me sers pour la quête, demeure entre mes mains et fait tout ce que je veux. Si je l'élève, il s'élève ; si je l'incline, il s'incline ; si je le soutiens, il reste debout; si je le jette par terre, il se laisse jeter. Voilà ce que je fais avec les Gardiens, d'autant que le devoir d'un Gardien est de me diriger et de me condamner : mon devoir à moi est d'obéir ». Le cardinal fut grandement édifié de cette réponse, et, dans la suite, il était heureux de la redire chaque fois que l'occasion s'en présentait.

Le cardinal Nuzzi, Évêque d'Orvieto, recevait dans l'intimité le bon Fr. Crispino dont il avait fait son ami. L'humble frère entrait librement dans la chambre du Prélat. Un jour que celui-ci était souffrant, Fr. Crispino, alla le voir et l'appela comme à l'ordinaire, éminentissime seigneur. « Oui, oui, dit le Cardinal en plaisantant, *sono eminentissimo ma anche infermissimo :* je suis très éminent, mais aussi très souffrant ; et ma dignité cardinalice me défend mal contre la maladie ».

« Oh ! monseigneur, reprit Fr. Crispino, si votre pourpre de Cardinal vous préservait de la souffrance, vous vous empresseriez de la jeter loin de vous, pour ne pas vous priver du mérite de souffrir. »

Et, sur ce thème, les deux amis parlèrent longuement du beau travail que fait la souffrance dans les âmes de bonne volonté.

Le serviteur de Dieu, loin d'abuser de la bienveillance du Cardinal, ne s'en prévalait que pour mener à bonne fin quelque pieuse entreprise, ou lui recommander des nécessités dignes d'intérêt, sans aucune arrière-pensée de quelque avantage personnel, pour lui-même ou pour sa famille. Deux jeunes gens, parents du Bienheureux, vinrent un jour le trouver pour obtenir, par son intermédiaire, une lettre de recommandation de l'Evêque d'Orvieto, dont ils pourraient se servir devant le gouverneur de Viterbe, auprès duquel ils étaient accusés de je ne sais quel délit. « Je suis capucin, répondit Fr. Crispino ; je puis vous recommander à une Reine qui n'est plus sur cette terre ; mais je ne puis ni ne veux participer à vos intrigues et à vos finesses. Ou vous êtes coupables, ou vous êtes innocents. Si vous êtes innocents, le juge vous absoudra : si vous êtes coupables, il vous est plus utile de satisfaire en cette vie que d'être condamnés, corps et âme, à l'enfer ». Cela dit, il les congédia.

CHAPITRE XIX

LE BIENHEUREUX AU COUVENT D'ORVIETO
SES LETTRES.

Diverses lettres du Bienheureux. — Leur caractère graphique. — Les ratures et les distractions de Fr. Crispino. — Lettres à Jérôme Santinelli. — A la R. Mère Thérèse Sylvestrelli. — A Jean Nolari. — Au Marquis Charles de Malaspina.

Avant de quitter, avec le Bienheureux Crispino, cette ville d'Orvieto dont il fut, pendant près d'un demi-siècle, le consolateur et le thaumaturge, nous croyons utile de dire un mot de ses Lettres qui, presque toutes, sont datées d'Orvieto même et montrent, sous un nouvel aspect, le zèle de l'humble frère lai, ou tout au moins sa condescendante charité.

Fr. Crispino, à en juger, non par la brièveté de ses Lettres, mais par la réputation de sainteté, qui faisait désirer ses conseils, et par son zèle pour le salut des âmes, devait consacrer un temps relativement considérable, eu égard à ses emplois, aux réponses qu'on sollicitait de lui. Il nous a été donné de tenir entre nos mains et de vénérer bien respectueusement une vingtaine de ses précieux autoraphes. Le trésor de la Postulation de l'Ordre au couvent de l'Immaculée Conception, à Rome en possède treize. Le reliquaire qui orne, dans ce même couvent, la chambre du Bienheureux, en contient un autre dont la famille des marquis Malaspina a bien voulu se dessaisir en faveur de l'Ordre. Il en existe aussi plusieurs au couvent des Capucins de la Tolfa et de Viterbe, et dans les Archives de quelques familles du patriciat romain. Quelle que soit leur date, l'écriture et le style de ces Lettres ne varient presque pas. Les caractères sont toujours nets, un peu gros, bien formés et régulièrement espacés. Un signe distinctif de ces lettres consiste en ceci : Fr. Crispino écrivait à l'aise et simplement, plus préoccupé sans doute de dire sa pensée que de la bien dire Aussi il raturait peu ; mais presque toujours, — et c'est là le signe caractéristique — il oubliait de remplacer le mot raturé ! Ils avaient donc aussi leurs distractions, nos chers saints du Paradis !

Nous offrons ici à la piété des lecteurs quelques-unes des Lettres du Bienheureux, traduites dans une formule qui ne s'écarte pas trop de la simplicité et des libres allures du texte original.

Soient loués Jésus et Marie !

Très illustre et très révéré Monsieur.

« Votre estimable missive me fait connaître le

grand besoin que vous avez de prières. Veuillez croire qu'en de semblables nécessités, je ne manquerai pas de faire tout le peu que je pourrai : pourvu seulement que mes faibles prières aient assez de poids, vu le grand nombre de mes péchés. J'ose pourtant espérer qu'en considération de votre foi si vive, le Dieu des miséricordes vous exaucera ; et en vous exprimant ce souhait, je vous salue bien en Notre Seigneur, que vous daignerez prier pour moi pauvret.

Votre très-humble serviteur,

Orvieto, 15 mai 1734.

Frère CRISPINO DE VITERBE, *Laïque Capucin.*

Au très illustre et très révéré
Monsieur Jérôme Santinelli (1)   ROME.

Quelques mois après, Santinelli communique à son ami des deuils et des peines de famille. La réponse de Fr. Crispino, à travers le calme des

---

(1) Le nom de Santinelli, Santini, Santi, est si commun, à Rome, qu'il serait malaisé de fixer, avec certitude, quel fut parmi les Santinelli, contemporains du Bienheureux, son correspondant et son ami. Toutefois nous pouvons, à l'aide de demi-preuves, conjecturer que ce Jérôme Santinelli était le médecin du couvent de Rome, à l'époque où Frère Crispino y remplissait la charge d'infirmier. Le titre de *très il-*

formules, laisse deviner sa vive sympathie pour toutes ces souffrances confiées à son amitié, et nous montre une fois de plus sa confiance filiale en Marie qu'il invoque *tout particulièrement*, de préférence même à son divin Fils :

Soient loués Jésus et Marie !

Très illustre et très révéré Monsieur.

« Dieu, dans ses impénétrables décrets, vient de rappeler à lui l'âme bénie de la Mère Sœur Anne-Constance Spada ; et c'est pour moi un devoir, en cette triste occasion, d'envoyer au ciel supplications et prières pour celle qui m'a comblé tant de fois de ses charités. J'éprouve également un profond déplaisir en apprenant la continuelle obstination de Monsieur votre frère, ainsi que les malheurs qu'il éprouve. J'espère beaucoup de la miséricorde de mon très aimable Jesus, et en particulier de ma Mère la Vierge Marie que je veux tant prier, bien qu'indigne pécheur, pour qu'elle lui vienne en aide au milieu de si dures nécessités, et qu'elle supplie le Dieu des miséricordes d'avoir enfin pitié de qui met toute sa confiance en lui. En exprimant ce souhait, je vous

lustre, que porte l'adresse des lettres, ne peut faire rejeter cette induction. On sait, en effet, que la langue italienne, au siècle dernier surtout, était prodigue d'appellations honorifiques.

salue bien en Notre Seigneur que vous daignerez prier pour moi pauvret.

Votre très-humble serviteur,

Orvieto, 2 octobre 1734.

Frère Crispino de Viterbe, *Laïque Capucin.* »

A des détails plus personnels que lui donne son ami, Fr. Crispino répond par de pieuses et touchantes exhortations.

Soient loués Jésus et Marie!

Très-illustre et très-révéré Monsieur,

« Votre lettre m'a grandement consolé en m'apprenant que vous vous soumettez et vous vous unissez à la volonté de Dieu, marque évidente de prédestination. Je me félicite avec vous de cette heureuse situation d'esprit, et je puis vous assurer que le Dieu de miséricorde ne manquera pas de vous assister au milieu des infirmités et des peines que vous endurez en ce moment. Supportées avec courage et résignation, elles s'élèveront, comme un holocauste d'agréable odeur, jusqu'aux pieds du Très-Haut. Je prie Dieu de vous accorder la santé que je vous souhaite si ardemment, de même que je me réjouis aussi du bienfait de l'air plus pur que vous respirez. En vous remerciant de tout cœur du souvenir que vous conservez d'un pauvre pécheur, et en vous assurant que je n'oublierai jamais, dans mes faibles prières, un pareil et si tendre ami, je me répète,

Votre très-humble serviteur,

Orvieto, 23 septembre 1736.

Frère Crispino de Viterbe, *Laïque Capucin.* »

Santinelli, fidèle aux usages romains, ne manquait pas de souhaiter les *buone feste* à son ami, qui le remerciait de ses bons vœux de Noël et de Pâques, en lui envoyant quelque consolante pensée sur le *doux Petit de Bethléhem* ou sur le triomphe de la Résurrection. Mais parfois il ajoutait à ses lettres de bonne fête un compte-rendu de sa vie intérieure, afin de soumettre aux lumières surnaturelles de Fr. Crispino, les désirs de son âme et, sans doute aussi, les difficultés qu'il avait à surmonter.

Telle fut sa lettre des fêtes de Pâques de l'année 1736.

La réponse ne se fit pas attendre :

Soient loués Jésus et Marie !

Très-illustre et très-révéré Monsieur,

« J'ai grandement admiré votre rare bonté de cœur, et j'ai appris, avec un immense plaisir, qu'aidé de la grâce, vous vous confirmez de plus en plus dans la méditation de mon bien-aimé Jésus. Aussi puis-je vous assurer avec certitude que si vous persévérez, comme tout me le donne à croire, vous êtes au nombre des élus. La douloureuse Passion de Jésus-Christ ne sera-t-elle pas suffisante pour nous sauver tous de l'enfer ! Faisons donc en sorte de suivre les traces de notre bon Sauveur. Et pourtant, je ne manquerai pas, dans mes faibles prières, de recommander à Dieu un si cher ami, que je remercie tant et tant des bonnes fêtes qu'il a bien voulu me souhaiter. En vous priant d'excuser mon indignité et ma froideur d'âme, je vous salue bien en notre Seigneur que vous daignerez prier pour moi pauvret.

Votre très-humble serviteur,

Orvieto, 29 mars 1736.

Frère Crispino de Viterbe, *Laïque Capucin.* »

La lettre suivante nous transporte à Viterbe, dans ce couvent de Sainte-Rose, où Fr. Crispino, encore tout enfant, était, par sa piété et son ingénuité, l'édification des religieuses qui l'appelaient « le bon petit Pierre ».

A la très Révérende Mère en Notre Seigneur, Sœur Claire Lucie Thérèse Silvestrelli. — Sainte-Rose. — Viterbe.

CHAPITRE XIX

Soient loués Jésus et Marie !

« Le manque de temps m'a empêché de répondre à votre aimable missive : mais soyez sûre que pendant ces quelques jours que durera la sainte neuvaine, pour que mon bien-aimé Jésus daigne vous donner les consolations que vous désirez, je ne manquerai, pas plus que je n'ai manqué jusqu'à présent, de vous recommander dans mes faibles prières : pourvu seulement que le Dieu des miséricordes veuille exaucer un indigne pécheur comme moi. En vous priant de saluer pour moi mon bien cher Joseph, je me répète.

Votre très-humble serviteur,

Orvieto, 26 décembre 1737.

Frère CRISPINO DE VITERBE, *Laïque Capucin* ».

Un des compatriotes du Bienheureux, Jean Nolari, de Viterbe, lui avait écrit pour lui soumettre un projet de mariage. Fr. Crispino lui répond, avec une entière assurance, que ce projet est béni de Dieu.

Soient loués Jésus et Marie !

Très cher ami,

« En réponse à votre gracieuse missive, je vous dirai que je regarde comme une inspiration divine le mariage que vous projetez pour

Monsieur votre fils. Mon opinion est que vous ne sauriez mieux faire que de poursuivre ce mariage avec la jeune étrangère dont vous avez eu la bonté de me parler : je crois, en effet, que vous en serez satisfait : toutefois, vous avez en ces sortes de choses beaucoup plus d'expérience que moi et de savoir-faire ; le mieux sera d'agir selon ce que Dieu vous inspirera. Je ne manquerai cependant pas de recommander cette affaire à Dieu dans mes faibles prières. Je termine en vous saluant bien en notre Seigneur que vous daignerez prier pour moi pauvret.

Votre très-humble serviteur,

Orvieto, 17 janvier 1737.
Frère CRISPINO DE VITERBE, *Laïque Capucin* ».

Terminons ces transcriptions, déjà trop longues peut-être, en reproduisant la letttre de Fr. Crispino au Marquis Charles Malaspina. C'est celle qui est exposée dans le Reliquaire de la chambre du Bienheureux.

Au très-illustre et très-révéré
Monsieur Charles, *Marquis Malaspina.* ROME.

Soient loués Jésus et Marie !

Mon très-cher ami et très-estimé Monsieur Charles.

« Je dois vous avertir que je n'ai pas reçu votre lettre au sujet de ce que vous me demandiez. Mais à présent que je connais le besoin que vous avez de prières pour résoudre cette question des droits de primogéniture, je ne manquerai pas de la recommander dans mes faibles prières à mon bien-aimé Jésus, et en particulier à ma Mère la Vierge Marie, afin que le Dieu des miséricordes dispose le tout pour le plus grand bien spirituel et matériel de la jeune fille dont vous me parlez. Je n'oublierai pas non plus de recommander, au Seigneur Dieu, mon bien cher ami, et en particulier Madame la Marquise sa très digne épouse, dont je prise hautement le mérite, et à laquelle je vous prierai de présenter mes humbles respects. En vous saluant du fond du cœur, je me répète,

Votre très-humble serviteur,

Orvieto 6 juin, 1746.

Frère CRISPINO DE VITERBE, *Laïque Capucin* ».

C'est ainsi que l'humble Frère cherchait à inspirer, *verbo et scripto,* les sentiments de confiance en Notre Seigneur Jésus-Christ et sa sainte Mère.

CHAPITRE XX

LE BIENHEUREUX PART POUR ROME

(1744)

Fr. Crispino appelé à Rome pour servir les Messes. — Départ secret d'Orvieto. — Emoi dans toute la ville. — Les jeunes hommes courent à la poursuite du Bienheureux. — Fr. Crispino arrive à Viterbe, et repart pour Palanzana afin de se dérober aux ovations populaires. — Le lendemain, il visite Sainte Rose. — Les religieuses aux grilles. — Fr. Crispino passe comme un *Ange de lumière et de paix*. — Départ pour Campagnano. — Guérison miraculeuse et prophétie dans la famille Montovani. — Arrivée à Rome.

Fr. Crispino atteignait sa soixante-seizième année. Il avait vieilli dans la pratique des plus admirables vertus ; ses forces s'épuisaient, et il était sujet à de graves infirmités. Les Supérieurs de l'Ordre, considérant les fatigues qu'il avait supportées, avec une sainte allégresse, pour le bien de ses frères, et ayant égard à l'état de sa santé, voulurent lui procurer enfin quelque repos. Pour cela, ils le rappelèrent de son cher couvent d'Orvieto, et le placèrent de famille au couvent de Rome.

Là, son unique emploi devait être de prier et de servir les Messes. « Oh ! que je suis heureux, s'écria Fr. Crispino en apprenant les dispositions paternelles de ses Supérieurs, que je suis heureux ! Je pourrai donc désormais recevoir plus fréquemment la sainte Communion ! Je pourrai assister, pendant toute la matinée, aux nombreuses Messes qui se célèbrent à l'Immacolata ! ». Et à cette perspective, le regard du Bienheureux s'illuminait d'une irradiation céleste, et la joie de son âme fut telle que tout son être sembla s'épanouir dans un renouveau de jeunesse.

C'était dans les premiers jours de l'année 1744. Il était facile de prévoir que les habitants d'Orvieto, s'ils apprenaient par avance le départ de Fr. Crispino, s'y opposeraient par tous les moyens possibles. Aussi le Bienheureux, pour prévenir toutes les difficultés, quitta secrètement l'hospice en pleine nuit, et se dirigea vers Rome en passant par Viterbe.

Le lendemain, toute la ville fut en émoi. De l'hospice des Capucins à leur couvent d'Orvieto, des groupes allaient et venaient, répandant la triste nouvelle : *Le Saint est parti !* Et à l'expression de ses regrets, le peuple d'Orvieto, écoutant plus la logique du cœur que celle de la raison, unissait des récriminations, parfois très énergiques, contre les Pères du couvent qui avaient, disait-on, favorisé la fuite du Protecteur d'Orvieto, et refusaient de dire nettement où était allé le serviteur de Dieu. Sur la grande place de la cathédrale, on ne parlait de rien moins, pour punir les coupables, que de faire, contre le couvent, comme à Albano, le blocus de la faim. D'autres proposaient d'envoyer sur le champ une délégation au Saint-Père, pour faire intimer aux Supérieurs l'ordre formel de fixer à tout jamais le Fr. Crispino à Orvieto.

« Et pendant que vous parlez sans fin, observa un assistant qui avait conservé ou retrouvé un peu de calme, notre Saint s'éloigne de plus en plus ! Il serait bien plus simple de courir après lui, et de le ramener de gré ou de force ».

Ce fut une idée lumineuse. Des groupes de jeunes hommes, robustes et ardents, partent aussitôt, dans toutes les directions, à la poursuite du Bienheureux ; et la foule, aux impressions mobiles, croyant déjà revoir Fr. Crispino, le salue de ses acclamations anticipées !

Mais c'était trop tard. Les jeunes gens partis du côté de Viterbe, arrivèrent, dans cette ville, pour y être témoins de l'ovation faite au serviteur de Dieu. Les capucins de Viterbe n'avaient pas, en effet, comme leurs confrères d'Orvieto, des motifs de tenir secrète la présence de Fr. Crispino.

La nouvelle de son arrivée se répandit, en un clin d'œil, par toute la ville. Les compatriotes de Fr. Crispino, justement fiers de sa réputation de sainteté, accoururent en foule au couvent. Les principaux personnages de la ville voulurent le voir, l'entretenir, et on parlait déjà d'organiser une manifestation triomphale pour le lendemain. Notre bon Crispino n'y tint plus : son humilité était soumise à une trop forte épreuve ; et, malgré la fatigue de ce premier voyage, il sortit du monastère, par la porte du jardin, et se rendit au couvent solitaire du noviciat, espérant se soustraire ainsi aux ovations populaires. Ses espérances furent vaines. La colline de Palanzana était trop rapprochée de Viterbe pour décourager l'enthousiasme du peuple. Fr. Crispino eut à subir, jusqu'à une heure avancée de la nuit, les visites incessantes et les acclamations de ses compatriotes : et les religieux du noviciat durent faire appel aux sentiments de charité et de pitié, pour obtenir quelque repos en faveur du pauvre vieillard exténué de fatigue.

Le lendemain, Fr. Crispino voulut visiter l'église de Sainte Rose, dans laquelle il avait, tout enfant, si souvent et si ardemment prié, avec Marzia sa mère. Les religieuses du monastère, averties de sa présence, accoururent aux grilles du chœur et des tribunes, pour voir prier celui que leurs mères avaient surnommé *le bon petit Pierre*. L'enfant privilégié était maintenant un vieillard brisé ; mais son âme, devant cet autel de ses premières prières, dut rassembler, en un souvenir, doux comme l'espérance, fortifiant comme une vision du ciel, toutes les grâces qui lui avaient donné une immortelle jeunesse.

Les religieuses le virent, et leurs dépositions sont consignées aux Actes du procès, rester longtemps à genoux, immobile comme une statue. Son regard fixe, radieux, se perdait dans une contemplation que les Anges seuls pourraient dire. Autour de son front, un reflet lumineux miroitait comme un nimbe d'or. Filles de Jérusalem, ne troublez pas, dans son ineffable extase, le bien-aimé du Maître !

Sur les pressantes instances de la Supérieure, Frère Crispino consentit à donner quelques heures aux religieuses qui voulaient avoir ses conseils, ou recommander à sa charité leurs besoins spirituels. « Il a passé, disait l'une d'elles, en parlant de cette visite, il a passé comme un ange de lumière et de paix ! ».

Après ce court séjour à Viterbe, Fr. Crispino partit pour Campagnano.

A peine était-il arrivé au couvent, où son passage avait été déjà annoncé, qu'il reçut du P. Gardien l'ordre de se rendre chez une bienfaitrice insigne, la dame Montovani, dont la fille était gravement malade. Fr. Crispino obéit sur-le-champ et se rendit à la maison, escorté par une foule assez considérable qui voulait voir *le Saint*, et assister au miracle. En abordant la jeune malade Fr. Crispino, après une courte prière, lui dit, avec assurance, que, dans quelques jours, elle serait guérie. Puis il ajouta, en regardant la Dame Montovani : « Ce n'est pas la fille que Dieu appelle en ce moment : c'est la mère ». Cette parole fut comme un coup de foudre pour tous les assistants ; car la dame Montovani paraissait jouir d'une santé florissante. Cependant Fr. Crispino insista et lui recommanda de se préparer à une mort prochaine : « Vous serez si heureuse auprès du bon Dieu, et vous pourrez, mieux encore qu'ici-bas, protéger votre fille ! ». La dame Montovani, bien convaincue de la sainteté du serviteur de Dieu, crut à sa parole, et se disposa à la mort avec une résignation toute chrétienne. Elle fut, en effet, saisie subitement d'un mal violent, qui, en quelques heures, la conduisit au tombeau, tandis que sa fille, si gravement malade, recouvra une pleine santé.

Un moindre prodige eût suffi pour faire éclater l'enthousiasme populaire. L'humble Crispino, une fois encore, dut mettre fin, par un prompt départ, aux honneurs qu'on lui rendait ; et il arriva au couvent de Rome où ses Supérieurs et ses frères l'attendaient comme une bénédiction du ciel pour la communauté.

CHAPITRE XXI

LE BIENHEUREUX A ROME

(1744)

Fr. Crispino et son service d'autel. — *Mamma mia !* — Nouvelles grâces miraculeuses. — Fr. Crispino et sa complaisance à se mirer. — La barrette de S. Philippe de Néri.— Le fils de la famille Atti.— Dom Bartolini et son désir d'être curé. — Les craintes de Dom Palmili. — Fr. Crispino guérit et convertit un domestique. — Les filles de la Dame Durani. — Admirable vision de Cécile Barlocci. — Vie surmenée de Fr. Crispino. — L'*ultimatum* des Orviétains et leurs délégués à Rome.

Dès le lendemain de son arrivée, le saint vieillard commença avec allégresse son service d'autel. A la première messe, qui se célébrait peu après l'aube, il était là : et son assistance continuait sans interruption jusqu'à la dernière. Pendant les longues heures de ce saint ministère, la joie profonde et sereine qui se reflétait sur son visage, sa modestie et son recueillement faisaient l'admiration et l'édification du peuple.

Durant la soirée, le saint vieillard priait dans sa cellule, ou allait encore à l'église, mais en ayant soin de choisir, soit à l'église, soit au chœur, une place qui lui permît de bien voir le tableau de Marie Immaculée au-dessus du Maître-Autel.

Plusieurs fois, ses frères le virent absorbé dans la contemplation de la chère image, étranger à tout ce qui se passait autour de lui, murmurant doucement cette unique prière de filial amour : *Mamma mia, Mamma mia :* ma Mère, ô ma Mère !

L'obéissance religieuse, en ménageant au serviteur de Dieu, les douceurs d'une vie de prières, ne le dispensa pas des actes de charité envers le prochain. Sa réputation de sainteté l'avait précédé à Rome. Les supérieurs furent bientôt débordés par les sollicitations des prélats, des patriciens de Rome qui voulaient voir l'humble frère. Ceux qui obtenaient de le recevoir dans leur propre maison regardaient cette visite comme une faveur insigne et une grâce de choix.

Les révélations secrètes, les prophéties, les miracles marquaient, en quelque sorte, d'une traînée lumineuse chaque pas du saint vieillard.

Antoine Bontolini, presque nonagénaire, aveugle, perclus de tous ses membres, attendait sur son lit de douleur, l'heure de la délivrance. Fr. Crispino alla le voir : « Eh ! cher petit vieux, tu voudrais le Paradis, tu voudrais le Paradis ! Encore deux ans de souffrance et de patience, et ta couronne sera plus belle ».

Philippe Alberti, seigneur Romain, après une longue maladie, avait perdu l'usage de ses sens, et paraissait entrer en agonie. Les religieux de S. Camille de Lellis, qui l'assistaient depuis trois jours et trois nuits, avec cette sollicitude admirable qui est la caractéristique et la grâce d'état de leur Ordre, n'avaient plus d'espoir de le sauver. La fille du moribond mit tout en œuvre pour que Fr. Crispino allât visiter son père. A son entrée dans la maison, les assistants ne surent pas contenir leurs acclamations : « Voici le Saint, voici le Saint ! Il va faire le miracle ! » Ces démonstrations peinèrent grandement le serviteur de Dieu : et son humilité alarmée lui inspira un de ces actes plus admirables qu'imitables, dont la vie des saints nous offre de nombreux exemples. Fr. Crispino va se mettre devant une glace, et, pour paraître vaniteux, il se mire longuement avec complaisance, changeant de pose, se mettant de profil, étudiant ses attitudes, arrangeant avec soin sa barbe, ses cheveux et sa corde. Après ces singularités qui devaient, dans sa pensée, le rendre ridicule et provoquer le mépris de ceux qui l'avaient acclamé, il s'approcha du lit, considéra quelques instants le malade et dit tranquillement : « Laissez dormir en paix ce brave homme. Vous êtes trop nombreux dans cette chambre, et le pauvre malade manque d'air pur. Retirez-vous donc pour ne pas le fatiguer davantage «. Puis se tournant vers la fille de l'infirme, dont l'anxiété poignante lui faisait pitié : « Rassurez-vous, mon enfant, lui dit-il : votre père se relèvera de cette maladie, et vivra de longues années encore. Faites-vous apporter demain la barrette de S. Philippe de Néri, et je reviendrai ». — Il revint en effet, bénit le malade avec la relique qu'il avait désignée : puis, après une courte prière, il dit trois fois, en élevant la voix à chaque nouvelle invocation : « Philippe ! Philippe ! Philippe ! ». A la troisième fois, le moribond ouvrit les yeux, son visage se colora subitement, et comme s'il se fût réveillé d'un profond sommeil, il regarda avec étonnement son entourage. Fr. Crispino ordonna qu'on lui apportât quelque nourriture : » Il est bien juste, disait-il, qu'il répare ses forces, après un si long sommeil : à sa place, j'aurais une faim à avaler la coupole de S. Pierre «. Et sur cette boutade, Fr. Crispino, profitant de la stupéfaction générale, disparut aussitôt. Quant au malade, il mangea avec appétit, recouvra bien vite ses forces, et jouit pendant plusieurs années d'une santé robuste.

Charles Atti et sa femme étaient dans une grande affliction, parce que leurs fils aîné, Louis, était tombé gravement malade à Lyon, en revenant de Paris à Rome. Ils envoyèrent un message au Bienheureux pour lui recommander le pauvre jeune homme. Sans décacheter le pli, et sans laisser parler le messager, Fr. Crispino lui dit : « Retournez à la maison, et dites à vos maîtres que leur fils Louis est déjà guéri, et qu'en ce moment, il est en chemin pour revenir à Rome ». Et en effet, quelques jours après, le jeune homme était dans les bras de ses parents.

Le prêtre Dom Marius Bartolini nourrissait dans son cœur un ardent désir d'être curé dans la ville de Rome. Il voulut consulter le Bienheureux à ce sujet. Après l'avoir entendu, Fr. Crispino lui répondit, d'un ton très animé : « Quoi ? vous n'êtes donc pas effrayé de la responsabilité que vous devrez assumer ?! Ne vous suffit-il pas d'avoir à rendre compte à Dieu de votre âme, sans devoir répondre encore de celle des autres ?». Le prêtre répondit que son intention était droite, et que s'il désirait un tel emploi, c'était pour se dévouer utilement au bien spirituel de ses frères. Alors le serviteur de Dieu rentra dans son calme ordinaire, et poursuivit. « C'est là une affaire très importante, et qui demande réflexion. Vous ferez donc une neuvaine à la très-sainte Vierge ; je la ferai aussi de mon côté ; et après la neuvaine, nous aurons la réponse du ciel ».

Dom Bartolini revint au terme fixé, alla droit à la cellule du Bienheureux, et, comme il ouvrait la porte sans bruit, il vit Fr. Crispino ravi en extase, les yeux fixes et immobiles sur une image de la très-sainte Vierge. A cette vue, un sentiment de crainte et de respectueuse admiration le saisit, et il n'osa pas troubler l'homme de Dieu. Quelques instants après, Fr. Crispino sortant de son ravissement, et voyant Dom Marius, lui dit avec assurance : « Eh bien! vous serez curé! » Peu de jours après, Dom Marius était nommé curé de Sainte-Lucie.

L'Archiprêtré de Saint-Elpidio, au diocèse de Fermo, était vacant et l'Archevêque avait porté ses vues sur Dom Philippe Palmili, qui demeurait alors à Rome. Mais tous les efforts du Prélat furent inutiles; il ne put déterminer Dom Philippe à accepter cette charge : celui-ci, effrayé par une excessive délicatesse de conscience et troublé par de vains scrupules, refusait obstinément. A la fin, il fut convenu que le serviteur de Dieu serait consulté, et qu'on s'en tiendrait à sa décision. Dom Philippe avait une très haute idée de la sainteté de Fr. Crispino et il alla le trouver. — « Je voudrais avoir votre avis sur une question très-importante pour moi, dit-il au serviteur de Dieu ». — « Ah! répliqua l'humble frère en souriant, vous vous adressez bien! Ma tête a toujours été une tête de linotte, et maintenant elle commence un peu à radoter ». Le saint prêtre ne lui en exposa pas moins la proposition qui lui était faite, et les craintes qui lui inspiraient de la repousser. Fr. Crispino avait écouté cet exposé dans un profond recueillement. Soudain il interrompt son interlocuteur : « Vos craintes, vos craintes, mettez-les donc à la porte, prêtre de Jésus-Christ. Si vos devoirs sont, comme vous le dites très-bien, d'une haute importance, la grâce de Notre Seigneur vous sera départie dans une mesure surabondante. Allez donc où vous appelle le Pasteur suprême des âmes ». Dom Palmili sentit, au même instant, tous ses scrupules s'évanouir pour faire place à une grande sérénité. Il voulut pourtant traiter encore, avec Fr. Crispino, le côté pécuniaire de sa future situation. « Puisque votre frère est chargé d'une nombreuse famille, lui dit le Bienheureux, vous pouvez lui abandonner l'usufruit de vos biens paternels. Et puisque l'archiprêtré rapporte peu, ce doit être pour vous un sujet de grand contentement. Vous travaillerez avec plus de fruit pour votre âme, et vous ne manquerez pas pour cela du nécessaire. Courage donc; avancez, et allez travailler dans la vigne du Seigneur ; en sauvant les âmes de vos frères, vous assurerez votre propre salut, et votre couronne au ciel sera plus belle ». Et ce prêtre, que personne jusque-là n'avait pu persuader, fut tellement convaincu et heureux, en entendant parler ainsi le serviteur de Dieu, que le jour même il écrivit à l'archevêque pour accepter la charge qui lui était proposée, et se mit bientôt à l'œuvre avec un zèle tout apostolique.

Un pauvre domestique avait contracté, par son inconduite, une infirmité dangereuse ; et comme il avait honte de la révéler et d'y faire apporter remède, elle s'était aggravée, au point de devenir incurable. Fr. Crispino se trouvant seul un jour avec lui, l'embrassa spontanément et lui dit tout bas : « Ah ! mon pauvre petit frère pécheur ; nous ne sommes pas maîtres de notre corps ; par conséquent, si nous avons quelque mal, nous devons le déclarer afin qu'on puisse y remédier ». Et le Bienheureux poursuivit: « Avec la santé du corps, nous devons procurer et maintenir la santé de l'âme, qui est d'une si grande importance pour l'Eternité ». Ce malheureux fut touché de ces paroles: il fondit en larmes, pleura amèrement sa faute, et pria le serviteur de Dieu de vouloir bien intercéder auprès du Ciel en sa faveur. Fr. Crispino l'encouragea et le bénit. Bien que le mal parût sans remède, la vertu de cette bénédiction fut si efficace, que quelques jours après, le mal avait disparu. Et le malade, sachant par expérience, quels étaient les funestes effets des mœurs dissolues, se corrigea complétement, rendant grâces au serviteur de Dieu, plus encore pour le salut de l'âme, que pour la santé du corps.

Fr. Crispino, sur les invitations pressantes de noble et pieuse dame Angèle Durani, allait quelquefois lui faire visite. Un jour, où il venait d'entrer dans la maison, les deux filles aînées s'empressèrent de le recevoir. Le Bienheureux les regarda l'une et l'autre, avec un sourire de joie céleste : « Oh! mes enfants, quel bonheur pour vous! vous êtes deux épouses de Jésus-Christ, et vous le servirez fidèlement dans un monastère ». En ce moment, la mère survint avec sa troisième fille qui avait manifesté depuis longtemps des projets de vie religieuse : « C'est celle-ci, dit-elle, qui se fera religieuse ». Fr. Crispino ne répondit pas. L'enfant, déconcertée et peut-être un peu irritée de ce silence, affirma avec insistance sa volonté d'être religieuse : « Oui, je partirai et je serai religieuse ». Le saint vieillard, lui répondit en imitant sa petite moue et son ton capricieux : « Oui, tu partiras, mon enfant, et surtout tu reviendras : et tu seras, ajouta-t-il en reprenant son ton ordinaire, une bonne chrétienne dans le monde, comme ta mère ». La prédiction se vérifia de point en point, y compris le départ et le prompt retour de la jeune fille qui s'aperçut bien vite de son inaptitude à la vie religieuse.

Non loin de la maison Durani habitait la Dame Cécile Barlocci qu'une maladie chronique retenait au lit depuis plusieurs années. Entendant raconter les prophéties et les prodiges de Fr. Crispino elle fit tous ses efforts pour obtenir sa visite. Fr. Crispino se rendit chez elle, et l'exhorta vivement à accepter la croix qui lui était imposée, et à se résigner pleinement à la volonté divine. Cette bonne dame écoutait avec une grande attention, et parut se rendre à ses pieuses exhortations. Mais bientôt la nature reprit le dessus, et fit prévaloir le désir de la guérison et l'horreur de la croix : « Ecoutez-moi, reprit Fr. Crispino, il faut confier votre désir à la douce Mère, et lui promettre d'accepter ce qu'elle choisira pour vous ».

A ces mots, il sortit un petit tableau représentant la sainte Vierge qui tenait le divin Enfant dans ses bras. Il le montra à la malade, en lui disant que la source de toute consolation était dans ce petit Enfant. Cécile fixa ses regards sur la sainte Image ; et voilà que tout à coup, elle vit le divin Enfant, tout resplendissant de lumière se détacher du bras de sa Mère, et se placer sur la main du Bienheureux, comme autrefois il descendait du ciel sur le Bréviaire de saint Antoine de Padoue. Cette dame ne put contenir ses transports de joie : « Ah ! qu'il est beau !... Jésus !... mon Jésus ! ». Et sa voix vibrait de l'inexprimable émotion qui remplissait son âme.

A ses exclamations, les personnes de la maison accoururent auprès d'elle, ainsi que le curé de Saint-Sauveur qui venait d'entrer pour lui faire visite. Mais au même instant, Fr. Crispino approcha la main vers le tableau comme pour rendre « le doux Petit » à sa Mère. L'enfant, en effet, s'élança dans les bras de Marie ; le Bienheureux cacha l'image miraculeuse et se retira. Cécile, devant cette vision du ciel resta quelque temps sans pouvoir proférer une seule parole et comme hors d'elle-même. A la nouvelle de ce qui venait de se passer dans cette chambre, les enfants de Cécile et le curé de Saint-Sauveur courent au couvent de l'Immacolata pour voir le tableau miraculeux, et implorer la bénédiction du Bienheureux. Fr. Crispino voulut dissimuler le miracle, mais ce fut en vain : il dut les bénir, et leur promettre de retourner auprès d'eux le lendemain. Il y alla en effet, et après avoir blâmé la malade de ce qu'elle n'avait pas gardé le secret sur le prodige de la veille, il défendit sévèrement à ses enfants d'en parler. Ensuite il affermit Cécile dans la résignation : et depuis ce moment, celle-ci se conforma en tout à la volonté divine, acceptant avec amour les souffrances du temps, afin de mériter le bonheur de l'éternité dont elle avait ressenti un avant-goût en ce seul instant de joie, rapide comme l'éclair, profond comme l'infini.

Les faits prodigieux, en se multipliant, rendaient les sollicitations plus nombreuses et plus pressantes. Le concours était parfois un véritable encombrement à la porte et dans les cloîtres du couvent. Fr. Crispino ne s'appartenait plus, et la vie de calme qui lui avait été promise, était, en fait, plus fatigante que son emploi de quêteur.

D'un autre côté, les Orviétains ne se résignaient pas à son absence, et mettaient tout en œuvre pour faire revenir leur Protecteur. Après plusieurs démarches auprès des Supérieurs de Rome qui, pour gagner du temps, ajournaient sans cesse la réponse définitive, la ville d'Orvieto envoya à Rome une délégation du clergé, de la magistrature et du peuple. Les délégués avaient mission de faire tous leurs efforts pour obtenir le retour de Fr. Crispino, et, en cas de refus, de signifier aux Supérieurs de Rome, l'ultimatum de la ville, exécutoire dans un délai de quelques jours, et qui était celui-ci : Jusqu'au retour de Fr. Crispino, les capucins d'Orvieto ne seraient plus appelés ni pour la prédication, ni pour la confession, ni pour aucun autre ministère spirituel. Quant aux frères lais, quêteur, jardinier, linger, charpentier, défense de leur donner ou prêter quoi que ce fût, comme d'accepter de leur part, ou de leur rendre le moindre service !

Les délégués Orviétains accomplirent de point

en point leur mission : et les Supérieurs de la province romaine, devant des instances si pressantes, appuyées sur une sanction si radicale, décidèrent que Fr. Crispino retournerait à Orvieto.

On était alors à la fin de l'année 1774. Il n'y avait pas encore un an que le Bienheurex avait quitté Orvieto pour venir à Rome.

CHAPITRE XXII.

NOUVEAU SEJOUR DU BIENHEUREUX A ORVIETO

(1744-1748)

Fuite clandestine de Fr. Crispino. — Halte à Viterbe et visite du Cardinal Accoramboni. — Ovations populaires au « *pauvre âne, éclopé et vieilli* ». — La *loupe d'oraison*. — Foi héroïque de Rosa Marguti récompensée par un miracle. — La substitution dans les souffrances. — Les ennemis de l'évêque de Bagnorea convertis par le Bienheureux.

L'obédience du Fr. Crispino fut tenue secrète, et son départ de Rome, en pleine nuit, par un chemin isolé, ressemblait à la fuite d'un coupable. L'important pour le Bienheureux était de se soustraire aux démonstrations du peuple. Mais ce qu'il réussit à éviter en quittant Rome, il dut le subir en arrivant à Viterbe. Là, toutes les précautions prises pour passer inaperçu, ne servirent qu'à répandre plus vite la nouvelle de sa présence, et à provoquer les mêmes enthousiasmes qu'à son premier voyage.

Le Cardinal Accoramboni se trouvait alors à Viterbe, auprès de sa sœur, religieuse du Couvent de S. Rose. Il voulut voir le Bienheureux et l'emmena à Sainte-Rose, dans sa voiture, pour la consolation et l'édification de tout le monastère. On s'attendait à posséder Fr. Crispino à Viterbe pendant quelques jours; mais la nuit suivante il repartit pour Orvieto.

Dans cette ville, l'éveil avait été donné, et les ruses les mieux combinées n'auraient pas réussi à cacher l'arrivée de Fr. Crispino. Il dut se résigner à l'ovation. Le peuple était accouru à sa rencontre et lui fit escorte, au milieu des vivats et des acclamations les plus chaleureuses. Le thaumaturge était de retour; mais lui qui avait fait tant de prodiges ne put, en ce moment, faire celui d'échapper à la foule enthousiaste; et le trajet, des portes de la ville au couvent, fut vraiment pour l'humble frère la voie douloureuse. Toutefois son âme tressaillait lorsque les acclamations du peuple s'adressaient à la Sainte Vierge, — « Oh! oui, vive notre mère! Vive Marie! » — « Eh bien! Frère Crispino, lui dit le P. Gardien en le recevant à la porte du couvent, vous voilà bien fatigué? » — « Ah! Père Gardien, j'aurais bien voulu paraître frais et gaillard devant ce peuple qui nous aime tant; mais que peut un pauvre âne éclopé et vieilli?! ».

A Orvieto, Fr. Crispino reprit son emploi de quêteur, et, avec cet emploi, la pratique des mêmes vertus. Au dehors c'était la même modestie, le même zèle aimable et jovial pour la gloire de Dieu, et surtout la dévotion à Marie ; la même charité à l'égard des malades, des prisonniers, des pauvres, de tous ceux, en un mot, dont il pouvait soulager quelque misère. Au dedans, c'était la même assiduité à la prière : il passait des heures entières, à genoux, devant le très-saint Sacrement, ou devant la chère image de sa Mère : et si ses infirmités ne lui permettaient plus les mêmes austérités, cette privation forcée fut sa plus dure souffrance.

Les miracles aussi recommencèrent, et dans une telle mesure que le peuple les constatait comme une chose toute simple. Nous ne rapporterons ici que les prodiges opérés dans des circonstances plus saillantes ou plus instructives.

Le P. Jérôme de Gradoli passait au couvent d'Orvieto pour se rendre à l'infirmerie de Viterbe. Il avait, au genou, une de ces fortes loupes, connues, dans les noviciats, sous le nom plaisant de *loupes d'oraison*, parce qu'elles viennent de la fatigue qu'éprouvent les jeunes religieux à se tenir longtemps à genoux. Ce mal, habituellement peu douloureux et transitoire, avait pris, chez ce jeune Père, un caractère chronique et aigu qui résistait à la cure ordinaire des médecins. Les religieux d'Orvieto lui conseillèrent de faire bénir, par le Bienheureux, le genou malade. Et en effet, le soir venu, le P. Jérôme alla trouver le serviteur de Dieu qui priait à l'église. Il le vit prosterné devant le tabernacle, et absorbé dans une profonde contemplation. Ne voulant pas le distraire, il se mit lui aussi à faire oraison. Soudain, une voix mystérieuse, très distincte et qui vibrait sans aucun bruit, s'adressa à Fr. Crispino : « Bénis ce genou malade ! ». Le P. Jérôme s'approche du saint vieillard : il le voit tout transfiguré : son regard rayonnait d'une joie céleste, et projetait sur tout le visage une lumière douce et tendre comme un reflet d'aurore.

Le P. Jérôme le contemplait avec ravissement ; mais le serviteur de Dieu, revenant aussitôt de son extase, se tourna vers lui, bénit le genou dolent, et le congédia en lui recommandant de ne révéler à personne ce qu'il venait de voir et d'entendre. Le P. Jérôme accepta la bénédiction et la guérison qui suivit de près, mais non le secret que Fr. Crispino lui imposait.

C'était d'ailleurs bien en vain que le serviteur de Dieu cherchait à cacher les dons surnaturels qu'il recevait du ciel. Ils apparaissaient, malgré lui, à la gloire de Dieu et pour l'édification du peuple.

La Dame Rosa Marguti avait obtenu, par l'intercession du Serviteur de Dieu, plusieurs grâces vraiment miraculeuses. Un de ses enfants fut atteint d'un mal étrange que la médecine, après de vains efforts, se déclara impuissante à caractériser et à guérir. Le corps du pauvre enfant était tout couvert d'excroissances séreuses et de tumeurs qui affectaient la forme de la lèpre. La poitrine, tantôt démesurément dilatée et tantôt rétrécie, donnait une respiration bruyante ou un sifflement aigu.

Affolée de douleur devant les souffrances de son enfant, Rosa Marguti suppliait les médecins de le soulager, s'ils ne savaient le guérir : « Nous n'y pouvons rien : dans quelques heures, le pauvre enfant sera délivré de tout mal ». A cette réponse, la mère prend l'enfant dans ses bras : « Si vous n'y pouvez rien, la Madone de Fr. Crispino y pourra quelque chose ! » Et malgré toutes les observations, elle court à l'hospice du Serviteur de Dieu. Il était parti pour le bourg voisin de Lubriano. Rosa Marguti, sans hésiter un instant, va le rejoindre. Fr. Crispino touché de sa douleur, prend dans ses bras le pauvre enfant qui paraissait ne plus respirer, le presse contre sa poitrine, le baise au front, touche un à un ses petits membres raides et endoloris. Les membres, à ce contact, reprennent leur souplesse, les tumeurs disparaissent ou tombent comme des écailles ; et le Bienheureux rend l'enfant à sa mère, en lui disant : « Aie soin de faire de lui un bon chrétien ! ».

Le fait suivant confirme la doctrine de la réversibilité des souffrances, mais uniquement dans la mesure des desseins providentiels.

La femme d'Angelo Piscitelli était sujette à des convulsions spasmodiques, à des crises nerveuses si violentes et si douloureuses, que, dans ses accès, elle mettait en pièces les objets les plus durs, et rompait, comme un mince fil, les liens les plus solides. Elle eut recours au serviteur de Dieu et lui demanda de la délivrer de ce mal affreux qui inspirait l'épouvante à tous ceux qui l'approchaient. Fr. Crispino lui répondit : « Ce terrible mal est votre salut. C'est avec cela que vous payez par avance votre place au Paradis. Supportez-le donc en patience ». La pauvre femme baissa la tête et se retira, momentanément résignée à la volonté divine. Mais bientôt après, les crises devinrent plus violentes, les contorsions et les douleurs plus effrayantes ; et elle retourna auprès du bon Frère en le suppliant de la guérir. — « Vous guérir, répondit le saint vieillard, profondément ému de cette grande misère ; vous guérir, je ne le puis pas, car ce mal est voulu de Dieu pour votre salut. Mais je puis peut-être vous soulager en souffrant à votre place ces douloureux accès. Priez donc le Seigneur de me les envoyer à moi, et de vous en délivrer ».

Aux premiers symptômes de crise, la malade,

qui était d'ailleurs une excellente chrétienne, se tourna vers son Crucifix et conjura le Seigneur de la délivrer de ses souffrances, puisque Fr. Crispino s'était engagé à les supporter pour elle. Sa prière fut exaucée : au même instant, la crise cessa, pendant que le Bienheureux se tordait convulsivement sous l'étreinte de la douleur, à tel point que ses frères crurent qu'il allait mourir. L'accès dura près de huit jours, avec des alternatives de mieux relatif et de recrudescences effrayantes. Au bout de huit jours, le mal disparut ; mais Fr. Crispino n'était plus le même. Ses frères qui avaient admiré, dans d'autres souffrances son calme souriant et joyeux, s'étonnèrent de le voir, après cette épreuve, dans un état d'abattement, de mélancolie et de préoccupation. Dès qu'il put sortir, Fr. Crispino alla trouver la malade : « Reprenez votre mal, lui dit-il : il est pour vous, et c'est à vous que la miséricorde divine accorde, pour le supporter, des grâces que je n'ai pas ». Chose admirable ! à partir de ce moment, la pauvre infirme, eut, comme par le passé, ses accès périodiques : mais toujours elle se sentait soutenue par une force intérieure qui éloignait jusqu'à la pensée de la tristesse et du découragement, et sa mort fut celle d'une prédestinée.

La vie du saint vieillard devenait de plus en plus retirée. La marche lui était pénible, et plus d'une fois son compagnon avait dû le relever, après une chute, et le porter à bras au couvent. Toutefois une circonstance se présenta qui força le Bienheureux à faire une course assez longue, pour accomplir un acte de charité.

Quelques laïques de Bagnorea, froissés d'une disposition administrative de l'Evêque, s'étaient unis pour lui faire opposition. Le démon attisait cette haine qui, après les récriminations, les calomnies, les menaces, se traduisit par des libelles satiriques et des placards outrageants. Fr. Crispino apprit un jour que ces malheureux s'étaient réunis dans une maison de campagne pour préparer, contre le digne Prélat, une démonstration scandaleuse. Il part aussitôt, se traîne jusqu'à cette maison qui était assez éloignée et arrive inopinément au milieu de l'assemblée. Il expose à ces hommes la gravité de leur faute et l'injure qu'ils font à Dieu même, en s'attaquant à son ministre. Il les supplie, avec une ferveur si touchante, de mettre fin à tous ces scandales, que les coupables, attendris, bouleversés, l'assurent, au même instant, de leur repentir et lui promettent de changer de conduite. « Il en était temps, reprend Fr. Crispino d'un ton grave et menaçant, le châtiment allait éclater. Mais à cause de votre repentir, il ne fera que vous épouvanter sans vous causer aucun préjudice ». En effet, peu de jours après, il y eut des tremblements de terre si violents, qu'on ne se rappelait pas d'en avoir ressenti de pareils dans le pays. Toute la ville fut saisie de frayeur, mais on n'eut à déplorer aucun accident, ainsi que l'avait prédit le serviteur de Dieu.

CHAPITRE XXIII

INFIRMITES DU BIENHEUREUX. — SON DEPART
D'ORVIETO

Fr. Crispino est déchargé de son emploi de quêteur. — Il ne sort plus que pour aller servir la messe à son Supérieur. — Le *chocolat* de Fr. Crispino. — Recrudescence de son mal. — Exercice préparatoire à la mort. — La religieuse et les quatre numéros gagnants. — Fr. Crispino, en quittant Orvieto, reçoit les témoignages d'affectueux regret de toute la ville.

Fr. Crispino avait atteint ses quatre-vingts ans, et ses forces s'achevaient. Un rhumatisme articulaire contractait ses membres, plus particulièrement les mains et les pieds. Son estomac débilité n'acceptait plus qu'une nourriture insuffisante; et tout ce pauvre corps exténué ne se soutenait, disaient ses confrères, que par habitude et par l'énergie de l'âme.

Mais quelles que fussent son énergie et sa force d'âme, il ne lui était plus possible de continuer son office de quêteur. Le Père Gardien le déchargea de cet emploi, et lui permit seulement de l'accompagner, pour lui servir la messe, quand il allait la célébrer en dehors du couvent.

Ce fut à cette occasion que le bon Fr. Crispino, déjà octogénaire s'habitua au chocolat, qui était, pour l'époque, un déjeûner de luxe.

Les religieuses Tertiaires du couvent de S. Bernardin, un jour de fête après la Messe, invitèrent le P. Gardien et son clerc habituel à prendre un petit déjeûner, avant de remonter au couvent. Devant la tasse de chocolat qui lui avait été servie, le saint vieillard demanda naïvement si ce bouillon noir ne chercherait pas querelle à son estomac. — « Prenez sans crainte, Fr. Crispino, dit le Supérieur : cela vous fera du bien : c'est du chocolat ». — « Ah ! c'est du chocolat ! » et avec une avidité enfantine, il saisit la tasse, et en absorbe d'un trait le contenu. — « Mais c'est bon le chocolat, Père Gardien, c'est très-bon, et je sens que mon estomac s'en accommode à merveille ».

A partir de ce jour, et sur l'avis du Docteur qui venait fréquemment visiter le saint vieillard, le P. Gardien obligea Fr. Crispino à prendre régulièrement ce *bouillon noir*, qui réconfortait son estomac délabré et rebelle à toute autre nourriture.

Mais que pouvait ce mince adoucissement contre la vieillesse et les infirmités chroniques du Bienheureux.

Un violent accès de rhumatisme dans tout le corps le cloua sur la planche qui lui servait de lit, en lui faisant endurer des douleurs atroces. Au moment des plus grandes souffrances, on n'entendit jamais une parole de plainte sortir de sa bouche ; il ne poussait pas un soupir, et répondait toujours aux interrogations anxieuses de ses frères : « Je vais bien, très-bien même, pour mon âge ! » Il aurait pu dire comme S. François de Sales : Je ne suis jamais mieux, que quand je suis plus mal ; ou plutôt ceux qui le voyaient souffrir, lui appliquaient cette maxime admirable. Et en effet il faisait paraître une joie et une sérénité d'autant plus grandes que le mal le torturait plus vivement.

Un jour, comme son compagnon lui témoignait la peine qu'il éprouvait de le voir tant souffrir, le Bienheureux lui répondit dans un moment de distraction ou de ferveur inconsciente : « Mon bien cher frère, ne vous affligez pas à mon sujet : le bon Maître ne pouvait mieux me consoler : la demande que je lui ai faite avec le plus d'ardeur et de persévérance, était d'avoir une longue vie pour souffrir davantage. Et maintenant que je me vois exaucé, ne dois-je pas me réjouir ? ».

Une seule chose fit de la peine au Bienheureux pendant sa maladie à Orvieto. Le Docteur qui venait le visiter depuis longtemps, ne s'était point encore aperçu que Frère Crispino reposait sur une planche nue, car il avait su disposer toute chose avec tant d'art, qu'il semblait étendu sur un lit très confortable. Quand le médecin découvrit la ruse, il ne put contenir son étonnement, et dit au Père Hyacinthe qui l'avait accompagné auprès du malade : » Mais, Père Gardien, Fr. Crispino est couché sur les planches nues, et pourtant aucun mal ne réclame plus de soulagement que le sien ! » Le supérieur fit apporter aussitôt un matelas, et commanda que le lit du cher malade fût convenablement disposé. Le Bienheureux ne fit aucune difficulté à cet arrangement. Mais quand ses visiteurs lui demandaient des nouvelles de sa santé, il répondait : « Voyez, voyez, comme notre bon Père Gardien m'a fait arranger commodément ! Je lui en suis obligé, il a fait tout cela pour une excellente fin. Et cependant, sur le lit que j'avais ajusté tout exprès à ma mesure, il me semblait que je reposais mieux que sur cent matelas ». Comme si, pendant sa maladie, il n'y eût que les soulagements apportés à ses douleurs, qui fussent capables de le faire souffrir !

Les infirmités s'aggravaient de jour en jour. Il était évident que son pèlerinage ici-bas touchait à son terme. Le saint vieillard se reprochait d'avoir fait si peu pour gagner le ciel, et il redoublait de ferveur et de prières. A ses pratiques de piété, il ajouta l'exercice préparatoire à la bonne mort. On le surprit souvent, étendu sur une planche, une pierre pour oreiller, un crucifix à la main, récitant avec un grand sentiment de componction, les belles prières de la liturgie pour la recommandation de l'âme.

Ses entretiens, avec ses confrères et ses nombreux visiteurs, plus particulièrement avec le Marquis Gualtieri, son intime ami, n'avaient plus, pour objet, que le bonheur du ciel, l'éternelle joie de vivre en Dieu, dans la compagnie de la sainte Vierge et des Saints.

Cette pensée constante des nobles destinées se reflétait dans toutes ses conversations, non sans utilité pour ses interlocuteurs.

Une religieuse lui demanda un jour, mais sous le plus grand secret, disait-elle, une faveur spéciale.

— « Que désirez-vous ? »

— « Je voudrais, reprit la religieuse, trois numéros gagnants à la loterie (1) ».

— « Eh bien, poursuivit Fr. Crispino, vous ne m'en demandez que trois, et moi je veux vous en donner quatre très-sûrs ; écrivez donc : *Mort*,

---

(1) Il n'est pas rare en Italie, surtout dans le Centre et le Midi, de trouver des personnes, même cultivées et instruites, qui sont convaincues que les religieux connaissent, par avance, les numéros gagnants des loteries. De là, cette ridicule demande, si fréquemment adressée aux religieux : « Père, donnez-moi une terne ».

Jugement, *Enfer*, *Paradis !* Combinez bien ces quatre numéros, et vous ferez un gain éternel ! ». Cela dit, il se retira. Ces paroles, auxquelles elle était loin de s'attendre, furent, pour la religieuse, comme autant de flèches qui pénétrèrent au plus intime de son cœur. Elle remonta toute tremblante dans sa cellule : les paroles du Bienheureux se gravèrent si avant dans son esprit, qu'à partir de ce moment, elle vécut d'une vie toute nouvelle, recueillie, silencieuse et continuellement occupée à la méditation des fins dernières. Fr. Crispino, quelques semaines après, retourna à ce monastère, la fit appeler et lui annonça que le gain des quatre numéros n'était pas éloigné, puisqu'elle devait mourir dans peu de temps. Il l'appela heureuse, bienheureuse, parce que le Seigneur, en retour de sa fidélité habituelle à la grâce, et de ses derniers efforts pour bien purifier son âme, la délivrerait bientôt des misères de ce monde, pour lui donner les joies sans fin.

La religieuse annonça cette nouvelle à sa sœur, qui la voyant jeune et bien portante, ne pouvait ajouter foi à la prédiction du Bienheureux. La mort pourtant ne tarda pas à venir : mais la religieuse était préparée. Elle s'endormit doucement dans le Seigneur, pour aller jouir dans le ciel du gain des quatre numéros que Fr. Crispino lui avait indiqués.

Pour le serviteur de Dieu, l'heure de la récompense n'avait pas encore sonné. Sa demande de vivre longtemps pour souffrir davantage, était exaucée dans une large mesure. Le souffle de vie, dans ce corps brisé et exténué résistait, par miracle, aux douleurs les plus aiguës. « Je ne mourrai pas à Orvieto », avait dit un jour le Bienheureux, mais sans demander un changement de résidence.

Ce furent les Supérieurs qui prirent cette détermination. Elle s'imposait à leur charité qui voulait, par des soins plus attentifs, prolonger cette précieuse existence.

D'une part, Fr. Crispino ne pouvait demeurer au couvent, trop éloigné de la ville et d'un accès difficile aux médecins ; d'autre part, en restant à l'hospice, dans la ville même d'Orvieto, il manquait de bien des choses nécessaires, et surtout, il n'avait pas toute facilité pour assister, comme il le désirait, à la Messe et recevoir la Sainte Eucharistie.

Il fut donc résolu que le saint vieillard serait transféré à l'infirmerie du couvent de Rome. Les Orviétains, malgré leurs prétentions, bien légitimes d'ailleurs, de garder Fr. Crispino jusqu'à sa mort, n'osèrent pas s'opposer à des dispositions prises pour son bien et pour sa consolation spirituelle. Ils se dédommagèrent par les démonstrations les plus expressives de vénération et de regrets.

Dès que le prochain départ du Bienheureux fut divulgué, l'hospice des Capucins devint, pendant plusieurs jours, le rendez-vous de toute la ville ; et ceux-là s'estimèrent heureux qui purent obtenir de lui, ou même soustraire, à son insu, quelque objet dont il s'était servi. La piété populaire, ici, comme dans d'autres circonstances, devançait le jugement canonique et donnait raison, une fois de plus, à la parole sacrée : L'humble sera exalté : *Qui se humiliat, exaltabitur !*

CHAPITRE XXIV.

DERNIER SÉJOUR DU BIENHEUREUX AU COUVENT DE ROME

(1748-1750)

Départ pour Rome. — Amélioration dans l'état de santé de Fr. Crispino. — Les Quarante-Heures. — Jésus-Enfant dans les bras du Bienheureux. — Thérèse de Angelis. — Le petit prince Barberini. — La cataracte du duc de Rignano. — La Madone n'est pas sourde. — *Charité. Charité !* — Visites du Bienheureux aux Monastères de religieuses. — Le pécheur repentant. — L'avare qui a la goutte aux pieds et surtout aux mains. — Le riche prodigue converti. — Les scrupules de Paula Schiavetti et sa bonne volonté. — Ruses du démon contre une religieuse. — Priez à *mon* intention. — Prédiction à Victoire Antonucci. — La Dame Marie Romolini porte dans son sein un futur Général d'Ordre.

Le matin du 13 mai 1748, à la première aube, la voiture du marquis Falzacappa s'arrêta devant la porte de l'hospice des Capucins. Fr. Crispino accompagné d'un Père chargé de donner ses soins au pauvre vieillard, quitta cette ville d'Orvieto qu'il avait tant aimée, et se dirigea vers Rome.

Le voyage dut se faire lentement à cause des douleurs du serviteur de Dieu : et ce fut seulement au crépuscule du 14 mai, que Fr. Crispino put être installé dans sa petite chambre de l'infirmerie.

Le repos et les soins des infirmiers eurent un résultat inespéré. Au bout de huit jours, Fr. Crispino pouvait, appuyé sur son bâton, descendre seul à l'église du Couvent, et rester de longues heures aux pieds du S. Sacrement, ou dans la chapelle de l'infirmerie. Il ne désirait rien de plus. Ce calme d'une vie perdue en Dieu se reflétait sur son visage par une expression d'ineffable douceur, et donnait à sa joie habituelle, un attrait qui le rendait de plus en plus cher à ses frères.

A l'approche des Quarantes-Heures qui se célébraient en grande pompe dans le couvent (1), Fr. Crispino sembla redoubler de ferveur. Avait-

---

(1) Cette solennité exceptionnelle des Quarante-Heures, dans les couvents des FF. Min. Capucins, rappelle une gloire et un devoir de l'Ordre.

L'Adoration expiatoire, sous la forme spéciale dite des Quarante-Heures, a été fondée en 1536 par un religieux Capucin de la Province de Milan, le P. Joseph de Ferno, de l'illustre famille des *Plantanide*. Homme de haute valeur intellectuelle et d'une éminente sainteté, le P. Joseph se fit, dans ses éloquentes prédications, l'apôtre et le législateur attitré de cette œuvre admirable de réparation et de supplication eucharistique. Ses confrères vinrent à son aide, et les Quarante-Heures, établies d'abord dans le Milanais et la Lombardie, furent bientôt une pratique commune à tous les Diocèses d'Italie, d'où elle se répandit dans toute la chrétienté. Pour récompenser le zèle des prédicateurs Capu-

il le pressentiment de la faveur insigne qui l'attendait ? — Son adoration s'était prolongée presque sans interruption, pendant toute la journée, jusqu'à une heure avancée de la nuit. Le saint vieillard, absorbé dans la contemplation du mystère d'amour, appelait sans doute, de toute l'ardeur de son âme, l'heure qui lui donnerait l'Eucharistie sans voile : « *Veni, Domine Jesu, veni !* ». Et il vint en effet, sous la forme d'un petit enfant, se reposer dans les bras du Bienheureux, sourire à son regard, s'offrir à ses tendresses. Les Anges adoraient dans les bras du vieillard leur Souverain Seigneur, et leur chant d'une douceur infinie, de-

cins et témoigner sa haute satisfaction des heureux fruits de cette dévotion, le S. Siège a accordé à l'Ordre un privilège très-caractéristique : ce sont toujours les Capucins de Rome qui doivent, à la Basilique de S. Jean de Latran, Mère et Maîtresse de toutes les églises, ouvrir les Quarante-Heures.

Le P. Joseph de Ferno mourut en odeur de sainteté, à Milan, en l'an 1556. Ses compatriotes ont conservé avec respect sa maison paternelle. On voit encore aujourd'hui sur la porte d'entrée, une fresque antique représentant le P. Joseph qui tient le S. Sacrement et prêche au peuple. L'inscription porte : Joseph Plantatida Fernensis Patrum Capuccinorum Definitor Genlis et Institutor Quadraginta Horarum.

Dès les premières années de cette institution, nous trouvons plus de quarante Auteurs Capucins qui ont écrit, sur cette Œuvre, des Traités, des *Directoria*, ou des Sermons.

(Voir : *L'Apostolo del Sacramento*, ovvero l'Ordine de' Cappuccini e l'Esposizione delle Quarant' Ore. — Racconto storico-morale del P. Pellegrino da Forli. Messina 1879.)

venait la prière même de son extase. Ce que dura cette ineffable condescendance du divin Maître envers son serviteur, nous ne saurions le dire, car cette apparition n'eut aucun témoin. Mais, au matin, le Bienheureux avait une expression si frappante, que le Supérieur lui commanda, au nom de l'obéissance, de lui révéler ce qui s'était passé. Pendant plusieurs jours, Fr. Crispino n'appartint plus à la vie réelle. Au seul nom de Jésus prononcé devant lui, son âme entrait en extase, et se perdait à contempler la Beauté entrevue.

L'amour est forcément actif. Plus le saint vieillard se rapprochait de Dieu, plus il se sentait porté à travailler pour sa gloire, pour le bien des âmes, pour la consolation des malheureux.

Nous allons le voir, près de deux années encore, malgré ses infirmités et ses quatre-vingts ans, dépenser à visiter les malades, à consoler les pauvres et les petits, comme les plus hauts personnages, ce dernier souffle de vie qui lui reste. Les Actes de béatification enregistrent, à cette date, sur les dépositions de témoins, pour la plupart oculaires, une nouvelle série de prodiges et de grâces miraculeuses.

Thérèse de Angelis, petite fille au berceau, avait sur tout le visage une tumeur cancéreuse qui commençait à ronger la joue et l'œil gauche. Sa mère la porte au couvent des Capucins, trouve le Bienheureux en prière au fond de la chapelle, et lui demande de guérir, ou tout au moins de soulager son enfant : « Pauvre petite, dit le vieillard : elle a assez souffert comme cela ! Que la Madone la guérisse ! ». Et à peine de retour à la maison, la mère s'aperçoit que le visage de son enfant n'a plus la moindre trace de ce mal affreux.

Bernardin Poggi, dont la maison était devenue, pour citer ses propres paroles un petit hôpital, obtient la visite et la bénédiction de Fr. Crispino, et le soir même tous ont recouvré la santé.

La princesse Barberini était profondément affligée d'un accident qui mettait en péril la vie de son second fils. En jouant avec son frère dans les appartements du palais, il fut poussé dans l'entraînement du jeu, et tomba lourdement contre le dossier d'un fauteuil. La contusion fut grave et douloureuse : mais le pauvre enfant, pour éviter sans doute à son frère une pénitence, ne voulut pas, pendant plusieurs jours, faire connaître son mal. Un abcès se forma au côté, qui prit des proportions alarmantes. Les médecins et les chirurgiens, après d'inutiles efforts, désespéraient de sauver le jeune prince. Sa mère eut recours à la charité du Bienheureux. Personne à Rome n'avait plus de droit à son intervention que cette illustre famille de Barberini (1).

(1) Le couvent actuel de l'Immaculée Conception, à la

Fr. Crispino aussitôt lui conseilla d'invoquer la très-sainte Vierge, et d'avoir confiance dans sa puissante intercession, en lui donnant l'assurance qu'elle lui accorderait la guérison de son cher petit malade. Cependant, après différentes alternatives de mieux et de pire, l'état du pauvre enfant devint si grave, que les chirurgiens l'avaient condamné à mourir à bref délai. Fr. Crispino était seul à ne pas désespérer. Il encourageait la princesse et lui disait toujours d'avoir confiance. Celle-ci trouvait que la guérison se faisait longtemps attendre : « Mais, vous êtes étrange ! lui dit un jour le Bienheureux d'un ton très-animé, non seulement vous voulez cette faveur, mais encore vous la voulez sur-le-champ. Et si Dieu ne veut pas vous l'accorder tout de suite ? ». Puis le bienheureux lui annonça le moment précis de la guérison. Il détermina le remède que l'on devait appliquer, et voulut que pendant ce temps, on fit une neuvaine à saint Joseph de Léonisse, Capucin. La neuvaine était à peine achevée, que l'enfant était guéri contre toute espérance, et allait lui-même au couvent remercier le serviteur de Dieu.

Place Barberini, fut bâti par le P. Antoine Barberini avec les offrandes spontanées du patriciat romain, mais surtout des membres de sa famille, et plus particulièrement du Pape Urbain VIII, son frère.

Le Duc de Rignano était atteint de la cataracte aux deux yeux. Il s'adressa à un excellent chirurgien qui, sans donner grande espérance, estima qu'on pouvait tenter l'opération sur un œil seulement, l'autre étant complétement perdu. L'opération réussit très-mal, et le noble malade, sans y mieux voir, souffrit plus cruellement. Découragé, abattu, il se fit conduire dans la cellule du Bienheureux, moins pour lui parler de son mal, que pour trouver dans cet entretien, quelque force contre sa tristesse et son désespoir. — « Prions ensemble, cher Duc », lui dit Fr. Crispino ; et ils s'agenouillèrent devant l'image de la Madone. Le Duc était encore à genoux que Fr. Crispino se lève, et touche du doigt l'œil endolori. A ce contact, la douleur s'apaise, et le malade, ivre de joie, s'aperçoit qu'il commence à distinguer vaguement les objets. — « Mais c'est un miracle, un vrai miracle ! s'écriait-il hors de lui ». — « Eh ! pourquoi le crier si haut, répond paisiblement le Bienheureux : la Madone n'est pas sourde ! Si vous continuez à la prier, Elle achèvera ce qu'Elle a commencé ». Puis il conseilla au Duc de faire faire l'opération sur l'œil que l'on disait perdu.

Le chirurgien n'était pas de cet avis, mais il dut céder enfin aux instances du malade. L'opération réussit à merveille, et bientôt le Duc avait pleinement recouvré la vue.

Un soir, le Bienheureux rentrait très-fatigué au couvent, lorsqu'une Dame, qui paraissait venir de loin, se présente à la porte, demandant à lui parler. Les religieux la prièrent de revenir à un autre moment, parce qu'il était tard et que Fr. Crispino avait besoin de repos. La pauvre Dame qui désirait vivement voir le Bienheureux à cette heure même, éleva la voix, et dit avec force : « Ah ! par charité, laissez-moi lui parler ! ».— Fr. Crispino l'entendit : le mot de charité toucha son cœur, il revint sur ses pas, en disant : « Charité ! Charité ! Venez, venez sans crainte, je vous entendrai bien volontiers ». Puis il écouta avec sa bienveillance ordinaire, tout ce que cette dame avait à lui dire, et la renvoya toute consolée.

Un domestique se présenta au P. Gardien, et le pria au nom de son maître, d'envoyer Fr. Crispino visiter un malade réduit à l'extrémité. Le P. Gardien répondit que personne n'était plus malade que Fr. Crispino, puisque accablé par les années, et par de nombreuses infirmités, il avait peine à se mouvoir : il était donc raisonnable d'avoir pitié de lui, et de se contenter de ses prières. Il parlait encore, lorsque Fr. Crispino parut à l'improviste devant lui, le salua humblement, et lui dit : « Ah ! Père Gardien, si votre Paternité y consent, je puis, oui, je puis aller ». Le

Supérieur qui n'avait pas entendu venir le frère, fut tout étonné de le voir en sa présence : mais il fut encore plus édifié de sa grande charité. Il lui donna avec bonheur le mérite de la sainte obéissance pour aller visiter ce malade.

Les couvents de religieuses si nombreux à Rome, étaient tous, à cette époque, soumis à la loi de clôture rigoureuse, et il fallait, pour chaque visite, une permission spéciale. Le Cardinal Vicaire, sur les instances de plusieurs communautés, dérogea à cette clause canonique, et il autorisa, bien plus il exhorta Fr. Crispino à visiter souvent les religieuses, qui le demandaient avec instance. Le saint vieillard n'avait pas besoin d'être stimulé pour accomplir ces actes de charité. Il allait fréquemment s'entretenir avec les religieuses, et sa visite était toujours une bénédiction pour elles. Il relevait le courage des faibles, dissipait les doutes de celles que le scrupule ou les tentations de l'ennemi plongeaient dans les ténèbres : il animait celles qui marchaient plus généreusement dans le chemin de la vertu ; souvent aussi il guérissait les malades. Ses paroles toutes brûlantes, quand il parlait de Dieu ou des choses du ciel, ravivaient le zèle de la perfection dans toutes les âmes. Mais par-dessus tout, il aimait à parler de la sainte Vierge : il recommandait aux Religieuses la plus tendre dévotion envers Marie ; il leur parlait de ses glorieux privilèges, racontait les faveurs signalées obtenues par son intercession : et il pouvait, certes, en parler par expérience. Il insistait tellement sur ce point, que chaque couvent vit se multiplier les pratiques de dévotion en l'honneur de la Mère de Dieu.

C'était les âmes surtout que le Bienheureux allait visiter et guérir. Un homme, valet de chambre dans une très-noble famille, s'abandonnait sans frein depuis très longtemps aux péchés les plus dégradants et les plus honteux. Il souhaitait de se corriger, mais il n'avait pas le courage de prendre les moyens nécessaires. Bourrelé de remords, il résolut enfin de manifester le triste état de sa conscience au serviteur de Dieu, qu'il voyait toujours si bon, si aimable et si compatissant. Un jour donc, comme Fr. Crispino allait sortir de la maison de son maître, ce serviteur se jeta aux pieds du Bienheureux, et se mit à éclater en sanglots, sans pouvoir articuler une seule parole. L'homme de Dieu fut aussitôt éclairé par une lumière céleste, et vit l'état lamentable de ce pécheur qui commençait à raconter à haute voix, les crimes et les hontes de sa vie. — « Assez, assez, dit Fr. Crispino. Ce soir même, je commencerai pour vous une neuvaine à ma souveraine Mère, qui tient dans ses mains la divine miséricorde. Faites de même ; et soyez bien attentif aux mouvements de la grâce : elle vous conduira tout repentant aux pieds d'un confesseur, et dans la suite, vous aidera à persévérer. » — Le neuvième jour, le pécheur repentant allait s'agenouiller au tribunal de la pénitence, avec la volonté énergique de ne plus retomber dans ses péchés d'habitude, et il mena, dans la suite, une vie très-édifiante.

Si le Bienheureux accueillait avec bonté les pauvres pécheurs qui voulaient se corriger, il savait aussi, dans l'occasion, parler avec force à ceux qui s'obstinaient dans leurs crimes. Un homme, atteint de la goutte aux pieds, fit appeler Fr. Crispino, et le pria de le bénir et d'intercéder pour lui, afin d'obtenir sa guérison. « Il voulait, disait-il, accomplir un vœu qu'il avait fait d'aller à la sainte maison de Lorette ». Mais cet homme était avare ; il ne payait pas régulièrement ses ouvriers, et les serviteurs de la maison ne recevaient pas fidèlement leur salaire. Le Bienheureux avait tout particulièrement ce crime en horreur. Aussi, en abordant le malade, il lui dit brusquement : « Vous souffrez de la goutte aux pieds, mais beaucoup plus encore aux mains, puisque vous ne pouvez pas, à ce qu'on dit, les ouvrir pour payer vos serviteurs et vos ouvriers. Aussi avez-vous l'âme plus malade encore que le corps. C'est l'âme qu'il faut guérir d'abord. Si donc vous voulez être délivré de votre infirmité, vous devez d'abord satisfaire à vos obligations envers eux : après quoi, vous pourrez aller à Lorette ». Un langage si franc déplut à l'avare ; mais, réflexion faite, il comprit que le Bienheureux n'avait aucun intérêt personnel à lui parler ainsi, et cherchait uniquement le bien de son âme. Il reconnut sa faute, fit payer tous ses créanciers, et promit qu'à l'avenir, il ne retomberait plus dans son péché. Fr. Crispino était heureux d'avoir sauvé cette âme, et assuré les intérêts de tout le personnel. Il bénit le malade, et la goutte cessa au même instant.

Un riche seigneur, venu à Rome d'un pays étranger, avait fait un mauvais usage de ses richesses par une vie très-licencieuse. On parla devant lui des merveilles sans nombre opérées par le Bienheureux, et il conçut un vif désir de le voir et de l'entendre. Une voix intérieure l'invitait à changer de vie, car il comprenait le triste état de son âme, et avait horreur de lui-même. Voulant donc à tout prix rentrer en grâce avec Dieu, il résolut d'avoir recours à la bienveillante charité du saint religieux. Sous l'impression de cette résolution, il se rendit au couvent des Capucins, et rencontra à l'improviste le serviteur de Dieu. Fr. Crispino le regarda longuement, et lui dit sans préambule : « Je me réjouis du nouveau chemin que vous voulez prendre ; c'est le bon : il vous conduira au ciel : courage donc, et vous arriverez là-haut ! » — Ce seigneur comprit que ce vieillard qui lui parlait ainsi sans le connaître, était bien l'homme de Dieu dont on lui avait fait tant d'éloges. — Fr. Crispino l'encouragea, lui apprit à connaître les voies merveilleuses de la Providence, l'exhorta vivement à correspondre à la grâce divine, et à persévérer dans ses bonnes résolutions. Cet homme était tout transformé. Il fit, quelques jours après, une confession sincère de toutes ses fautes, et pour réparer dignement sa vie criminelle, il distribua ses revenus en trois parts : la première était réservée à son modeste entretien, la deuxième fut consacrée au culte et à la gloire de Dieu, et la troisième au soulagement des pauvres.

Autant Fr. Crispino excellait à réveiller les pécheurs de leur engourdissement et à provoquer en eux des sentiments de vraie pénitence, autant il savait rendre le calme aux consciences agitées de vains scrupules. La dame Paula Schiavetti était tourmentée, depuis plusieurs années, au sujet de ses confessions. Cette terrible maladie, qui est la torture des confesseurs plus encore que celle des âmes qu'ils dirigent, était passée, chez elle, à l'état, pour ainsi dire, de cercle vicieux. Avant ses confessions, elle n'était jamais assez bien préparée : après la confession, elle se reprochait d'avoir manqué de confiance en Dieu, par un examen anxieux, et d'esprit de foi, par l'insuffisance de sa contrition ; de telle sorte qu'elle craignait toujours d'avoir fait de mauvaises confessions. Depuis longtemps, elle demandait à N. S. de lui faire connaître un saint, qui pût, éclairé d'en haut, lire au plus intime de son cœur et la tirer de sa cruelle incertitude. Le Seigneur exauça son ardente prière en lui envoyant Fr. Crispino. Un jour que Paula s'était approchée des Sacrements, le Bienheureux alla la voir, et lui fit subir cet interrogatoire :

— « Dites-moi, sœur Paula, vous vous êtes confessée, et vous avez communié ce matin ? ».

— « Oui, cher Fr. Crispino ».

— « Dites-moi, vous avez fait loyalement ce que vous pouviez pour préparer votre âme à cette grâce du pardon et de la sainte communion ? ».

— « Autant que je puis le savoir, j'y ai mis, ce me semble, de la bonne volonté ».

— « Bien : la paix est promise aux âmes de bonne volonté. Quand nous faisons, non pas avec une ferveur angélique, mais avec une intention droite ce que nous pouvons pour aller à Dieu, il vient à nous pour nous bénir. Ne vous inquiétez donc plus. Quand le démon viendra vous troubler, crachez-lui au visage, et dites-lui que vous vous êtes jetée dans les bras de la divine miséricorde. Au lieu de répondre à ses insinuations qui vous attristent et vous découragent, mettez-vous à rendre grâces à Dieu pour les grands bienfaits qu'il vous a accordés, et qu'il vous accordera encore : vous l'aimez, et il vous aime. Allez donc à Lui sans crainte, comme un enfant va à son Père ! ».

C'était par ces considérations aussi simples que solides, que le Bienheureux dissipait souvent les scrupules, soit des religieuses, soit des autres personnes qui lui exposaient leurs angoisses de conscience. L'onction de ses paroles, et aussi sans doute, la bénédiction spéciale qui les accompagnait, produisait dans les âmes tourmentées un calme admirable et une confiance toute filiale.

Une religieuse désirait vivement connaître Fr. Crispino, à cause des miracles éclatants qu'on lui attribuait. Ses vœux furent exaucés. L'homme de Dieu alla la visiter, et lui dit, dès le premier abord, que le démon l'avait enlacée d'une chaîne qu'il serrait peu à peu pour la perdre. La pauvre religieuse, ne comprenant pas, ou ne voulant pas comprendre, pria le Bienheureux de s'expliquer : « Examinez les amitiés que vous entretenez en secret, et les hardiesses qu'elles vous inspirent et que vous favorisez délibérément : et vous com-

prendrez que vous vous approchez de l'abîme ».
La religieuse, plus légère sans doute que coupable, fut effrayée de cette révélation. Elle renonça à ses affections dangereuses, et brisa les liens qui captivaient son cœur et le paralysaient. A quelque temps de là, Fr. Crispino connut, par une lumière intérieure, le triomphe que cette religieuse avait remporté, et alla la revoir pour la féliciter et se réjouir avec elle; puis il lui laissa une image de la très-sainte Vierge, et lui recommanda de la placer au chevet de son lit, et de réserver à cette tendre Mère toutes les affections de son cœur.

Un jour que le Bienheureux se trouvait entouré de plusieurs personnes dans la rue des saints Anges Gardiens, une dame le tira à l'écart, et lui dit tout bas de prier pour elle : « Que le Seigneur m'exauce, répondit Fr. Crispino ; je vous rendrai bien volontiers ce service ». — « Oui, priez-le, poursuivit cette Dame, mais selon *mon* intention ». A cette parole, Fr. Crispino demeura en suspens pendant quelques instants comme s'il eût attendu une réponse d'une voix intérieure: « Oui, reprit-il, je prierai Dieu selon *son* intention : et son intention est que vous sauviez votre âme pour l'éternité; mais non selon la vôtre, puisque vous n'avez en vue, en ce moment, que des intérêts purement temporels ». Cette Dame demeura toute stupéfaite : le Bienheureux avait lu dans son cœur, car c'était bien, en effet, pour une intention toute matérielle qu'elle se recommandait à ses prières. Elle médita cette sage réponse, et apprit à s'occuper plus sérieusement des intérêts de son âme.

En 1749, la dame Marie Romolini montant précipitamment l'escalier de sa maison, fit une chute si violente, qu'elle roula jusqu'au bas de l'escalier. Cet accident était d'autant plus dangereux que la pauvre femme allait être mère. Elle ressentit bientôt de violentes douleurs, et tout faisait pressentir un avortement mortel. Le Bienheureux vint à passer : on avertit la malade, qui le fit supplier de monter pour la bénir. Mais le serviteur de Dieu, exténué de fatigue, essaya vainement de monter cet escalier trop raide. La malade se fit descendre, raconta au serviteur de Dieu son accident, et le supplia d'avoir compassion d'elle, et de la délivrer de ce grand danger. — « Marie, Marie, s'écria Fr. Crispino, dans un transport de ferveur ; au nom de Votre Fils, sauvez cette mère et son enfant ! ». Puis il étendit la main sur la tête de cette Dame : « Courage, lui dit-il : soyez dans la joie : vous donnerez le jour à un robuste garçon qui se fera religieux, et deviendra chef de son Ordre ». Le soir même, la dame Romolini fut heureusement délivrée, et mit au monde un petit enfant. En 1768, celui-ci embrassa l'Institut de S. Jean de Dieu, dont il fut, plus tard, élu Général.

CHAPITRE XXV

LE BIENHEUREUX A ROME

« Le Saint est revenu ! ». — Un théologien de l'Ordre de S. Dominique et Fr. Crispino commentant S. Thomas. — Un Père de l'Observance a l'intuition de la sainteté de Fr. Crispino. — Pas de Purgatoire. — Corradini et son étrange remède. — Le soir d'une sainte vie.

Les dons surnaturels dont le ciel se montrait prodigue à l'égard du serviteur de Dieu, et surtout l'éclat de ses vertus, faisaient l'admiration de toute la ville.

Le cardinal Acciaioli, protecteur de l'Ordre des Capucins, faisait appeler le Bienheureux dans toutes les circonstances difficiles : et s'il ne se trouvait pas à Rome, il lui écrivait pour lui demander ses conseils et ses prières. Le cardinal François Barberini, et après lui, le cardinal Ruspoli, l'un et l'autre protecteurs de l'Ordre, avaient pour le saint religieux la même estime et la même vénération. Les cardinaux Accoramboni, Gualtieri, Albani et Ruffo faisaient leurs délices de sa conservation. La parole de Fr. Crispino toujours affable et enjouée, était attrayante et édifiante tout à la fois. Cependant, s'il s'apercevait que la seule curiosité avait amené ses visiteurs, il ne répondait que quelques mots de simple politesse, et cherchait une excuse pour se retirer. C'est ainsi qu'un jour, abordant un de ces illustres visiteurs, il lui dit en souriant : « Je m'en viens à pas lents : je vous salue, et je vous laisse ».

Le saint est revenu ! s'écria Monseigneur Sébastien Corea, en apprenant que Fr. Crispino était de nouveau fixé au couvent de Rome. Un savant théologien, de l'Ordre de Frères Prêcheurs, à cette exclamation, estima qu'il ne convenait pas de devancer le jugement de l'Eglise, et de canoniser ainsi un homme pendant sa vie. Le Prélat voulut lui prouver que son affirmation n'avait rien de téméraire, et le pria de l'accompagner un jour au couvent des Capucins. Ils allèrent donc ensemble visiter le serviteur de Dieu. Le Père Dominicain l'interrogea sur différents sujets ; Fr. Crispino répondit à chaque question en peu de mots, mais toujours avec beaucoup de sagesse et de lucidité. La conversation s'anima bientôt ; le savant théologien la fit tomber sur la charité, et à ce propos, il cita un passage de S. Thomas d'Aquin. Ce sujet enflammait l'homme de Dieu : l'esprit divin l'éclaira, la doctrine du Docteur Angélique le transporta : prenant donc à son tour la parole, il acheva la citation de saint Thomas, désigna la Distinction et la Question où le saint

Docteur expose cette doctrine, et se mit à la commenter en termes sublimes : et, chose plus étonnante encore, le saint vieillard parlait latin, bien qu'il n'eût jamais appris cette langue. Le théologien fut stupéfait d'entendre un pauvre frère expliquer si clairement les questions les plus sublimes et les plus difficiles de la science sacrée. — « Sa lumière, dit-il au Prélat à la fin de cet entretien, est d'origine supérieure à la nôtre. Ce frère est un vrai saint ! » (1).

Après les membres les plus distingués du clergé, la plus haute noblesse venait à son tour auprès du pauvre frère quêteur pour s'édifier de sa piété, et se recommander à ses prières. C'étaient plus spécialement les familles Barberini, Borghèse, Altieri, Corsini, Cesi, Albini, Ruspoli,

(1) Cette scène admirable est le sujet du tableau qui se conserve dans notre église de Rome, à la chapelle de S. François où repose le corps du Bienheureux. Le Dominicain est debout avec le Prélat : son regard scrutateur, fixé sur le saint frère, semble vouloir lire jusqu'au fond de l'âme. La curiosité se mêle à la stupéfaction dans la physionomie du Théologien. Le saint vieillard est assis en face de lui : il tient à la main son bâton sans lequel il ne pouvait plus marcher à cette époque : tout son extérieur prêche la modestie et l'humilité, mais on voit qu'en même temps, il traite un sujet qu'il aime et qu'il connaît, tant la joie, le calme et le bonheur rayonnent sur son visage.

Ce tableau est l'œuvre du P. Louis de Créma, comme la plupart des peintures qui ornent le grand cloître du couvent, et dont plusieurs sont de vrais chefs-d'œuvre.

qui entretenaient avec Fr. Crispino des rapports fréquents de pieuse et intime amitié. Tous les seigneurs, venus de l'étranger pour célébrer à Rome l'année sainte du Jubilé, voulaient aussi voir le Bienheureux, avant de retourner dans leur pays.

Pendant cette année 1750, les Frères Mineurs de l'Observance célébrèrent leur Chapitre général dans la Ville Eternelle. Un des Pères, venu d'au-delà des monts pour assister au chapitre, ayant aperçu de loin Fr. Crispino, courut se jeter dans ses bras, en disant à haute voix : « Vous êtes un vrai fils de S. François, et un autre saint Félix qui vous emportera avec lui dans le Ciel. Oh! que vous êtes heureux! que vous êtes heureux! ». Et ce bon religieux ne pouvait contenir son admiration, ni se détacher des bras du serviteur de Dieu. Cependant le peuple se rassemblait autour d'eux : Fr. Crispino faisait tous ses efforts pour se soustraire aux témoignages de respect et de vénération qu'il recevait publiquement, et le Père de l'Observance le laissa aller enfin en le comblant de bénédictions. — « En vérité, dit Fr. Crispino, ce Père Observantin doit être un vrai saint. Il pense si bien des autres, parce qu'il est lui-même plein d'amour de Dieu ».

Que dire maintenant de l'affection et de la vénération du peuple pour le Bienheureux ? Sa vie tout entière en est une preuve éclatante. Quand il parcourait les rues de Rome, il était l'objet de fréquentes ovations : le peuple romain avec sa foi vive et enthousiaste se pressait autour de lui ; chacun publiait ses louanges, rappelait un miracle, ou en demandait un nouveau. Le saint frère avait peine à s'échapper, et souvent le bas de son habit fut taillé par ceux qui voulaient conserver quelque relique du serviteur de Dieu.

Cependant les infirmités de Fr. Crispino s'aggravaient de jour en jour. Ce pauvre corps, usé par tant de fatigues et d'austérités, pouvait supporter encore les disciplines et les macérations : mais la moindre marche exigeait un effort de plus en plus douloureux. Dans la force de l'âge, Fr. Crispino s'animait à la souffrance pour faire, disait-il son purgatoire ici-bas. Plusieurs fois, ses compagnons l'entendirent s'écrier, dans un saint transport: Pas de purgatoire pour moi, ô mon Jésus, pas de purgatoire ! Que je souffre ici-bas autant et aussi longtemps que vous le voudrez : mais à l'instant même de ma mort, unissez-moi à vous, ô Souverain Maître ! ». A quatre-vingts ans, son désir de la souffrance s'est purifié. La pensé du purgatoire a disparu devant un sentiment plus parfait, plus digne de la charité qui embrasse son âme. « Je souffre volontiers, répond-il un jour à son compagnon, parce que Jésus m'a aimé, et qu'il a souffert par amour pour moi! ». De là, au milieu des douleurs les plus aiguës, cette sérénité joyeuse de Fr. Crispino dont l'âme, au moins dans la fine pointe, selon la pittoresque expression de S. François de Sales, bénissait la souffrance, tandis que ses membres se contractaient sous les étreintes du rhumatisme ou de la goutte.

Un ami des Capucins, appelé Corradini, touché de voir le saint vieillard souffrir si cruellement, lui proposa un remède dont il garantissait l'efficacité. Ce remède consistait à frictionner fortement, avec la main, les membres malades.

Fr. Crispino, malgré toutes les assurances, croyait peu au résultat promis. Mais Corradini insista avec tant de zèle que le saint vieillard se laissa faire. Corradini était vigoureux, et il y allait de grand cœur. Ces étranges frictions furent, on le comprend, une véritable torture pour le malade, surtout aux genoux où le rhumatisme était arthritique. Quand la violence de la douleur arrachait au patient, non pas une plainte ni un soupir, mais un simple frémissement nerveux : « C'est bon signe, disait Corradini : le sang revient », et il frottait plus fort. Enfin, à bout de forces, il se retira en promettant de revenir. Ce fut le premier essai. Les infirmiers du couvent espéraient que ce serait le dernier. — « Que pouvez-vous attendre à votre âge, Fr. Crispino, de ce remède qui vous fait si horriblement souffrir ? ». — « Je sais bien, répondit en souriant le saint vieillard, je sais bien qu'aucun remède ne peut me soulager ; mais si je refuse, ce brave Corradini en sera peiné. Il a de si bonnes intentions et une si grande confiance dans ce remède : il faut donc le laisser faire ! ». Et l'héroïque patient subit, à deux reprises encore, les frictions de Corradini qui s'aperçut enfin que, loin de soulager Fr. Crispino, il le martyrisait.

La mesure des souffrances était comble, et proche l'heure de la récompense. Recueillons-nous pour assister avec un religieux respect aux derniers moments d'une vie si précieuse, et selon la recommandation du savant Pontife Benoît XIV, entrons dans les plus petits détails : considérons toutes les actions, écoutons toutes les paroles et tous les soupirs ; suivons même, si nous le pouvons, tous les mouvements des yeux d'un homme dont la vie admirable va s'éteindre dans une mort plus admirable encore, et dont l'âme s'élance toute joyeuse dans les bras du Dieu qu'elle a tant aimé.

Il nous est d'autant plus facile de nous conformer aux conseils du grand Pape, que les Actes du Procès enregistrent, dans leur texte original, les dépositions des médecins, des Supérieurs, et des Frères infirmiers, plus particulièrement du Fr. Mariano de Viterbe, dont le récit a, par ses incorrections même et ses naïvetés, l'éloquence de l'amitié et le charme de la simplicité.

CHAPITRE XXVI.

DERNIERE MALADIE DU BIENHEUREUX.
SA PRECIEUSE MORT.

(1750)

Les visites du *grand voyage*. — Le onze mai 1750, violent accès de fièvre. — Fr. Crispino console son compagnon. — La *Maison du Seigneur*. — Les chanoines d'Orvieto. — Le Saint Viatique. — Frère Crispino ne veut pas troubler la fête de S. Félix. — Derniers assauts du démon. — Nombreux visiteurs. — L'extrême-Onction. — Frère Crispino n'a rien à pardonner. — La fête du *Petit Vieux*. — Au ciel ! au ciel ! ». Portrait du Bienheureux.

Le terme était proche, Fr. Crispino entrevoyait déjà l'heure de la délivrance, et parlait, avec une sainte joie, de sa mort prochaine. Dans les premiers jours du mois de mai 1750, il alla, soutenu et presque porté par un compagnon, faire ce qu'il appelait ses visites d'*au revoir* à ceux qui lui étaient particulièrement chers.

Le Prince Barberini, la famille Quarantotti, la Dame Bernini, la famille des Falzacappa, attestent, dans leurs dépositions juridiques, l'allégresse, du saint vieillard, quand il leur annonça son *grand voyage.* A un ami qui, tout attristé de cette dernière visite, lui offrait avec empressement ses services pour tout ce dont il avait besoin, Fr. Crispino répondit joyeusement : « Et quel besoin puis-je avoir ! Dans peu de jours, ma souveraine Mère me rendra riche et heureux pour l'éternité ! »

Le onzième jour de Mai, Fr. Crispino appelé auprès d'un malade, et n'écoutant que sa charité, alla le bénir et le consoler. Il convenait que cet homme, si exceptionnellement bon, clôturât sa vie temporelle de dévouement, par un acte de bonté. A peine revenu au couvent, il fut saisi d'une fièvre violente, et dut se mettre au lit.

Le médecin appelé en toute hâte, constata la gravité du mal et l'impossibilité, vu la faiblesse extrême du vieillard, de couper la fièvre. Le Frère qui avait conduit le serviteur de Dieu chez le malade, se reprochait sa dureté, et demandait pardon au Bienheureux d'être cause de sa mort.

— « Ah ! plutôt réjouissez-vous, cher Frère, de m'avoir aidé à accomplir cet acte de charité.... Oui, réjouissez-vous de ce que le bon Dieu m'appelle à Lui.

— « Si au moins, vous vouliez, Fr. Crispino, m'emmener avec vous !

— « Travaillez, souffrez, mon enfant : votre heure n'est pas encore venue. Une fois là-haut... ».
Le saint vieillard, après un instant d'hésitation,

acheva sa phrase : « Oui, là haut, je prierai pour vous et pour les autres ; et vous ressentirez les effets de ma reconnaissance pour votre charité ».

Le lendemain, la fièvre était plus ardente. Le médecin déclara qu'il n'y avait plus d'espoir, et que Fr. Crispino devait se préparer à la mort. — « Dites plutôt à la joie, s'écria le saint vieillard, et il se mit à réciter à haute voix ce verset des Psaumes : *Lætatus sum in his quæ dicta sunt mihi.* Je me réjouis en ce qui m'est dit : Nous irons dans la maison du Seigneur ». Cette parole si consolante revint souvent dans son cœur et sur ses lèvres ; et on l'entendait murmurer doucement : « Dans la maison du Seigneur... dans la maison du Seigneur... avec ma souveraine et ma Mère ! ».

Immobile et paisible sur sa couche, le saint vieillard tenait ses regards fixés sur une image qui était et qui est encore en grande vénération à l'infirmerie des Capucins de Rome. Elle représente l'*Addolorata* et l'*Ecce Homo*, dont les douleurs parlent aux mourants de confiance, de résignation et de paix.

Le chapelain de l'infirmerie, le P. François de Rome, suggérait au patient quelque bonne pensée. « Rappelez-vous, Fr. Crispino, la Passion de N. S. Jésus-Christ. » — « Ah ! mon Père, elle est toute mon espérance, avec les larmes de Sa Mère ». Et on voyait au mouvement des lèvres, qu'il ne cessait de se recommander à la Mère et au Fils.

Soudain Fr. Crispino s'écria : « Oh ! ces chanoines, qu'ils sont bons ! qu'ils sont bons, ces chanoines ! ». — Cette étrange exclamation, que rien n'expliquait, fit croire aux infirmiers que la violence de la fièvre amenait le délire. Mais on sut, par après, que ce prétendu délire était encore une nouvelle grâce de seconde vue. Un ami du Bienheureux, Fr. Mondelli, chanoine de S. Marc de Rome, avait écrit à son frère, également chanoine à la cathédrale d'Orvieto, et lui demandait des prières pour le serviteur de Dieu. Or le chapitre d'Orvieto, commençait précisément un triduum, lorsque Fr. Crispino eut l'intuition de cette charité.

Les jours, pour le cher mourant, se suivaient et se ressemblaient dans cette patience inaltérable et douce qui augmentait avec la souffrance. Toutefois, Fr. Crispino laissa apercevoir à plusieurs reprises, une certaine tristesse. Il avait demandé le saint Viatique : mais le chapelain de l'infirmerie avait jugé à propos d'attendre encore un peu. Cette attente était dure au serviteur de Dieu.

Enfin, le 16 Mai au matin, on lui annonça qu'il allait recevoir la Sainte Eucharistie. Comment dire les sentiments de joie et de ferveur de son âme ? Il fit venir son confesseur ordinaire, le P. Jacques de Taggia, renouvela l'aveu des fautes de sa vie, en mêlant ses larmes de repentir à celles du confesseur, qui pleurait d'attendrissement et d'admiration. A l'approche de cette dernière visite de son Dieu, il fit un effort pour descendre de sa couche. Il voulait, disait-il, se mettre à genoux devant son Jésus, et l'adorer la face contre terre. Mais ses efforts furent inutiles : le rhumatisme avait tellement enraidi ses membres, que tout mouvement lui était impossible, et c'est alors seulement que les frères infirmiers purent constater jusqu'à quel point la violence du mal avait contracté ce pauvre corps endolori.

Le saint vieillard se fit asseoir sur sa couche, et contempla un moment la sainte Hostie que le prêtre tenait en ses mains. Il laissa échapper de son cœur des paroles toutes brûlantes d'amour, récita à haute voix les actes de foi, d'espérance et de charité, protesta à plusieurs reprises de sa croyance à la présence réelle, et ajouta qu'il avait une confiance inébranlable dans la miséricorde infinie de son Jésus. Après avoir parlé à Dieu, il se tourna vers ses frères qui l'entouraient, leur demanda humblement pardon des mauvais exemples qu'il avait donnés, et se recommanda à leurs prières. — « Nous pleurions tous, ajoute le témoin dont nous transcrivons la déposition, non de tristesse, mais d'édification et de joie, en voyant tant de ferveur unie à tant d'humilité... Il reçut la sainte Hostie avec une joie indicible : les battements de son cœur étaient si forts qu'ils imprimaient leur mouvement à son habit et que nous pouvions les compter. Après avoir reçu la sainte Hostie, il ferma les yeux, devint immobile, comme si l'âme se repliait en elle-même dans un doux repos, et nous continuâmes à prier ».

Le lendemain, dix-septième jour du mois de Mai, le médecin du couvent, le D. Badalucchi, trouva le malade excessivement faible. Le chef infirmier, Fr. Ange-Marie de Como, l'accompagna, après sa visite, jusqu'au bout du corridor, c'est-à-dire à une distance considérable de la cellule de Fr. Crispino. En descendant l'escalier, le médecin dit au Fr. Ange : « Pour aujourd'hui je n'affirme rien, mais certainement, Fr. Crispino ne passera pas la matinée de demain ». — « Je me trouvais en ce moment près de Fr. Crispino, et je n'entendis pas une seule parole du médecin, car à cette distance, on aurait à peine entendu une personne criant à pleine voix. Dieu révéla sans doute cette conversation à son serviteur, car il me dit: Écoutez, écoutez ce que dit cet homme simple : il dit que je mourrai demain, et je ne dois mourir qu'après-demain. Demain, c'est la fête de saint Félix ; il est mort avant moi, je ne dois donc pas troubler sa fête ». — Le chef infirmier revint bientôt auprès du malade: « Oh!

que vous êtes heureux, Fr. Crispino ! demain vous irez célébrer dans le paradis la fête de saint Félix ! — Non, reprit le serviteur de Dieu, non, pas demain, mais après-demain ; je ne trouble pas les fêtes ». Après cette réponse, il se mit à parler familièrement avec Dieu, et nous l'entendions dire souvent : « Quelle simplicité ! quelle simplicité ! ils ne savent donc pas que Dieu ne veut pas demain : mais ils verront qu'il en sera ainsi ».

« Un peu plus tard, poursuit le même témoin, comme je conversais seul à seul avec le serviteur de Dieu, je lui dis : Courage, Fr. Crispino, voici venu le moment de gagner le paradis. Souffrez-vous volontiers pour l'amour de Notre Seigneur ? Le malade entra aussitôt dans une sainte allégresse, et me répondit, le visage tout enflammé : J'ai déjà prié ma Souveraine Mère de me faire souffrir ici, parce que je suis disposé à tout endurer pour l'amour de son très-saint Fils ; — et aussitôt il chanta de sa voix presque éteinte son refrain habituel :

> Si grand est le bien que j'attends,
> Que toute peine m'est délices !
> Dieu me l'a donnée, Dieu me l'enlèvera :
> Que sa très-sainte volonté soit faite ! »

Ces pensées fortifiantes étaient bien nécessaires au mourant pour résister aux derniers assauts que le démon allait lui livrer.

« Dans l'après-midi je vis, non sans étonnement, Fr. Crispino dans un état d'agitation nerveuse, d'inquiétude, parfois de frayeur. Son regard semblait vouloir fuir quelque horrible image qui l'obsédait. A mes interrogations, il ne répondit que ces mots : Oh! priez, priez pour moi!... Puis je l'entendis prononcer vivement et distinctement ces paroles : Tu n'es pas mon juge, horrible bête... Il n'y a en moi rien qui t'appartienne ».

Le démon, sous une forme visible sans doute — car le patient dit à plusieurs reprises de le protéger contre un chien hideux qui l'assaillait — cherchait à le désespérer en lui rappelant la rigueur des jugements de Dieu, et l'abus de tant de grâces reçues pendant sa longue vie. C'est à ses suggestions que Fr. Crispino répondait en rejetant les accusations du Mauvais, et en multipliant les actes de confiance et de repentir. Soudain il cria d'une voix forte, au point d'être entendu dans tout le corridor de l'infirmerie: « J'ai confiance, j'ai confiance : Jésus, votre sang, votre amour... Marie, Marie, à mon secours, ô ma Mère! ». Le chapelain accourut auprès de lui, le réconforta par quelques bonnes paroles, tandis que Fr. Mariano de Viterbe aspergeait la chambre d'eau bénite. Le démon était vaincu. La lutte avait duré pendant toute la soirée et jusqu'à une heure avancée de la nuit du 17 au 18. Désormais, les quelques heures de vie mortelle qui restent au Fr. Crispino, seront recueillies et paisibles comme le crépuscule aux soirs d'automne.

Autour de lui pourtant, l'agitation était incessante. Une foule nombreuse assiégeait à chaque heure, à chaque instant, la porte du couvent. Les amis, les bienfaiteurs de Fr. Crispino, voulaient le voir une dernière fois. Les ordres très-sévères des Supérieurs, et le zèle des religieux qui formaient une sorte de cordon protecteur à l'entrée des deux corridors de l'infirmerie, ne suffisaient pas toujours à préserver le mourant de visites édifiantes pour les autres, mais bien fatigantes pour lui-même. Devant ces témoignages de vénération, Fr. Crispino disait en souriant : « Sont-ils simples nos braves amis, de tant pleurer de tant regretter un vieux tout éclopé ! » — Il fallut en venir à une mesure radicale. La porte de l'infirmerie, le 18 au matin, fut fermée, et ne s'ouvrit plus que pour les chapelains, les infirmiers de service, et les Supérieurs.

Le 18 était le dernier terme fixé par le médecin. Fr. Crispino répondait imperturbablement qu'il ne mourrait pas ce jour-là, qu'il ne voulait pas troubler la fête de saint Félix. Ses confrères avaient confiance en sa parole : mais le chapelain de l'infirmerie décida sagement qu'il ne fallait pas attendre la dernière heure pour administrer le mourant.

A la nouvelle qu'il allait recevoir le sacrement de l'Extrême-Onction, Fr. Crispino remercia avec effusion les assistants, fit venir son confesseur pour recevoir une dernière absolution, et demanda encore pardon à ses frères, à tous ceux qu'il avait peinés ou mal édifiés.

— « Et vous, Fr. Crispino, pardonnez-vous à ceux qui vous ont fait de la peine ? » — Moi, répliqua le saint vieillard en fixant le chapelain de son regard étonné et souriant ; moi, je n'ai rien à pardonner : personne ne m'a fait de la peine ! ». Admirable réponse qui suffirait à elle seule pour démontrer la sublimité de sa vertu ! On l'avait calomnié indignement, comme nous l'avons dit, auprès des Supérieurs de l'Ordre. On avait, dans bien des circonstances, dénaturé ses intentions, falsifié ses paroles, critiqué ses actions. Des séculiers, des prêtres, des confrères même dont le zèle était sans doute trop peu clairvoyant, avaient jugé, à maintes reprises, avec une sévérité outrée ses visites au dehors, ses charités, ses prophéties, ses jovialités. C'était un bavard, un gourmand, un ignorant prétentieux qui feignait de connaître les secrets divins, qui prolongeait, sans motifs, ses conversations avec toutes sortes de personnes, qui faisait étalage de sa charité. Tant reste vraie la parole de S. Paul : Tous ceux qui veulent vivre pieusement en Jésus-Christ, auront à supporter les persécutions ! Toutes ces injustices à son égard, Fr. Crispino les avait connues, et son âme ne s'en troubla jamais ! Heureux uniquement d'être en paix avec Dieu, il regardait comme absolument insignifiantes les appréciations des hommes, et attribuait à quelque erreur involontaire, les calomnies les plus noires. Il n'avait rien à pardonner !

Le Séraphique Père allait chantant, à travers la plaine d'Assise, son cantique favori : « Loué sois-tu, ô mon Seigneur, pour ceux qui pardonnent par amour de Toi, et qui supportent les souffrances et les tribulations ! Heureux ceux qui gardent la paix : le Très-Haut les couronnera ! ». Cette couronne promise à la bonté qui pardonne et qui oublie, était bien due à Fr. Crispino !

Dans la soirée du 18, le Général de l'Ordre, le Père Sigismond de Ferrare, accompagné du Procureur Général, le P. Ludovic de Turin, et du Promoteur de la Foi, Mgr. Valenti, vint visiter le moribond. — « La fête d'aujourd'hui a été bien belle, Fr. Crispino : mais celles du ciel seront bien plus belles ! ». Mgr. Valenti, croyant sans doute que Fr. Crispino ne comprenait plus, lui demanda : « Mais savez-vous quelle était la fête d'aujourd'hui ? » — « Eh ! celle du *petit vieux !* » C'était le nom que S. Félix se donnait à lui-même dans les dernières années de sa vie, et que Fr. Crispino employait aussi parfois, en parlant de S. Félix qu'il aimait tant.

La nuit fut très-calme. Le mourant ne cessait de prier, et on surprenait au souffle de ses lèvres, des oraisons jaculatoires à la Très-Sainte Vierge, à S. Joseph, à S. François : « Mon Dieu et mon Tout... Au ciel... oui, au ciel ! ».

A la première aube du 19, l'entrée de l'infirmerie fut libre. Tous les religieux accoururent vers la chambre grande ouverte de Fr. Crispino. On commença les prières de la recommandation de l'âme. Le mourant avait conservé toute sa lucidité d'esprit, et suivit attentivement les prières de la liturgie. Sa voix s'affaiblissait de plus en plus, et ce ne fut bientôt qu'un mouvement à peine perceptible de ses lèvres.

Enfin, il fixa son regard, doux et paisible, sur l'image de Jésus crucifié et de sa très sainte Mère, comme pour leur demander une dernière bénédiction, et sans agonie, sans secousse, il s'endormit ici-bas. Sa rude tâche était finie : l'heure de la récompense avait sonné. C'était le 19 Mai, mardi de Pentecôte de l'année Jubilaire 1750; Fr. Crispino était dans la 82e année de son âge, et la 57e de sa vie religieuse.

Voici le portrait que ses contemporains nous ont laissé de lui : « Il était maigre et petit de taille; son teint, primitivement pâle et délicat, avait pris une teinte brune ; tout dans son visage annonçait la joie, la candeur et la franchise, ses yeux étaient profonds et vifs; sa barbe châtain-clair, et peu fournie, commençait à peine à blanchir pendant ses dernières années. Il avait la voix claire, une parole toujours douce, franche et ingénue ; aussi sa conservation avait un charme inexprimable, et imposait l'attention. Toutes ces qualités extérieures le rendaient aimable aux hommes, comme la pureté de son âme le rendait aimable à Dieu, et on peut en toute vérité lui appliquer cette parole de l'Esprit-Saint : « Il fut cher à Dieu et aux hommes, et sa mémoire est en bénédiction. »

CHAPITRE XVII

FUNERAILLES DU BIENHEUREUX

Le corps de Fr. Crispino martyrisé pendant trois quarts de siècle. — Transformation instantanée de sa dépouille mortelle. — La foule accourt à l'église des Capucins. — Le saint corps doit être soustrait aux indiscrétions de la multitude. — Précautions contre l'enthousiasme populaire. — Le Cardinal Vicaire ordonne de surseoir à l'inhumation et d'exposer le corps. — Isabelle Carissimi. — André Santini. — Antonio Nicoli. — Visite du patriciat romain. — Prudence de l'autorité ecclésiastique. — Inhumation. — Jacques Oliveti et sa sœur Agnès. — Thérèse Faria. — Le comte Sforza Taruggi. — Les Huguenots d'Alais.

Quand le Bienheureux eut exhalé le dernier soupir, son corps fut transporté dans une chambre voisine, où on lui rendit, selon le cérémonial de l'Ordre, les devoirs de la charité chrétienne.

Ce fut pour les religieux chargés de ce soin, un spectacle à la fois douloureux et touchant, que celui de ce pauvre corps, traité en ennemi, pendant quatre-vingts ans, par le Bienheureux. Aux épaules et au dos, l'habitude du cilice et les fréquentes disciplines avaient durci et noirci les tissus qui ressemblaient à du bois desséché. Les genoux étaient perclus et comme calcinés par la violence du rhumatisme. Les doigts des pieds étaient tordus, enchevêtrés les uns dans les autres : tout son corps, en un mot, ravagé par la maladie et la souffrance, inspirait de prime abord un vague sentiment de terreur plus encore que de compassion. Heureux ceux à qui la grâce découvre la beauté de la souffrance, et dont le cœur bat plus fort au récit du martyre que les saints savaient accepter ou s'imposer : *Omnes sancti quanta passi sunt tormenta, ut securi pervenirent ad palmam victoriæ!* Il était là ce corps, ou, pour mieux dire, elle était là cette ruine humaine, témoin irrécusable des supplices que le Bienheureux avait endurés sous l'œil de Dieu, et qu'il avait su tenir secrets, même aux frères qui le soignaient !

On craignait, pour cette dépouille mortelle, une prompte décomposition, et cette crainte était d'autant plus fondée que les premières chaleurs, comme il arrive assez régulièrement à Rome à la fin de Mai, étaient très-fortes.

Ordre fut donné par les Supérieurs de hâter la sépulture. Mais Dieu veillait sur les précieux restes de son serviteur, et voulait rendre son sépulcre glorieux. Le corps de Fr. Crispino, après les prières prescrites et la cérémonie du revêtement, fut exposé à l'église, selon la coutume de l'Ordre. C'était le moment de l'intervention divine. Les assistants, et ils étaient nombreux, furent témoins d'une transformation immédiate. Les membres se détendirent; les genoux reprirent une position normale; les bras et les jambes, les doigts des pieds et des mains se redressèrent. La chair redevint saine, souple et blanche, comme celle d'un enfant : et tout ce corps, dans son ensemble, portait comme un reflet de l'âme privilégiée qui l'avait habité.

C'était un dernier trait de ressemblance entre notre Bienheureux et saint Félix de Cantalice, qu'il s'était proposé pour modèle pendant toute sa vie. Il serait impossible de dire l'étonnement et l'admiration des témoins de cette prodigieuse transformation : tous reconnurent, dans cette merveille, une preuve visible de l'innocence du Bienheureux, et un témoignage manifeste de sa gloire au ciel. On renonça donc à procéder immédiatement à la cérémonie des funérailles : Dieu faisait assez connaître sa volonté.

La nouvelle de la mort de Fr. Crispino, et de la transfiguration, pour ainsi parler, de sa dépouille mortelle, se répandit dans Rome avec la rapidité de l'éclair. Aussitôt une multitude immense afflue, comme un torrent, vers le couvent des Capucins. La Place du couvent et l'Alborata, la Place Barberini et les rues adjacentes du Tritone, des Quatre-Fontaines, de la Trinité-des-Monts, se remplissent, en un clin d'œil, de groupes qui vont grossissant, d'équipages qui doivent avancer à petits pas. Et au-dessus du roulement des voitures, des cris du peuple, de ce bruit houleux des grandes foules, des tintements cadencés de la cloche du monastère, on entend le nom mille fois acclamé de l'humble Fr. Crispino.

Au couvent, malgré les précautions prises à la hâte, et les décisions improvisées selon les exigences de la situation, il fut impossible de mettre un peu d'ordre dans l'église. Il fallut donc, pour faciliter la circulation, ouvrir les portes du chœur, celle du cloître intérieur, et faire sortir le peuple à travers le jardin, tandis que les portes de l'église et du grand cloître furent réservées à ceux qui entraient. Les religieux convers, sous la direction de quelques Pères, formaient autour du saint corps, au milieu de l'église, une barrière compacte. Mais comment résister à cet enthousiasme? Le peuple se précipita sur le saint corps, et en un clin d'œil, l'habit extérieur du serviteur de Dieu fut taillé en pièces. Six fois, en quelques heures, cet habit dut être remplacé. Les religieux, impuissants à contenir le peuple, firent appel à la force armée : et quand les soldats arrivèrent, on put transporter le saint corps dans la petite chapelle intérieure, dont la porte fut fermée, et gardée par une forte escouade.

Cependant la nuit vint, et la foule ne cessait pas. Pour pouvoir l'écarter, les soldats, dont les postes avaient été doublés à la porte de la chapelle et à celle de l'église, promettaient au peuple que le saint corps serait exposé le lendemain au milieu de l'église, et accessible à tous. En ce moment même, les Supérieurs réunis en conseil, décidaient que, pour couper court à tous ces enthousiasmes, on procéderait sans retard à l'inhumation. Telle n'était pas la volonté de Dieu. Un message du Cardinal Vicaire Antoine Guadagni, porta au couvent l'ordre de surseoir à l'inhumation, et d'exposer le corps pour satisfaire à la dévotion publique.

Devant ce double désir du saint Prélat, il ne restait plus aux Supérieurs qu'à prendre, contre les enthousiasmes du lendemain, les mesures nécessaires pour éviter les encombrements dangereux et les assauts d'une dévotion trop indiscrète. On n'y réussit qu'à demi, car dès la pointe du jour, la foule se porta à l'église et se précipita, à flots pressés, contre le saint corps. Les religieux qui formaient, appuyés par les soldats, un rempart protecteur, obtinrent pourtant que les groupes passeraient successivement et promptement, se contentant de baiser les pieds ou les mains, de faire toucher, à ces restes bénis, des objets de piété, mais sans s'arrêter pour prier. La matinée se passa ainsi, et Rome entière vint rendre hommage à l'humble frère. C'est ainsi que Dieu honorait ici-bas son serviteur : *Nimis honorati sunt amici tui, Deus.*

« Heureusement qu'il ne fait pas de miracles, dit à son voisin, un frère convers qui était de garde ; autrement, nous n'y tiendrions pas. » Cette naïve réflexion était sans doute un pressentiment : ce que le frère redoutait arriva : les miracles, ou pour parler plus sagement, les grâces prodigieuses commencèrent aussitôt. On aurait dit que la parole de ce frère avait été un défi auquel Dieu donnait la réplique.

La première personne qui éprouva près du saint corps, l'efficacité de la médiation du Bienheureux, fut Isabelle Carissimi. Elle boîtait depuis quinze ans, par suite d'une dislocation mal soignée. Elle se rendit à l'église, et put enfin s'approcher pour baiser les pieds. A l'instant même, une douleur aiguë, et un craquement sourd, lui firent comprendre que l'os déboîté était rentré dans sa jointure. Elle hésitait à marcher : mais, pressée par la foule, elle dut s'écarter, et constata, non sans témoigner sa joie à hauts cris, que sa jambe était redressée et parfaitement guérie.

Jean André Santini, de Lucques, était venu à Rome pour subir, sous la direction d'un célèbre médecin, un traitement bien nécessaire. Un ulcère invétéré rongeait sa jambe gauche. Il ne marchait plus qu'à l'aide de béquilles et les soins du médecin n'avaient eu jusqu'alors aucun résultat appréciable. Après une longue attente, il put s'approcher du saint corps, et se recommanda avec une foi vive à Fr. Crispino. Il sentit, à ce moment, un frisson circuler dans la jambe malade; il se leva et, comprenant qu'il était complétement guéri, il déposa ses béquilles sur le catafalque, et retourna dans sa maison, où il put constater que l'horrible ulcère était complétement cicatrisé.

Jean Mattei de Norcia, l'enfant de Marguerite Tomi, Jean Téophili, majordome du Prince Barberini, Marguerite Orlandi, la Princesse Altieri et bien d'autres figurent aux Procès comme ayant obtenu, auprès du saint corps, des guérisons que la foi populaire qualifiait de grands miracles.

Antonio Nicoli, enfant de huit à neuf ans, était un petit martyr. Tout son corps, couvert de fistules purulentes et d'excroissances séreuses, ne semblait vivre que par et pour la souffrance. Depuis deux ou trois ans, un médecin de grand renom, lui prodiguait inutilement ses soins. Sa mère le porta à l'église des Capucins, et voulait lui faire baiser le saint corps. Mais la foule était telle, qu'elle ne put s'approcher : elle craignait de voir son petit malade étouffé dans la cohue. Un frère convers entendant ses gémissements, tailla un morceau de l'habit du Bienheureux, et le fit remettre à cette pauvre mère qui se retira en criant: « Oh! je suis sûre du miracle maintenant! ». Revenue à la maison, elle touche un à un, avec ce morceau de laine, les membres ulcérés de son enfant. Et à ce contact, les plaies se ferment, les chairs se soudent; et Antonio, le petit lépreux rachitique, perclus et mourant, était, à quelque temps de là, un gros garçon joufflu, auquel sa mère n'avait à reprocher que de faire dans la maison « *un chiasso continuo* », un tapage sempiternel.

Ces faits extraordinaires, passant de bouche en bouche, avec les exagérations sans doute de tous les récits enthousiastes, augmentèrent le concours au couvent et le tumulte dans l'église. Les transports de joie de ceux qui étaient exaucés se mêlaient aux supplications de ceux qui voulaient l'être, et aux acclamations de tous. On portait des habits qui après avoir été déposés quelques instants sur le corps du Bienheureux, étaient aussitôt taillés en morceaux et distribués à la pieuse avidité du peuple, sans pouvoir la satisfaire. Il fallut, pour prévenir de nouvelles indiscrétions, se déterminer comme la veille, à emporter le saint corps dans la chapelle intérieure, dont la porte fut fermée et gardée. Le peuple se consola en baisant avec respect les dalles sur lesquelles avaient reposé les restes du serviteur de Dieu.

Le soir du 20 mai, à la tombée de la nuit, le calme s'étant un peu rétabli, les membres les plus distingués du patriciat romain vinrent, à leur tour, vénérer les restes glorieux de Fr. Crispino. Le Prince Barberini, au nom sans doute de son amitié avec le Bienheureux, insista pour que le saint corps fut enseveli à part, avec des indications précises qui pourraient, le cas échéant, le faire reconnaître.

Les Supérieurs de l'Ordre firent droit à ces instances. Dans la nuit du 20, vers onze heures, en présence des principaux chefs de l'Ordre et des représentants du patriciat romain, le corps de Fr. Crispino, revêtu d'un nouvel habit, fut enfermé dans un cercueil de cyprès, et inhumé dans la crypte commune des religieux, mais à un endroit bien distinct.

On achevait à peine l'inhumation, que Mgr. Visconti, grand ami des religieux, et le chevalier Moncenigo, ambassadeur de Venise, arrivèrent au couvent. Ils voulaient vénérer le saint corps : et pour satisfaire à leurs pieux désirs, le sépulcre fut ouvert. Ces deux personnages donnèrent à la dépouille mortelle de l'humble frère, des témoignages si touchants de vénération, que tous les pectateurs en étaient émus jusqu'aux larmes.

Au milieu de toutes ces démonstrations populaires, l'autorité ecclésiastique, par un sentiment de réserve facile à comprendre, s'était tenue à l'écart. La sainte Eglise se nourrit de vérité et non d'enthousiasme. Les faits miraculeux, dont tout Rome parlait à ce moment, pouvaient être à bref délai, justiciables — qu'on nous pardonne ce mot — du Tribunal infaillible. Il convenait donc que le Juge, tout en se réjouissant de la dévotion du peuple, restât à l'abri de ses entraînements.

D'un autre côté, il était nécessaire que le saint corps, objet de tant de vénération, instrument de tant de grâces prodigieuses, fût soigneusement conservé, comme la base, en quelque sorte matérielle, d'une procédure probable. Le Cardinal Vicaire nomma donc une commission chargée de faire officiellement la reconnaissance du corps de Frère Crispino.

Le 24 mai, à dix heures du soir, en présence des Commissaires du Vicariat, et de nombreux témoins qui représentaient le clergé séculier et régulier, ainsi que le patriciat romain, le cercueil fut ouvert pour la seconde fois. Six jours déjà s'étaient écoulés depuis la mort du serviteur de Dieu ; et, après six jours, sur ce corps torturé pendant trois quarts de siècle, on ne trouva aucune trace de corruption ! Il était intact et flexible. Ce « je ne sais quoi qui n'a de nom dans aucune langue », allait recevoir un nom immortel dans les Annales de l'hagiographie chrétienne.

Après les constatations juridiques, le corps reprit son sommeil pour attendre « la grande espérance ». Le cercueil, entouré de lames de métal, fut scellé en sept endroits, du sceau du cardinal Vicaire. Une plaque de plomb, soudée à l'intersection des lames, portait cette inscription :

OSSA FR. CRISPINI A VITERBIO
LAICI CAPPUCCINI
DEFUNCTI DIE XIX MAJI, ANNO
JUBILÆI MDCCL.

« *Ossements de Fr. Crispino de Viterbe, laïque capucin, mort le 19 Mai, l'an du Jubilé 1750* ».

Ce premier cercueil, ainsi scellé et authentiqué, fut renfermé dans un second cercueil en bois de châtaigner, et inhumé dans la chapelle intérieure, dite chapelle secrète, à l'entrée du côté droit, qui regarde le maître-autel du sanctuaire.

C'est là que, pendant plusieurs jours encore, le peuple ira le visiter ; là, qu'il parlera après sa mort, selon le langage de l'Ecriture : *defunctus adhuc loquitur.*

L'année sainte avait attiré à Rome un grand nombre d'étrangers, venus des quatre coins du monde chrétien, pour gagner la grande Indulgence. Cette coïncidence explique le concours incessant auprès du tombeau de Fr. Crispino, et la pieuse avidité de ceux qui demandaient des miracles ou voulaient en être témoins. Parmi ces privilégiés de l'intervention posthume de Fr. Crispino, citons, au courant de la plume, Jacques Oliveti qui laisse au tombeau du serviteur de Dieu ses béquilles et sa paralysie ; Agnès Oliveti, que la reconnaissance de son frère, rend assez confiante pour obtenir, elle aussi, la guérison instantanée d'une ophthalmie incurable ; Thérèse Faria, vaillante portugaise, venue à Rome pour gagner, disait-elle, *un bon Jubilé* avant de mourir, car elle était condamnée par les médecins, et qui obtint, avec la grâce jubilaire, celle d'une entière guérison ; enfin le comte Sforza Taruggi que l'on porte en voiture jusqu'au perron de l'église, et à bras auprès du tombeau, et qui retourne chez lui, suivant à pied sa voiture, et racontant à tous sa guérison miraculeuse.

La nomenclature serait longue des faits prodigieux qui répondaient, auprès du tombeau du serviteur de Dieu, à la confiance et aux supplications des fidèles. Les pèlerins étrangers, de retour dans leur patrie, racontaient ces merveilles dont ils avaient été les heureux témoins ; et le Procès *de Fama sanctitatis* fait mention des récits publiés par les journaux de l'époque, en France et dans les Pays-Bas. A la date du 18 Août de cette même année, Mgr. Delmas, Directeur des Missions Apostoliques du Languedoc, écrivait d'Alais à ses correspondants de Rome : « Je vous prie de m'envoyer des détails très-circonstanciés sur les prodiges du Vén. Fr. Crispino. Les Huguenots de par ici en sont très-impressionnés, parce qu'ils en ont lu des récits dans leurs propres gazettes, et ils croient plus fermement que les catholiques eux-mêmes ».

C'est ainsi que, du fond de sa tombe, le Serviteur de Dieu continuait ses œuvres de charité.

CHAPITRE XXVIII

GLOIRE POSTHUME — BÉATIFICATION.

Le Bienheureux apparaît à Fr. Chistophore sans « *lui faire peur* ». — Apparition semblable au Fr. François de Viterbe. — Les deux miracles insérés au Décret de béatification : Françoise Terrosi et Anne-Marie Bianchi. — Dispense de dix ans pour le Procès Apostolique des vertus. — Nouvelle dispense pour l'examen « en ligne égale » des Procès de Rome et Viterbe sur les miracles. — Lettres Apostoliques de béatification.

Pendant que le Bienheureux Crispino était retenu sur son lit de douleur à l'hospice des Capucins d'Orvieto, son compagnon, le frère Christophore de la Valteline, homme simple et pieux, lui prodiguait, comme nous l'avons vu, les soins de la plus tendre charité. Le saint vieillard avait pour ce bon frère une grande affection. Ils s'entretenaient un jour de la mort qui paraissait prochaine pour Frère Crispino.

— « Savez-vous, Fr. Christophore, ce que je ferai en arrivant en Paradis, si comme je l'espère de la miséricorde divine et de la protection de Marie, j'y suis admis malgré mes péchés ?

— « Eh ! que ferez-vous ?

— « Je demanderai à Dieu qu'il me permette de vous apparaître.

— « Oh ! s'écria naïvement Fr. Christophore, vous ne me ferez pas peur au moins ?

— « Sois sans crainte, petit frère simplet « *simpliciotto fraticello* », répliqua en souriant le saint vieillard : je ne te ferai pas peur. Les amis de Dieu ne reviennent pas de là-haut pour effrayer leurs amis de la terre ! ».

La conversation en resta là. Quelque temps après, le saint vieillard disait adieu à son cher compagnon pour aller à l'infirmerie du couvent de Rome. Pendant l'année sainte, le Père Gardien du couvent d'Orvieto, accompagné de Fr. Christophore, se rendit à la Ville Eternelle afin d'y gagner l'indulgence du Jubilé. Ils étaient encore à Rome, lorsque Fr. Crispino tomba gravement malade, mais ils durent quitter la Ville Sainte avant sa mort, et n'eurent pas la consolation d'assister aux scènes touchantes que nous venons de raconter.

Or, le 19 Mai, jour où mourut le Bienheureux, le P. Gardien d'Orvieto et son compagnon se trouvaient à Canepina. Fr. Christophore faisait dans sa cellule, la sieste de l'après-midi. Il se sentit soudain réveillé, comme si quelqu'un l'avait appelé. Il regarde et voit Fr. Crispino au-dessus d'un nuage qui semblait le soutenir, en même temps qu'il projetait sur lui une lumière resplendissante.

— « Il souriait en me regardant, et il était si beau, si beau que je me précipitai vers lui pour l'embrasser : mais Fr. Crispino, sans que je pusse remarquer aucun mouvement, se retira vers la fenêtre, et de là, il s'éleva, sur son nuage blanc, vers le ciel où j'aurais bien voulu le suivre ! ».

Fr. Christophore comprit alors que le Bienheureux était mort, et se rappelant la conversation d'Orvieto, il fut convaincu que « les amis de Dieu ne font pas du mal à leurs amis de la terre ». Plein d'une sainte joie, il alla immédiatement raconter l'apparition au P. Gardien ; et comme quelques heures après, ils cheminaient ensemble vers Viterbe : « Vous allez voir, P. Gardien, dit le frère, que ce sera nous qui porterons la première nouvelle de l'heureuse mort de Fr. Crispino ». En effet, ils se rendirent en peu de temps à Viterbe, à Bagnoréa, puis à Orvieto, et racontèrent dans ces divers couvents, l'apparition merveilleuse. Or, le surlendemain, des lettres venues de Rome, annonçaient la mort du Bienheureux, et il fut constaté que son décès avait eu lieu quelques heures seulement avant l'apparition dont le Fr. Christophore n'avait pas eu peur. Cette coïncidence donna justement à penser que le serviteur de Dieu avait obtenu la grâce qu'implorait l'ardeur de son amour, quand il s'écriait : « Pas de Purgatoire pour moi, ô mon Jésus, pas de Purgatoire ! ».

Le même jour, au couvent de la Tolfa, un autre Convers, compatriote du Bienheureux et son compagnon de quête pendant plusieurs années, le Fr. François de Viterbe, eut une apparition à peu près semblable. Fr. Crispino l'encouragea à supporter bien religieusement les difficultés et les tristesses du pèlerinage d'ici-bas, pour arriver aux joies de la patrie.

Les Actes du Procès racontent ou résument un grand nombre d'autres apparitions et d'autres miracles.

Durant sa vie mortelle, Fr. Crispino, au premier appel d'un malade, d'un malheureux, accourait pour le consoler ou le guérir. Au ciel, sa charité ne fut ni moins prompte, ni moins efficace. Il plut même à Dieu d'attacher une vertu prodigieuse aux objets dont s'était servi Fr. Crispino. Sa discipline, son crucifix, des pièces de son habit avaient au loin, comme son tombeau à Rome, ce don miraculeux de guérison, de consolation ou d'apaisement.

Bornons-nous à reproduire le récit authentique de deux miracles qui furent examinés, discutés, et définitivement admis durant la procédure canonique de béatification.

Françoise Terrosi, veuve de François Petrini, âgée de 39 ans, fut atteinte, à Montepulciano, d'une inflammation de gosier que les médecins traitèrent comme une angine ordinaire. On était alors au 11 Novembre de l'année 1757. Malgré tous les remèdes, le mal empira, l'inflammation s'étendit à toute la gorge, et au bout de quarante jours, la pauvre femme entendit les médecins découragés de leur insuccès, lui déclarer que sa maladie était inexplicable, que le printemps qui s'approchait aurait sans doute une heureuse influence sur son état. Le printemps, l'été, l'automne vinrent et s'en allèrent, et la maladie resta, aggravée d'une enflure générale et de convulsions spasmodiques, suivies de violentes fièvres ou d'un abattement léthargique.

Abandonnée des médecins, et attendant la mort d'un jour à l'autre, elle traîna cependant sa vie de souffrances jusqu'au 8 Janvier 1759. Ce jour-là, après avoir reçu les derniers sacrements, elle pria les assistants de la laisser seule, et invoqua le secours de Fr. Crispino dont on lui avait raconté tant de merveilles.

— « Ah ! Fr. Crispino, obtenez-moi, je vous prie, la grâce de guérir, et de vivre assez pour pouvoir établir mes petits enfants ! Pourquoi donc êtes-vous sourd à mes prières, tandis que vous écoutez tous les autres ? ! ». Les larmes baignaient son visage, et elle continuait à prier.

Tout-à-coup, elle vit entrer deux capucins dans sa chambre : l'un était le Fr. François de Montepulciano dont elle avait souvent reçu la visite : l'autre lui était inconnu. C'était un vieillard de petite taille, au teint bronzé, aux yeux vifs et noirs, au front large et ridé, et dont la barbe commençait à blanchir. Les deux religieux s'approchèrent du lit :

— « Vous vous sentez bien mal, lui dit Fr. François.

— « Oui ! très mal : il n'y a plus de remède pour moi : les médecins m'ont abandonnée.

— « Eh bien ! maintenant répliqua le religieux, recommandez-vous à Fr. Crispino, il vous protégera.

— « Je me recommande à lui, poursuivit la malade, mais il ne veut pas m'écouter ».

Fr. François l'exhorta à l'invoquer de nouveau. Elle dit alors avec une grande ferveur : « Ah ! Fr. Crispino, écoutez-moi, accordez-moi la faveur que je vous demande ! ». Le vieillard, qui jusqu'alors était resté silencieux, la regarda en souriant : « Dieu te l'accorde ! », dit-il, et il fit sur elle le signe de la croix.

Une parente de la malade, qui avait entendu ces exclamations, entra brusquement pour voir ce qui se passait. Au même instant, les deux religieux disparurent, et la malade se plaignit de cette visite importune qui la privait d'une si grande consolation. Sa parente crut qu'elle était en délire : mais son erreur fut bientôt dissipée.

Françoise, qui jusque-là était immobile dans son lit de douleur, fit un mouvement, s'assit toute radieuse, et se trouvant libre de tous ses membres, elle s'écria dans un transport de joie : « Ah ! je suis guérie. Fr. Crispino est venu, et m'a accordé cette grâce ; donnez-moi mes vêtements, je veux me lever ». Sa parente ne pouvait revenir de son étonnement : elle appela les enfants de la malade, pour leur faire admirer la guérison de leur mère. Françoise raconta alors tout ce qui venait de se passer. Le médecin vint constater la guérison. Il ne trouva plus aucun vestige du mal, et, tout stupéfait d'un changement si subit, il n'hésita pas à affirmer le miracle. Françoise était en effet miraculeusement guérie. Le Docteur lui permit de se lever : elle se leva, et s'habilla sans le secours d'une main étrangère, se promena dans la chambre, se mit à table avec toute sa famille, et continua depuis lors à jouir d'une santé satisfaisante.

L'autre miracle, approuvé par le Saint-Siége, eut lieu à Rome, vers la fin de Mai 1750. Anne-Marie Bianchi, la miraculée, était alors une fillette de cinq ans. Son frère, jouant avec elle, au haut d'un escalier, la prit sur ses épaules. Anne-Marie, mécontente, cria et se démena pour être déposée à terre. Malheureusement son frère ne fit pas attention que l'enfant, en descendant de ses épaules, appuyait le pied, non sur l'escalier, mais sur le premier degré de l'escalier. Elle tombe à la renverse, et roule jusqu'en bas. Les parents accourent, et, après un premier examen, portent l'enfant toute contusionnée chez un voisin à qui on attribuait le *don* de remettre les foulures et entorses.

Le *rhabilleur* populaire déclara que le cas dépassait son pouvoir : « Ce n'est point une foulure, ni un simple déboîtement : l'os du fémur est complétement rompu. Il faut un habile chirurgien ». On appela aussitôt de l'hôpital du Saint-Esprit, le chirurgien le plus célèbre. Il constata d'autant plus facilement la fracture, que pendant ce va-et-vient et ces transports successifs de l'enfant, l'os brisé avait perforé de ses cassures les tissus de la jambe. Après un pansement bien douloureux pour cette enfant, le chirurgien appliqua à la jambe un appareil immobilisateur, et défendit aux parents de le toucher avant quarante jours.

Après trois jours, les parents qui ne pouvaient supporter les cris de douleur de la pauvre enfant, eurent la pensée de recourir à l'intercession de Fr. Crispino, mort peu de jours auparavant, et dont Rome, à ce moment, acclamait le nom et redisait les miracles. Ils conjurèrent le Serviteur de Dieu d'avoir pitié de leur enfant : prirent une relique de l'habit du Bienheureux avec laquelle ils firent le signe de la croix sur le membre fracturé, et déposèrent ce morceau d'étoffe entre la chair et le bandage, en exhortant la pauvre petite patiente à se recommander elle-même au Bienheureux. Anne-Marie fit une prière à ce saint inconnu et peu après, s'endormit paisiblement : c'était la première fois qu'elle pouvait prendre du repos depuis son accident. Après cinq heures de sommeil, elle se réveilla toute joyeuse, assurant qu'elle ne souffrait plus, que la jambe n'avait plus aucun mal. Les parents n'osèrent pas toutefois enlever eux-mêmes l'appareil, et firent appeler le chirurgien. Celui-ci passa la main sur la partie malade, en demandant à la petite à chaque pression, si elle sentait la douleur. Comme l'enfant répondait toujours négativement, le chirurgien demeura un moment indécis, n'osant pas se fier à sa déclaration. Pourtant l'assurance et la joie d'Anne-Marie l'encouragèrent. Il enleva l'appareil, délia les bandelettes, et recommença sur la chair dénudée, ses tâtonnements et ses examens. L'enfant répondait toujours qu'elle n'avait plus de douleur, et agitait lestement, pour confirmer son dire, cette pauvre jambe qui avait été si maltraitée. Il ne restait plus aucune trace de l'accident : pas de fracture, pas de suture, pas de congestion. Les tissus étaient intacts, et la chair avait sa couleur naturelle. Il fallut bien se rendre à l'évidence : « Voilà un miracle bien avéré ! » s'écria le chirurgien. On fit lever l'enfant : elle marcha librement à travers la maison, comme elle avait coutume de faire avant sa chute, et jamais plus, dans la suite, elle ne ressentit la moindre douleur dans cette jambe.

Ces deux miracles furent représentés en tableaux ou médaillons, richement ornés pendant la cérémonie de la Béatification, avec les inscriptions suivantes.

FRANCISCÆ. TERROSIÆ
A. MONTE. POLITIANO
EX. PRÆGRANDI. TUMORE
IN. SINISTRO. HYPOCONDRIO
INTUS. SUPPURATO
FEBRI. ETHICA. ALIISQUE. DEPLORATIS. MORBIS
IAM. DEPOSITÆ
B. CRISPINUS APPARET
ET IN MAJOREM. SALUTIS SPEM
AB. EJUS. SODALI. EVECTÆ
SUBITAM. CONFIRMATAMQUE. VALETUDINEM
CRUCIS. SIGNO. RESTITUIT

Au second médaillon, placé à gauche de l'arcade, et représentant le miracle d'Anna Bianchi.

ANNÆ-MARIÆ. BIANCHI
ROMANÆ. QUINQUENNI
OS. FEMORIS. SINISTRI. EX. PRÆCIPITI. LAPSU

TRIDUO. ANTE. PERFRACTUM
B. CRISPINI. TUNICÆ. FRUSTULO. ADMOTO
ILLICO. COALESCIT

Les nombreux miracles dûs à l'intercession de Fr. Crispino, sa réputation grandissante de sainteté, furent le point de départ de sa cause de Béatification. Les Procès authentiques de Rome et de Viterbe avaient une certitude historique indéniable, puisque les dépositions étaient faites par des témoins oculaires qui avaient connu le serviteur de Dieu, et vécu avec lui, pendant un temps plus ou moins long, soit à Rome, soit à Orvieto.

Toutefois une double difficulté, en apparence insurmontable, devait retarder la cause de Béatification.

Les prescriptions d'Urbain VIII enjoignent à la Sacrée Congrégation des Rites, de ne se saisir officiellement d'une Cause de Béatification, pour commencer le Procès Apostolique des vertus héroïques, qu'après cinquante ans, à dater de la mort du Serviteur de Dieu. Or en 1790, les Procès ordinaires étaient terminés. Il fallait donc attendre encore dix ans. Le Postulateur de la Cause, le P. Emmanuel de Domodossola, se crut autorisé par le caractère exceptionnel de cette cause, à demander une dispense de ces dix ans. Pie VI la lui accorda. Mais cette dispense était insuffisante. La Congrégation des Rites, officiellement saisie, devait examiner et discuter séparément les Procès de Rome et de Viterbe, sur les vertus et les miracles du vénérable Crispino. Pie VI, qui partageait pour l'humble Frère l'admiration de tous les Romains, dérogea encore, sur ce point, aux prescriptions d'Urbain VIII ; et donna lui-même, six ans après, le Décret des vertus héroïques. L'Esprit de Dieu, dit ce Décret, ne détruit pas dans les Saints leur trempe personnelle : Il la perfectionne en adaptant son action forte et suave aux divers caractères. « Ceux qu'il trouve naturellement enclins à la tristesse, il les confirme dans une crainte et une sévérité salutaires des jugements de Dieu. Ceux au contraire qu'il trouve portés à la joie, il les excite ordinairement par l'espérance de la miséricorde divine et les rend encore plus joyeux et plus agréables dans le commerce de la vie. Parmi ces derniers, il faut compter le vénérable serviteur de Dieu, Crispino de Viterbe. Placé au dernier rang dans la famille illustre des Mineurs Capucins, occupé pendant très longtemps à mendier de porte en porte la nourriture de ses frères, accablé par les voyages et les travaux, épuisé par les austérités volontaires, brisé enfin par les maladies et les douleurs, il ne céda jamais au moindre sentiment de tristesse ; mais le front toujours calme et serein, dans l'adversité aussi bien que dans la prospérité, il avait coutume d'aborder tout le monde avec douceur, de parler à tous avec affabilité, et de les provoquer tous à une honnête allégresse ».

Par une de ces délicatesses qui lui gagnaient tous les cœurs, l'auguste Pontife choisit, pour la publication du Décret, la fête du Bienheureux Laurent de Brindisi (maintenant canonisé), Général des Capucins, qui se célébrait en grande pompe, dans l'église des Religieuses Clarisses, vulgairement appelées Capucines, dont le monastère est en face du Quirinal (1). Pie VI se rendit au monastère, entouré de sa cour, assisté par le cardinal Prince d'York, protecteur de l'Ordre, le cardinal Archinto, Préfet des Rites, et par les Supérieurs Généraux de l'Ordre.

Le Décret des miracles fut rendu en mai 1804. Pie VII, non moins favorable que son Prédécesseur à la cause du vénérable Crispino, vint, le 18 mai, fête de S. Félix de Cantalice, célébrer la Sainte Messe au couvent des Capucins, et lut solennellement, dans le chœur des Religieux, le Décret de l'authenticité des Miracles, en exprimant l'espérance qu'il lui serait donné de pouvoir

---

(1) *Est en face du Quirinal*. Cela était vrai en 1886 quand nous écrivions ces lignes pour la première édition. Depuis lors, la pioche piémontaise a fait là, comme ailleurs, son œuvre de destruction. Ce monastère n'existe plus.

publier bientôt le Décret formel de Béatification. Ce Décret en effet fut rendu le 26 août 1806, sous forme de Lettres Apostoliques : *Quæ Dominus Cœli*.... qui disent à l'univers catholique, avec les vertus et les miracles de l'humble Frère lai, sa dévotion à la Sainte Vierge, et sa joie dans le service de Dieu (1).

Le peuple romain applaudit à ce jugement infaillible qu'il attendait avec impatience, et le 7 septembre de l'année 1806, une immense multitude accourut à la Basilique du Vatican, pour assister à la solennité de la Béatification, et pour unir ses actions de grâces et ses prières, à celles du chef de l'Eglise. A partir de ce jour, on rendit publiquement au serviteur de Dieu, les honneurs que depuis longtemps on lui rendait en secret.

(1) Voir *ad calcem* ces divers documents.

CHAPITRE XXIX

RELIQUES DU BIENHEUREUX.

Le pillage de la chambre de Fr. Crispino et la déposition un peu aigre du P. Bernardin. — Les précautions du P. Vicaire. — Le crucifix de Fr. Crispino et le Prédicateur Apostolique. — Nomenclature des reliques actuelles. — La chambre du Bienheureux sauvegarde de l'infirmerie. — La châsse de l'église. — Les riches et les modestes offrandes à l'autel du Bienheureux.

« A peine le corps de Fr. Crispino avait-il été transporté à la chapelle, que sa pauvre cellule fut en quelque sorte prise d'assaut. Le crucifix, le bâton, les lunettes, la chaise, la discipline de fer, le service de table et quelques tasses dont il s'était servi pendant sa dernière maladie, tout fut enlevé, dérobé, pillé en un clin d'œil, y compris les planches de son lit, cédées à noble homme Nicolas Anderlini, grand bienfaiteur de l'infirmerie, qui les prêta aux religieuses Urbanistes, sans prévoir que celles-ci refuseraient par après de les lui rendre ».

Cette déposition, consignée au Procès de la béatification, ne manque pas d'une certaine aigreur. Il est à croire que le témoin, le P. Bernardin de Paliano, n'eut pas la bonne fortune de mettre la main sur quelque objet du Bienheureux. Sa déposition doit être complétée et éclairée par celles des autres témoins.

« Comme je prévoyais, dit le P. Ange-Antoine de Viterbe, Vicaire du couvent, le pieux pillage qui suivrait la mort du Serviteur de Dieu, je demandai au P. Gardien la permission de prendre quelques objets à son usage, pour pouvoir les garder et les remettre, par après, aux Supérieurs. J'emportai donc de la chambre, avec le consentement de Fr. Crispino qui souriait et me plaisantait sur « ces reliques d'un drôle de saint », un crucifix de bronze sur bois, quelques petits livres de dévotion, son petit Office, une grande quantité de bulletins de l'Immaculée-Conception, quelques chapelets en bois, et quelques images en papier ».

Le crucifix de bronze, dont il est fait mention dans cette déposition, n'était pas celui du Bienheureux, quoiqu'il l'eût gardé pendant quelques heures, la veille ou l'avant-veille de sa mort.

Le Prédicateur Apostolique, le R^{me}. P. Michel-Ange de Reggio d'Emilie, rapporta lui-même, devant les juges apostoliques, que pour conserver de Fr. Crispino, son ami, un souvenir particulièrement cher, il lui avait demandé son crucifix, en échange d'un Christ en bronze, monté sur bois noir et artistement travaillé. « Ce Christ a été béni et indulgencié par le S. Père pour la bonne mort. Fr. Crispino consentit bien volontiers à l'échange que je lui proposais, et je garde précieusement le modeste crucifix qu'il a porté pendant tant d'années ».

Parmi les objets qui avaient été à l'usage de Fr. Crispino, le Provincial de Rome, le P. Generoso, choisit le petit tableau de prédilection du Bienheureux, qui représentait la Sainte Famille, et l'envoya à Tivoli, sa ville natale.

Le bâton de Fr. Crispino fut également conservé, et déposé dans la suite, au dessus de la châsse que vénèrent aujourd'hui encore, tant de pieux visiteurs.

Les Supérieurs de la Province durent, pour satisfaire aux instances des bienfaiteurs de l'Ordre et des amis de Fr. Crispino, distribuer peu à peu aux principales familles du patriciat romain, les objets qui avaient été à son usage.

Voici d'ailleurs la nomenclature actuelle des Reliques que nous avons pu connaître.

A Rome, au Trésor de la Postulation pour les Causes des Saints :

— Plusieurs autographes du Bienheureux, comme il est dit plus haut, au Chapitre de ses Lettres.

— Une partie notable de ses ossements, mis à la disposition du Postulateur, après la Béatification de Fr. Crispino, pour les Reliquaires des Saints de l'Ordre.

Dans la chambre du Bienheureux, ou à la sacristie de l'infirmerie :

— La lettre autographe, que nous avons reproduite, au marquis Charles Malaspina.

— Le chapelet de buis que le Fr. Crispino portait, selon l'usage de l'Ordre, à sa ceinture.

— Une large pièce de sa couverture de laine.

— Un morceau de son habit.

— Une taie d'oreiller. Le Docteur Badalucch qui donna ses soins au Bienheureux, pendant sa dernière maladie, l'avait obtenue comme une relique qu'il voulait conserver. Sa famille après la béatification de Fr. Crispino, la redonna au couvent.

— Un mouchoir blanc.

— Une large planche de la bière intérieure dans laquelle le saint corps avait été déposé.

Au couvent de Viterbe, les religieux conservent une *sporta*, ou panier de voyage qui avait servi au Bienheureux, et plusieurs autres autographes. — Le couvent de la Tolfa possède également deux autographes, une flanelle presque entière, et des morceaux de linge de corps.

La chambre, ou pour parler plus exactement, la cellule du Bienheureux, existe encore dans le grand corridor de l'ancienne infirmerie. Les restaurations nécessaires, et la tendance, plus pieuse que délicate, des religieux à transformer en chapelle la chambre du Bienheureux ont insensiblement modifié l'état primitif de cette cellule. C'est aujourd'hui un oratoire ou sanctuaire, avec un petit autel particulièrement cher aux religieux malades, et aux vieillards de l'infirmerie qui le soignent *con amore*. La porte, agrandie et surmontée d'ornementations de style gothique en marbre blanc, attire le regard dans ce long corridor, dont les cellules monotones ont abrité tant de souffrances et tant de sublimes résignations.

Une inscription latine, sur le tympan, indique au pieux visiteur la chambre du Bienheureux :

CUBICULUM IN QUO B. CRISPINUS A VITERBIO CAPUCCINUS
DIE XIX MAJI ANNI PIACULARIS MDCCL
QUIEVIT IN OSCULO DOMINI
HOSPES VENERARE
M. P. ANNO BISSEXTILI MDCCCXXXVI
ET RESTAURATUM ANNO MDCCCLXXIX.

En 1870, lorsque les troupes piémontaises, guidées et soutenues par les soudards de la révolution, eurent ouvert la brèche de la Porta Pia, et triomphé bruyamment, à cent contre un, de la résistance des zouaves pontificaux, une de leurs premières préoccupations fut de s'emparer des monastères et d'en chasser les religieux. Le couvent des Capucins de Place Barberini, dédié à l'Immaculée Conception, devait, par son titre même et par sa position très-favorable, tenter la cupidité et la haine des envahisseurs. Ils se présentèrent en maîtres, au nom de la liberté. Ce grand mot, pour les vieillards et les infirmes réunis au couvent, valait moins qu'une simple tisane. Et ils étaient là nos chers vieux, au nombre de de 110 ou 130. Les conquérants ne pouvaient sans cruauté les jeter hors de leurs cellules, et ils furent contraints de respcter, outre la chambre du Bienheureux Crispino, l'infirmerie qui devint dès lors, dans leurs paperasses administratives, le *valétudinaire* des Religieux. Les bons vieillards restèrent avec le personnel attaché au service spirituel et temporel de l'infirmerie, et remercièrent le Bienheureux Crispino de les avoir protégés.

Combien de temps encore durera cette protection ? Dieu le sait. L'heure présente appartient à la pioche piémontaise et aux spéculations éhontées qui ruinent la Rome des Papes. Toujours est-il, que devant les incertitudes de l'avenir la chambre du Bienheureux Crispino a maintenant comme tant d'autres souvenirs de Rome, cet attrait spécial, triste et doux, des choses qui demain peut-être ne seront plus.

De toutes ces reliques, la plus importante et

la plus précieuse est le corps même de Fr. Crispino. Sa dépouille mortelle, miraculeusement transfigurée après la mort, repose, presque entière et dans les conditions des *corps saints*, sous l'autel de S. François. Cet autel latéral, le troisième du côté de l'épître, est dédié à notre Séraphique Père, et orné du magnifique tableau, dit de l'Extase, une des œuvres les meilleures, la plus parfaite peut-être du Dominicain. Il convenait que le noble fils de S. François reposât, pour ainsi dire, sous les bénédictions de son Père, presque en face de S. Félix, le *cher petit vieux*, dont les cendres sont conservées à la chapelle latérale qui se trouve la quatrième du côté de l'Evangile.

La châsse du saint corps forme le tombeau d'autel, et l'encadrement de marbre et de fer ouvragé, porte ce chiffre entrelacé : B C (Beato Crispino). Devant cet autel, que de prières ferventes, et que de grâces obtenues! Les ex-voto, les tableaux aux naïves peintures, les cœurs d'argent P. G. R. (*Pour Grâce Reçue*), disent encore la confiance fidèle des Romains, et le crédit de Fr. Crispino auprès de Dieu.

Aux jours de grande fête, on admire un riche tapis, et une garniture des socles du rétable. Les connaisseurs loueraient, en termes techniques, le mérite de cette tapisserie brodée à la main. L'hagiographe s'arrête plus volontiers devant cette modeste inscription qui semble se cacher dans un rectangle de la bordure :

> DONO
> D'UNA DEVOTA
> DEL
> BEATO CRISPINO
> L'ANNO 1860 (1).

Ah! comme on voudrait lire, par delà les milles fleurs du tapis, le mystère de céleste amour qui inspirait cette âme inconnue, et la soutenait dans son travail ! La dévote inconnue, deux ans après, ajoutait à ce premier don, une garniture pour les deux socles qui supportent les colonnes et le rétable de l'autel. Ce fut son cadeau de fête au Bienheureux Crispino, le 23 mai 1862. Ces panneaux de tapisserie en perles romaines font ressortir un bouquet brodé de roses et de lys. L'inscription dont les lettres en perles rouges se détachent sur ce fond blanc, est une prière au Bienheureux, un pressentiment peut-être des joies du ciel. La poésie en est belle, malgré ses défauts, parce qu'elle vient du cœur.

I

> Crispino a Dio diletto,
> Quest'altro mio lavoro

---

(1) Don d'une âme dévote au Bienheureux Crispino, l'an 1860.

> Io t'offro con affetto,
> Dell'altar tuo Decoro.
>
> II
>
> Ma Tu m'ottenni dono
> Che, sciolto l'uman velo,
> Dopo il divin perdono
> Con te gioisca in cielo.

Maggio, 1862 (1).

Oh ! puisse-t-il, par l'intercession du Bienheureux Crispino, et de « la douce Mère, » nous être accordé à tous, ce don précieux de pardon ici-bas et de joie éternelle là-haut !

---

(1)   Ami de Dieu, B. Crispino,
  Je t'offre avec amour
  Ce nouveau travail de mes mains
  Comme ornement de ton autel.
  Mais en échange obtiens-moi la grâce
  Que par delà le voile de la vie humaine,
  Après le divin pardon,
  Je jouisse avec toi dans le ciel.

Mai, 1862.

CHAPITRE XXX

LE BIENHEUREUX CRISPINO ET LE P. DENYS DE PARIS.

Les miracles qui ne se voient pas. — Le P. Denys de Paris et sa riche nature. — Travail divin d'anéantissement. — Scrupules et tentations de découragement. — Accablement physique et moral. — Retraite du mois d'août 1879. — Essai d'une traduction de la vie du B. Crispino. — Prière gémissante du P. Denys. — Espérance instantanée. — Sentiments de confiance filiale en Marie et de sodilarité fraternelle avec le Bienheureux. — Labeurs apostoliques. — Humilité calme et sublime de son âme renouvelée. — Sa sainte mort.

« Les plus grands miracles de Lourdes sont ceux qui ne se voient pas ». Cette parole d'un prédicateur capucin, n'est pas vraie seulement pour la grotte bénie de Massabielle ; elle a chaque jour son application dans les âmes qu'un miracle intérieur ressuscite en un instant, ou transforme : *Miraculum grande !*

La sainte Eglise juge, et le peuple fidèle, acclame l'intervention divine qui, au contact d'une relique, ou dans une piscine d'eau naturelle, rend la vie à un membre desséché, ou reconstitue un organisme déformé et usé. Les directeurs spirituels voient, dans le monde des âmes, des résurrections plus belles, des transformations plus surprenantes et des embellissements instantanés. Ce sont là les miracles secrets de la miséricorde de Dieu, ou de ses prédilections. Quelquefois cependant, Dieu pour glorifier ses Saints, et pour provoquer notre confiance, rend notoire ce labeur mystérieux et caché de son amour. Il nous le laisse entrevoir, et toutes les forces vives de notre âme s'écrient alors : *Mirabilis Deus in sanctis suis !*

Le fait que nous rapportons ici, à la gloire de Dieu et de Marie, à la louange du Bienheureux Crispino, est tout récent. Ceux qui lisent ces pages, ont, pour la plupart, connu pendant plusieurs années, le *miraculé*, le R. P. Denys de Paris, mort au Couvent des Capucins de Fontenay-le-Comte, le 5 janvier 1880, après une vie qui n'a été qu'un long et douloureux anéantissement.

Le P. Denys avait exercé, comme Vicaire, dans une des grandes paroisses de Paris, le ministère sacerdotal pendant plusieurs années, lorsqu'il entra dans l'Ordre, poussé par le désir du mieux, et le besoin de se prémunir, par les garanties de la vie religieuse, contre les éloges enthousiastes que provoquaient ses rares talents et sa riche nature. Les premières années de sa vie claustrale furent consacrées aux études théologiques qu'il dut recommencer, pour donner, à ses brillantes qualités littéraires et oratoires, une base théologique plus large et plus sûre. Il avait reçu beaucoup : on était en droit d'espérer beaucoup ; et tout faisait prévoir que ce jeune religieux si richement doué, si aimable et si pieux, serait un homme puissant en œuvres et en paroles. Les desseins de Dieu en avaient disposé tout autrement : il ne fut puissant qu'en souffrance et en résignation, et sa vie religieuse est l'histoire d'une âme à qui toutes ses richesses sont arrachées une à une, et qui répond : *fiat*. Le *moi* devait être broyé lentement, progressivement, jusques et y compris la piété qui, dans cette âme d'élite, n'eut pendant près de vingt ans, d'autre forme que la crainte, la frayeur de Dieu. Il se jetait à corps perdu, comme il disait, dans les bras de la divine miséricorde, et « un fardeau d'angoisses désespérantes » écrasait son âme, et coupait court aux élans spontanés de son cœur et de sa foi. Aux craintes s'ajoutèrent les scrupules ; la moindre imperfection, la distraction la plus involontaire, prenait à ses yeux les proportions d'une faute. Bien plus, si pendant les récréations avec ses confrères, il redevenait un moment lui-même, c'est-à-dire un interlocuteur enjoué, à la conversation fine, élevée, pittoresque, il se reprochait, par après, comme un acte d'orgueil, cet aimable laisser-aller. Brusquement, on voyait son regard s'assombrir, et il se retirait en se disant à

lui-même : « J'en répondrai au tribunal de Dieu ! ».
— « Que de fois j'ai pleuré, disait un vieux religieux, en le voyant tant souffrir. »

Les Supérieurs pouvaient le soutenir, mais non le consoler : et il fallut enfin, pour ne pas le voir mourir à la peine, le décharger de tout emploi, de toute occupation sérieuse. Les maladies survinrent : forces physiques et forces morales, tout fut attaqué. C'était la souffrance dans la souffrance, et le P. Denys n'avait même plus, comme Job, la liberté d'esprit pour comprendre les merveilleux crucifiements : *mirabiliter me cruciaris*.

Pour le distraire, dans un de ces moments de fatigue spirituelle et corporelle, de T. R. Père Bruno, aujourd'hui Procureur Général de l'Ordre, lui conseilla de traduire, de l'italien en français, la vie du Bienheureux Fr. Crispino de Viterbe. On ne put imprimer ce travail inachevé et trop imparfait dans la situation d'âme où se trouvait le traducteur ; mais il en conserva un profond souvenir et une tendre dévotion pour cet aimable saint.

Cependant le mal avait fait des progrès, et depuis le 18 Décembre 1878, il était incapable de célébrer la sainte Messe. Plusieurs maladies, résultat de ses souffrances intérieures, le retenaient à l'infirmerie, et ne voulaient céder à aucun remède. C'était à peine s'il pouvait assister aux observances du jour, et donner à quelques jeunes étudiants des leçons de grammaire et d'histoire : « J'en étais là, — dit-il dans une lettre adressée au T. R. P. Bruno, en qui il avait conservé, au milieu de ses angoisses, une confiance toute filiale, — je sentais s'établir en moi un profond mépris des hommes, et de toutes les choses de la vie, et je ne sais quel sourd ébranlement de la foi dans mon intelligence, une tendance progressive au scepticisme, dont j'étais effrayé moi-même. Le mot d'espérance me semblait une dérision, quand on cherchait, par compassion, à me l'appliquer pour me consoler ».

Le 9 Août 1879, au soir, la communauté était en retraite, et le Père Denys, suivant, tant bien que mal, les exercices de cette retraite, s'était remis à la traduction de la Vie du Bienheureux Crispino. Il y avait trouvé un passage qui constatait une fois de plus par « les faits, la puissance merveilleuse, ce sont ses propres paroles, que possédait le Bienheureux sur le cœur de Marie, pour en obtenir tout ce qu'il voulait, jusqu'au succès des affaires les plus impossibles jusqu'aux conversions les plus désespérées. Chose singulière... Comme machinalement, je me mets à genoux devant une laide petite image du Bienheureux, et je lui dis : Tout de même, Fr. Crispino, vous qui faisiez tout ce que vous vouliez de la toute-puissance de la Sainte Vierge, vous auriez ici un beau coup à faire : ce serait de vous charger auprès d'Elle de l'affaire mille fois perdue de ce malheureux que voici. — Cela dit, je m'arrêtai, regardant en silence l'image, d'un regard plutôt niais et bête, qu'exprimant une prière sérieuse, une espérance réfléchie. Dans ce silence, cette idée s'accentue davantage, il me semble alors que ce n'est point une chimère : Marie *Spes desperatorum*, arrangeant mon affaire entre elle et le Bienheureux Frère Crispino, pour exercer dans un sujet si indigne, son incompréhensible puissance et miséricorde... Tout cela se dessine devant l'œil de mon âme, comme le programme d'une nouvelle destinée qui va commencer pour moi. Tout cela devient positif et clair, et forme comme un fond, assuré d'espérance. Cette espérance calme, vive, intime, qui tombait tout à coup dans mon âme racornie, comme tomberait une manne céleste, fut à l'instant une sorte de révolution morale. Les larmes m'ôtent les paroles que j'allais dire au Bienheureux. Bientôt c'est une inondation. L'espérance augmentait de quart d'heure en quart heure. Je restai jusqu'à onze heures, tantôt priant à genoux, tantôt me promenant en priant dans la chambre au milieu des sanglots ».

« Accablé enfin de la fatigue de tant d'émotions, je me couchai. Mon court sommeil fut agité d'un rêve terrible de désespoir. Il me semblait que le démon furieux me traînait en enfer... Quelle joie, en me réveillant, de reconnaître que ce n'était qu'un rêve, et de me rappeler la scène des dernières heures de la veille ! Je descendis au chœur ce même matin, pour l'oraison.

« Le Père Joseph, mon confesseur, apprit de moi les faits de la veille : il n'en revenait pas d'étonnement. Il bénissait Dieu, il remerciait sa divine Mère. Cependant, le soir, harcelé de tentations noires et mornes, je faillis retomber dans mon désespoir... Dans cette confusion, je priai le Bienheureux Fr. Crispino d'avoir pitié de moi. Au bout d'une heure ou deux, la confusion de mon esprit se dissipa. Dès ce moment, tout changea rapidement dans mon existence. Le Père Joseph me disait : Les effets de la grâce que Dieu vous a faite, sont si visibles en toute votre personne, que l'on commence à les remarquer, les attribuant à la retraite.

« Quelques jours après, le 15, fête de l'Assomption, je *recélébrai* ma *première* messe, étouffé par les sanglots de me retrouver à cet autel, où je n'espérais plus remonter, et de m'y retrouver par une protection si manifeste de notre sainte Mère.

« Elle me rendit la parole évangélique, comme elle m'avait rendu la sainte Messe. Le Père gardien crut pouvoir me confier la prédication des trois sermons du Triduum de la fête de saint François. Je me mis à composer ces sermons, écrivant tout, et apprenant par cœur. Jamais je ne m'étais senti une telle abondance d'idées, un tel feu de ferveur, une telle énergie de débit ; ma mémoire ne m'a pas été fidèle, mais ma Sainte Mère et saint François m'ont aidé, et je ne crains pas de vous dire que si vous lisiez mes trois manuscrits, vous n'y reconnaîtriez plus le stérile Denys de Paris depuis neuf ans.

« J'ai prêché de même ce mois-ci, les quatre sermons (écrits, mais non débités mot-à-mot) du Triduum de l'Immaculée-Conception à l'église paroissiale de Saint-Jean de Fontenay ; notre Mère m'a fait comprendre quelle se chargerait de mes propres affaires.

« Quant à mes maladies, aucun changement ; mais cette révolution morale a réagi avantageusement sur mon état physique. Dans l'Octave même de l'Immaculée-Conception, j'ai quitté l'infirmerie et repris, sans transition, toutes les observances du jour et de la nuit. Il y a plus, c'est moi qui réveille la communauté à minuit, et le matin.

« Quant au découragement, peines d'esprit, écrasement moral, il n'en reste plus le moindre vestige. Ma confiance est en Marie, et en mon Frère, le Bienheureux Crispino. Je trouve là Jésus-Christ, et son œuvre adorable, saint François, et tout ce que j'aime. L'espérance, les prières sont ma vie, mon soutien. Je reste désespéré de mon fonds inguérissable de misères, d'impuissance à tout bien, de gueuseries, de bassesse naturelle et acquise, mais je vis de quête spirituelle aux pieds de Marie, et je vous assure que Fr. Crispino est auprès d'Elle un bon quêteur. Aussi je ne manque de rien.

« Mes maladies me préparent une triste décrépitude, et quel genre de mort !... Aussi j'évite de m'en préoccuper. J'ai compris, même intimement, que notre Sainte Mère ne veut pas que je lui demande la délivrance, mais qu'en m'abandonnant à sa Providence, j'accepte *in globo et in confuso*, toutes les croix qui pourront en naître, d'autant plus que je n'ai ni le courage, ni l'attrait d'entreprendre des austérités d'initiative, mais que je m'en tiens à nos observances communes ».

Il écrivait ces lignes dans les premiers jours de Décembre, et le 5 janvier il mourait paisiblement, après avoir vécu, pendant ces derniers six mois, d'une vie de confiance radieuse et de sainte joie.

Le travail d'anéantissement était achevé, et Dieu, dans les délicatesses de son amour paternel, voulut, plus encore pour nous que pour le P. Denys, préparer en quelque sorte la transition de sa vie de tortures morales aux épanouissements éternels. Et pour cette grâce de confiance suprême, il choisit Celle que S. Anselme a si justement appelée « la très douce Mère », et l'humble Crispino, « le Saint Joyeux », que la liturgie, au 23 Mai, invoque en ces termes : « O Dieu, qui avez conduit aux sommets de la perfection le Bienheureux Crispino vous servant dans la joie, donnez-nous la grâce, par son intercession et ses exemples, de suivre ses traces ici-bas, pour nous rassasier, avec lui, au torrent de vos joies célestes. Ainsi-soit-il ».

TRIDUUM

EN L'HONNEUR DU BIENHEUREUX CRISPINO

*In nomine Patris, et Filii, et Spiritus Sancti. Amen.
Actiones nostras, quæsumus, Domine, etc.*

I. Très glorieux et Bienheureux Crispino, Vous fûtes un exemple éclatant de cette sainte joie avec laquelle Dieu veut que nous le servions. Au milieu de toutes vos souffrances, vos pénibles travaux et vos austérités, on voyait briller sur votre visage, une sérénité et une joie qui disaient toute la paix et le contentement qui remplissaient votre cœur. Il suffisait de vous voir pour se sentir heureux et consolé comme d'une vision céleste, et solidement raffermi dans la pratique du bien. Ah ! du haut de la gloire où vous êtes assis, faites reluire sur nous un rayon de votre lumière, qui nous fasse connaître le prix de la vertu, et tout l'honneur qu'il y a à servir Dieu : et nous secouerons notre paresse et notre tiédeur, et nous nous mettrons avec courage à pratiquer la vertu, domptant toutes les difficultés et les répugnances de notre nature corrompue.

Pater, Ave et *Gloria.*

II. Très glorieux et Bienheureux Crispino, fervent dévot de la Très Sainte Vierge Marie, que dès vos plus jeunes années, vous aviez coutume d'appeler avec une douce tendresse votre bonne Mère, répétant avec transport et à chaque instant ce nom si doux : non content d'épancher de mille manières votre ardente dévotion envers Elle, vous fîtes les plus grands efforts pour propager et accroître son culte, embrasant de vos paroles de feu, tous ceux qui vous approchaient. Ah ! faites que nous aussi, à votre exemple, nous brûlions d'amour pour Marie, la regardant comme notre Mère très aimante, et nous efforçant de nous montrer ses dignes enfants, par l'imitation de ses vertus, autant que le permet notre faiblesse et notre fragilité.

Pater, Ave et *Gloria.*

III. Très glorieux et Bienheureux Crispino, vous qui, enflammé de l'amour de Dieu, n'étiez jamais rassasié de contempler et de méditer ses grandeurs et ses perfections. C'est par là que vous acquîtes cette connaissance si parfaite des divins mystères, que tout ignorant et illettré, vous sûtes plus des choses divines, que les Maîtres et les Docteurs mêmes : à leur grand étonnement, vous résolviez devant eux les plus grandes difficultés, vous expliquiez les sujets les plus sublimes. Ah ! obtenez-nous aussi un rayon de cette lumière qui éclairait votre esprit afin qu'elle chasse les ténèbres de notre ignorance, et nous aide à connaître ce Bien suprême, qui seul est digne de notre amour.

Pater, Ave et *Gloria.*

℣. Ora pro nobis, Beate Crispine.

℟. Ut digni efficiamur promissionibus Christi.

OREMUS.

Deus, qui B. Crispinum Confessorum tuum in

lætitia tibi servientem ad virtutis apicem perduxisti: da quæsumus, ut ejus intercessione et exemplo vias vitæ sectantes in terris, torrente voluptatis tuæ perfrui mereamur in cœlis. Per Christum Dominum nostrum. ℟. Amen.

DOCUMENTS PONTIFICAUX

DE LA BEATIFICATION DU VEN. FR. CRISPINO

Romana, seu Viterbien. Beatificationis et Canonizationis Ven. Servi Dei Fratris Crispini a Viterbio Laici Professi ordinis Minorum S. Francisci Capuccinorum.

I

Cum per Decreta Generalia Sa. Me. Urbani VIII. Pont. Max. questio de Virtutibus in gradu heroico Ven. Servorum Dei institui nequeat in Congregatione Sacr. Rituum ante annum Quinquagesimum a die eorum Obitus, cumque adhuc lapsi tantummodo sint quadraginta anni ab emortuali die Ven. Servi Dei *Fratris Crispini*, qui dies fuit XIV Calendas Junii anni 1750, P. Fr. Emmanuel a Domodossola Sacerdos Ordinis Minorum S. Francisci Capuccinorum Postulator Causæ *Sanctissimo Domino Nostro Pio Sexto* Pont. Max. humillime supplicavit, ut decem anni quot desunt ad complendum quinquaginta annorum spatium impedimento non sint, quominus Causa proponatur in Sacr. Rituum Congregatione; et Sanctitas Sua me infrascripto Secretario referente, gratiam petitam Oratori benigne concessit.

Die 23 Junii 1790.

J. Card. Archintus, *Præfectus*.
D. Coppola, *S. R. C. Secretarius*.

II

Sanctissimus Dominus Noster Pius Sextus Pont. Max. ad humillimas preces P. Emmanuelis a Domoossola Sacerdotis Professi Ordinis Minorum S. Francisci Capuccinorum Postulatoris Causæ Venerabilis Servi Dei Fratris Crispini a Viterbio, referente me infrascripto Secretario, benigne indulsit, ut in Causa suprad. fieri possit conjunctio in linea æqualis probationis Processus Apostolici in Urbe constructi super Virtutibus, et Miraculis in specie cum Processibus Informativis et Civitate Urbisveteris, et Romæ constructis super Virtutibus, et Miraculis suprad. Ven. Servi Dei, licet hi compulsati non fuerint in Apostolicum, ad effectum, de quo agitur quibuscumque in contrarium non obstantibus.

Die 23 Junii 1790.

  J. Card. Archintus, *Præfectus*
  D. Coppola, *S. R. C. S. Secretarius*

III

DECRETUM

Romana, seu Viterbiensis Beatificationis, et Canozationis Venerabilis Servi Dei Fratris Crispini a Viterbio Laici Professi Ordinis Minorum S. Francisci Capuccinorum super dubio, an constet de virtutibus Theologalibus Fide, Spe, et Charitate erga Deum, et Proximum ; necnon de Cardinalibus Prudentia, Justitia, Fortitudine, et Temperantia, earumque adnexis in gradu heroico in casu, et ad effectum, de quo agitur.

Dei Spiritus, qui in animis justorum habitat, quamquam divinæ eos efficit consortes naturæ, humanam tamen in ipsis non destruit, sed perficit, eosque varie pro cujusque ingenio, ad arduum virtutis iter deducit, atque agit : et quos quidem reperit sua sponte ad moestitiam comparatos, divinorum illos judiciorum metu, in salutari plerumque tristitia, ac severitate confirmat ; quos vero ad hilaritatem natos, eos ut plurimum spe Dei miserationis erectos, lætos magis præstat, atque jucundos.

Postremis hisce annumerandus est Ven. Dei Servus *Crispinus a Viterbio*, qui in inclytam Capuccinorum familiam, inter imi ordinis fratres cooptatus, ac victui ostiatim quæritando diutissime addictus ; licet itineribus, laboribusque fractus, voluntariis insuper cruciatibus attritus, ac demum morbis doloribusque confectus ; nunquam tamen tristitiæ indulgere visus est ; sed tranquilla semper, ac serena fronte, in adversis æque atque in secundis rebus, blande omnes appellare, amice alloqui, atque ad honestam lætitiam excitare consuevit. Quod vero est mirabilius ; cum tanta is morum facilitate esset, quotidieque per forum, ac tabernas mendicans, in lubrico fere, ac sæpe in insidiis versaretur, integram tamen vitæ innocentiam, non modo ad mortem usque retinuit, sed omni virtutum genere ornavit atque auxit.

Quas quidem virtutes admirati Sac. Rit. Congregationis Patres qui ad eas æstimandas convenerant, tum Calendis Mart. anni 1791, Ædes cl. me. Cardinalis Corsini tunc temporis causæ Relatoris ; tum XIX Cal. Februar. anni 1794. in Palatium Apostolicum Vaticanum : cum iidem fuissent nuper XVIII

Cal. hujus mensis ad aperiendam coram Sanctissimo Domino Nostro *Pio Papa VI* sententiam, in idem Palatium evocati; sine dubitatione *Venerabilem Crispinum* christiani nominis heroem jure merito haberi, vocarique posse censuerunt.

Quorum sententiam continuo amplexus *Pius Pont. Max.* in eaque post multas ad Deum preces magis confirmatus; cum ei sanciendæ insignem aliquem quæreret diem; hodiernus occurrit, in quo Capuccinorum familia sodalem alium colit, nempe *B. Laurentium a Brundusio*. ab ipso summo Pontifice aliquot ante annis in cælites relatum; statimque subiit cogitatio, eum qui olim familiæ universæ sapientissime moderatus, caverat diligenter ne præclaræ ad evangelicam perfectionem assequendam constitutæ in ea leges, vel minimum labefactarentur, videri ad eorum sanctimoniam, qui in ea deinceps familia floruissent, operæ nonnihil contulisse : ideoque alienum non esse ejusdem *Beati* memoriam in *Ven. Crispini* gloriam interserere, atque illi ea de re gratulari quodammodo, et gratias referre. Quare hodierno die idem *Pont. Max.* accitis R.mis Cardinalibus, Celsitudine Regia Duce Eboracensi nuncupata, Episcopo Tusculano, Causæ Relatore suffecto, atque Archinto Episcopo Sabinense Congregationi Præfecto, nec non R. P. Hieronymo Napulionio Fidei Promotore, meque infrascripto Secretario ; cum in Templo Sanctimonialium ejusdem Ordinis in Quirinali, SS.mi Corporis Christi nomine, rei Divinæ operam dedisset; continentes earumdem Sanctimonialium Aedes ingressus rite pronunciavit : Constare de V. S. D. *Crispini a Viterbio* Virtutibus Theologalibus, ac Cardinalibus earumque adnexis in gradu heroico.

Atque hoc Decretum in acta referri, et evulgari mandavit Nonis Jul. anni MDCCXCVI.

     J. Card. Archinto, *Præfectus.*
    D. Coppola, *S. R. C. Secretarius.*

Loco † Sigilli.

IV

DECRETUM

Romana seu Viterbiensis Beatificationis, et Canonizationis Venerabilis Servi Dei Fratris Crispini a Viterbio Laici Professi Ordinis Minorum S. Francisci Capuccinorum, super dubio an, et de quibus Miraculis constet, in casu, et ad effectum de quo agitur.

Qui non respicit personas hominum Altissimus Deus, sed eligit pauperes in hoc mundo, divites in fide, et hæredes regni, quod repromisit diligentibus se, voce mirabilum signorum de cælo data testimonium ipsi mundo reddidit de sublimi loco, quem inter amicos, domesticos, et fratres suos pauper, et humilis *Ven. Crispinus* apud se teneret. Vix enim illo a mortalis suæ viæ peregrinatione egresso dignatus est Deus Servi sui nomen ab ærumnosis hominibus in summis tribulationibus, et angustiis invocatum, brachii sui potentia gloriosum reddere. Quamplura siquidem implorata ipsius Ven. Servi Dei ope splendida evenere prodigia, e quorum numero tribus tantum selectis, quæ præclariora, et satis probata visa sunt, rigido discutienda examine ab Apostolica Sede præscripto allata fuere.

De iis autem primo periculum factum est in Antepræparatoriis Sacrorum Rituum Consultorum comitiis convocatis superiori anno 1803, VI Idus Februarii in Aedibus Cancelleriæ Apostolicæ apud Celsitudinem Regiam Reverendissimi Cardinalis Ducis Eboracen. nuncupat. Causæ ipsius Ven. Servi Dei Relatoris. Secundo in Præparatorio conventu habito in Palatio Apostolico Quirinali IV Idus Januarii currentis anni in quo una seposita ex allatis mirabilibus Sanationibus, quæstio ad duas tantum coercita est. Tertio in Generali cœtu eodem in Palatio convocato VIII Calendas Majas, in quo per præfatam Celsitudinem Regiam proposito dubio : An, et de quibus Miraculis constet in casu, et ad effectum de quo agitur : quamvis tam Rmi Cardinales, quam amplissimi Consultores Sacrorum Rituum de duobus propositis Miraculis constare convenirint : Sanctissimus tamen Dominus Noster *Pius VII* Pont. Max., qui præsens aderat, a suo proferendo judicio, abstinuit, et fervidas ad Deum preces indixit, ut luminis abundantiam in adeo gravi Ecclesiæ negocio decernendo assequeretur.

Providentissimæ autem hinc rationi satis cumulate factum usque ad hunc diem ratus, non amplius cunctandum duxit, cum dies sit iste, in quo Capuccinorum Ordo annuam festivam recolit memoriam inclyti Alumni sui S. Felicis a Cantalicio, qui instituto, conditione, officio, innocentia, paupertate, ac etiam die defunctionis suæ maximam cum *Venerabili Crispino Viterbiensi* habet similitudinem ; et sicut ipse *Venerabilis Crispinus* dum in æternam patriam properaret, ita obitum suum eventurum Consodalibus prænunciavit, ut funus festivo diei S. Felicis non officeret ;

sic *Sanctissimus Dominus Noster* per hanc amplissimam *Ven. Crispini* laudationem, jucundissimam hodiernam S. Felicis festivitatem præsentibus ejus Consodalibus reddere voluit. Ad templum itaque Cœnobii Capuccinorum titulo Conceptionis B. M. V. accedens, in eoque incruenta Hostia religiosissime oblata, accitisque Celsitudine Regia Reverendissimo Cardinali Duce Eboracen. nuncupat. Sacri Collegii Decano Causæque Relatore, et Reverendissimo Cardinali de Somalia, Urbis Vicario Sacr. Rituum Congregationi Præfecto, necnon R. P. Hieronymo Napulionio Fidei Promotore, meque infrascripto Secretario, divino iterum implorato præsidio, rite pronunciavit, atque decrevit : Constare de duobus Miraculis in tertio genere, nimirum de primo : Subitæ ac perfectæ sanationis viduæ *Franciscæ Terrosi*, ab immani tumore intus suppurato in sinistro hypocondrio, cum febri hectica, ac immodica, et fere continua uteri hæmorragia, completoque illius prolapsu, aliisque plane lethalibus symptomatibus, cum integra virium recuperatione. De secundo : Instantaneæ, et perfectæ sanationis quinquennis puerulæ *Annæ Mariæ Bianchi*, a fractura ossis femoris ex præcipiti lapsu triduo ante perpessa.

Atque hoc Decretum publici juris fieri, et in Actis Sacrorum Rituum Congregationis asservari mandavit. Quintodecimo Calendas Junii Anno MDCCCIV.

J. Maria Card. de Somalia, S. R. C. *Præfectus.*
    J. De Carpineo, S. R. C. *Secretarius.*

   o   Sigilli.

V

DECRETUM

Romana, seu, Viterbien. Beatificationis, et Canonizationis Venerabilis Servi Dei Fratris Crispini a Viterbio Laici Professi Ordinis Minorum S. Francisci Capuccinorum, super dubio an stante approbatione Virtutum, et duorum Miraculorum, tuto procedi possit ad ejusdem Ven. Servi dei Beatificationem.

Quoniam Divinæ Providentiæ consilio judicium de Virtutibus heroicis, et de Miraculis in causa Beatificationis. *Ven. Crispini a Viterbio* quampropere, ac feliciter absolutum fuit, nil magis avebant Religiosi viri inclyti ordinis Capuccinorum ab ipso *Ven. Servo Dei* professi, nil impensius requirebant Romani Cives, Viterbienses, ac Urbevetani, qui cum eodem Dei famulo, vel familiariter egerant, vel graphice illius suaves mores ab aliis descriptos audierant, quam illum Altaribus evectum revereri.

Et profecto de Virtutum heroicitate sententia prolata fuerat a sanct. memor. *Pio VI* Nonis Julii anni MDCCXCVI, de Miraculis vero a sanctissimo Domino Nostro *Pio VII* Pont. Max. quintodecimo Calendas Junii currentis anni. Nondum tamen, ex cautissimo Apostolicæ Sedis instituto, permitti. fas erat publicos in eum Cœlitum rependere honores, nisi prius perpenderetur, num id tuto, positis prægressis judiciis, fieri possit: Idque peractum est nono Calendas hujus mensis in Generalibus Comitiis Patrum omnium Sacr. Rituum Congregationis coram Sanctitate Sua convocatis, in quibus rogati ex formula iidem Patres, an tuto procedi posset ad ipsius Ven. Crispini Beatificationem, plenus subsecutus est suffragiorum consensus, non tamen illico Apostolica Pontificis Maximis voce confirmatus, ut tempus daretur precibus ad Divini luminis copiam promerendam.

Cum hodierna dies celeberrima apud universam S. Francisci Assisiensis Sobolem, ex frequentissimo Fidelis populi ad reconciliationem a Deo ex quocumque patrato scelere, et ad relaxationem debitæ pœnæ obtinendam in singulis ad Francisci filios spectantibus Ecclesiis concursu, peropportuna Sanctitati Suæ visa fuerit sententiæ suæ in commendationem hujus ex rigidiori instituto tanti Parentis Alumni proferendæ, omnem præcidit moram. Huc itaque spectans Beatissimus Pater, ad Ædem sacram Sanctimonalium Capuccinarum in Quirinali se contulit, et Sacris in ea religiosissime operatus, postea adjunctum Asceterium ingressus, eoque advocatis Celsitudine Regia Reverendissimo Cardinali Duce Eboracen. nuncupat. Sacri Collegii Decano Causæ Relatore, et Reverendissimo Cardinali de Somalia Urbis Vicario, Sacrorumque Rituum Congregationi Præfecto, necnon R. P. Hieronymo Napuliono Fidei Promotore, meque infrascripto ejusdem S. Rituum Congregationis Protonotario, Divino iterum implorato præsidio, rite pronunciavit: Tuto procedi posse ad Beatificationem V. S. D. *Fr. Crispini a Viterbio.*

Decretum autem hoc publicis in locis de more evulgari, atque inter authentica. S. R. C. monumenta conscribi jussit; necnon Litteras Apostolicas in forma Brevis de Beatificatione in Basilica Vaticana quandocumque placuerit facienda expediri mandavit: quarto Nonas Augusti MDCCCIV.

 J. M. Card. de Somalia, *S. R. C. Præfectus.*
M. A. Cattaneo, *S. R. C. Protonotarius.*

Loco † Sigilli.

VI.

Litteræ Apostolicæ quibus SS.mus Pius PP. VII Venerabilem Dei Servum B. Crispinum a Viterbio in Beatorum numerum refert, Officium de Eo, et Missam toti Ordini Minoritano concedit.

PIUS PAPA VII

AD PERPETUAM REI MEMORIAM.

Quæ Dominus cœli, et terræ a mundi sapientibus et prudentibus abscondit, revelat ea parvulis ; quippe quia superbis semper resistit, humilibus vero dat gratiam. Jamvero in hujusmodi parvulorum numero Dei Servus fuit Crispinus a Viterbio. Obscuro quidem ipse loco natus erat. Sed quamquam doctorum ope, litterarumque subsidio careret, apprime tamen vel ab ineunte ætate percepit, odio sibi habendam animam suam in hoc mundo, ut in vitam æternam custodiret eam. Quare juvenis factus, et ascensiones in corde suo disponens, ut inter Fratres Conversos Ordinis Minorum, quos Capuccinos vocant, admitteretur vehementer petiit, et obtinuit. Acrius itaque certamen ingressus acriore se ipsum odio prosequebatur : ita, ut non modo jumentum se omnium vilissimum prædicaret, et haberet, verum etiam assiduis laboribus, et jejuniis, asperrimis ciliciis et flagellis corpus castigaret suum, atque in servitutem redigeret, breve interea somnum super nuda bipalmaris latitudinis tabula carpens. Quo autem magis in se ipsum sæviebat, eo ferventiore in Deum flagrabat charitate, cui ita ex animo hærebat, ut ne hortos quidem fodiens, aut ostiatim mendicans a rebus Divinis meditandis, et contemplandis distraheretur. Ex hoc autem miro in Deum amore mira in proximum charitas profluebat : Quæ tanta fuit, ut pater pauperum, afflictorum levamen, oppressorum refugium, ac etiam bonus Missionarius vulgo appellaretur, et esset. Simplex, purus, rectus, Deiparæ devotissimus, prophetiæ dono, et miraculorum gratia clarus in bona tandem senectute eodem, quem prædixerat, die mortalitatem exuit, annum agens secundum supra octogesimum. Quoniam vero tot, tantarumque Servi Dei virtutum exempla, ex quibus multum utilitatis Christiani ejusdem temporis percepere, præsentis quoque, et futurarum ætatum hominibus prodesse possunt ; Nos, qui ex Divina dispositione Dominico Gregi, meritis, licet, virtutibusque impares, præsidemus, Apostolicæ servitutis Nostræ esse ducimus tanti viri honorem, et venerationem, quantum Nobis ex alto conceditur, promovere cum ad majorem Dei gloriam, tum ad cunctorum Fidelium incitamentum, eorum præsertim, qui, relictis omnibus, secuti sunt Redemptorem Dominum. Cum itaque mature, diligenterque discussis, et perpensis per Congregationem Venerabilium Fratrum Nostrorum S. R. E. Cardinalium Sacris Ritibus Præpositorum Processibus de hujus Sanctæ Sedis licentia confectis super vitæ sanctitate, et virtutibus tam theologicis quam moralibus in gradu heroico, quibus Servum Dei Crispinum a Viterbio Ordinis Min. S. Francisci Capuccinorum nuncupat. professorem multipliciter claruisse, et super Miraculis, quæ ad ejus intercessionem, ejusque Sanctitatem hominibus manifestandam a Deo, edita, et patrata fuisse dicebantur, eadem Congregatio coram Nobis constituta, auditis quoque Consultorum suffragiis, uno spiritu, unaque voce censuerit posse, quandocumque Nobis videretur prædictum Dei Servum Beatum declarari cum consuetis indultis, donec ad actum solemnis illius Canonizationis deveniatur. Quare Nos piis, enixisque totius memorati Ordinis, et nominatim dilecti filii Bonifacii a Nicæa hujus Caussæ Postulatoris supplicationibus Nobis super hoc humiliter porrectis inclinati, de dictæ Congregationis consilio, et assensu, auctoritate Apostolica, tenore præsentium facultatem concedimus, et impertimur, ut idem Dei Servus Crispinus a Viterbio Beati nomine nuncupetur, ejusque Corpus, et Reliquiæ (non tamen in Processionibus circumferendæ) venerationi Fidelium exponantur, Imagines quoque radiis, seu splendoribus exornentur, ac de eo quotannis die 23, mensis Maii, recitetur Officium, et missa de Communi Confessorum non Pontificum cum Orationibus propriis a Nobis adprobatis juxta Rubricas Breviarii, et Missalis Romani. Porro recitationem Officii, et Missæ celebrationem hujusmodi fieri concedimus dumtaxat in universo Minorum Ordine Capuccinorum utriusque sexus, nec non in Civitatibus, et Diœcesibus Viterbien., et Urbevetan., in quarum prima natalem habuit, in altera vero per quadraginta fere annos est commoratus, ab omnibus utriusque sexus Christifidelibus tam Sæcularibus, quam Regularibus, qui ad Horas Canonicas tenentur, et quantum ad Missas attinet, etiam ab omnibus Sacerdotibus ad Ecclesias, in quibus festum peragetur, confluentibus. Præterea primo dumtaxat Anno a datis hisce Litteris inchoando, et quoad Indias a die, quo eædem Litteræ illuc pervenerint, in Ecclesiis Ordinis et Diœcesium prædictarum solemnia Beatificationis ipsius Servi Dei cum Officio, et Missa sub ritu duplici majore die ab Ordinariis respective constituenda, postquam in Basilica Nostra Sancti Petri in Vaticano celebrata fuerint eadem solemnia, pro qua re diem VII sequentis Septembris assignamus, pariter celebrandi facimus potestatem. Non obstantibus constitutionibus, et ordinationibus apostolicis, ac Decretis de non cultu editis, cæterisque contrariis quibuscumque. Volumus autem, ut earumdem litterarum transumptis, seu exemplis etiam impressis manu Secretarii dictæ Congregationis Cardinalium subscriptis et sigillo Præfecti ejusdem Congregationis munitis, eadem prorsus fides adhibeatur quæ ipsis præsentibus adhiberetur, si forent exhibitæ, vel ostensæ.

Datum Romæ apud Sanctam Mariam Majorem, sub Annulo Piscatoris, die 26 Augusti 1806. Pontificatus Nostri anno septimo.

R. Card. Braschius de Honestis.

Loco † Annuli Piscatoris.

VII.

Decretum Romana, seu Viterbien.

Sanctissimus Dominus Noster Pius VII, Pont.

Max. humillime supplicante P. Fr. Bonifacio a Nicæa Definitore Generali, et Postulatore Causarum Servorum Dei Ordinis Minorum Sancti Francisci Capuccinorum, ac referente R. P. D. Hieronymo Napulionio S. Fidei Promotore, benigne indulsit, ut suprascriptæ Orationes propriæ in honorem Beati Crispini a Viterbio Laici Professi prædicti Ordinis Capuccinorum ab Emo et Rmo Domino Card. de Somalia Sanctitatis Suæ in Urbe Vicario, Sacrorumque Rituum Congregationi Præfecto, et a R. P. D. S. Fidei Promotore prædicto revisæ legi possint in Missa celebranda in die Beatificationis ejusdem Beati, et subinde in Officio, quod pariter, cum Missa recitari poterit ab iis, quibus per Litteras Apostolicas in forma Brevis de eadem Beatificatione expediendas facultas illud recitandi data fuerit; quibuscumque in contrarium disponentibus minime obstantibus.

Die 9 Augusti 1806.

J. M. CARD. DE SOMALIA, *S. R. C. Præf.*
J. DE CARPINEO, *S. R. C. Secret.*

Loco † Sigilli.

VIII.

Pro Triduo Beatificationis Beati Crispini Indulgentia Plenaria conceditur. Decretum Ordinis Minorum S. Francisci Capuccinorum.

Ad humillimas preces Fratris Mariani ad Aletrio Procuratoris et Commissarii Generalis Ordinis Minorum S. Francisci Capuccinorum Sanctissimus Dominus Noster Pius PP. VII benigne inclinatus, universis utriusque sexus Christifidelibus, qui vere pœnitentes, confessi, ac S. Communione refecti tam aliquam prædicti Ordinis Ecclesiam etiam Monialium, quam aliquam Sæcularem Ecclesiam ubicunque locorum existentem in tribus diebus continuis per Ordinarios locorum designandis, devote visitaverint, ibique per aliquot temporis spatium juxta Mentem Sanctitatis Suæ pie oraverint, Indulgentiam Plenariam semel tantum spatio dicti Tridui per unumquemque Christi fidelium lucrifaciendam pro unica vice tantum concessit. Voluitque eadem Sanctitas sua, hanc Gratiam absque ulla Brevis expeditione suffragari, et præsentis Decreti exemplis etiam impressis manu et Sigillo Procuratoris Generalis prædicti Ordinis munitis ipsammet Fidem adhiheri, quæ adhiberetur, si præsens foret exhibitum vel ostensum.

Datum Romæ ex Secretaria S. Congregationis Indulgentiarum.

Die 24 Septembris 1806.

PETRUS MACCARANI, *Secretarius.*

Loco † Sigilli.

TABLES DES MATIÈRES

Approbatio Ordinis v
Préface vii
Répertoire hagiographique xiv
Analyse chronologique. xix

CHAPITRE I.

NAISSANCE ET PREMIERES ANNEES DU BIENHEUREUX (1668-1679).

Sa famille. — Pieux exemples et salutaires conseils. — Heureux caractère de l'enfant. — Sa mère le consacre à la S. Vierge. — Premier épanouissement de sa dévotion envers Marie. — Premières faveurs prodigieuses. — Ses pieuses industries pour cacher ses pénitences. — Le « *bon petit Pierre.* » — Il fuit les amusements. — Sa ferveur à servir les messes. — La marquise Maldacchini et sa vraie Reine. — L'ordre de ses journées. 1

CHAPITRE II

ADOLESCENCE DU BIENHEUREUX.
SA VOCATION A LA VIE RELIGIEUSE (1679-1693).

Ses premières études. — Livres volés. — L'apprentissage. — Cause vraie de son faible tempérament. — La sécheresse à Viterbe et les processions. — Premières pensées de vie religieuse. — Le Bienheureux reçoit l'obédience pour le Noviciat des Capucins. — Difficultés et enfin consentement de sa famille. — Son départ. — Il est assailli sur la route par une dogue furieux. 12

CHAPITRE III

LE BIENHEUREUX AU NOVICIAT DES CAPUCINS.
SA PROFESSION RELIGIEUSE (1693-1694)

Le Gardien du noviciat, le voyant faible et chétif, refuse d'abord de le recevoir. — Douleur et supplications du postulant. — Appel au Provincial. — Il redouble ses prières et ses mortifications. — Réponse favorable du Provincial. — La vêture. — Fr. Crispino infatigable au travail. — La quête. — La *rondinella di Dio*. — Tentations redoutables. — Victoire de Fr. Crispino. — Sa charité fraternelle. — Sa profession 24

CHAPITRE IV

LE BIENHEUREUX AU COUVENT DE LA TOLFA (1694-1696).

Fr. Crispino part pour la Tolfa. — Son dévouement envers son compagnon de voyage. — Son emploi de frère cuisinier. — Sa devise : *pauvreté et propreté*. Le petit autel à la Madone dans la cuisine. — L'épidémie miasmatique à la Tolfa. — Fr. Crispino guérit les pestiférés avec la médaille de son chapelet. — La veuve Galliana. — Le P. Maître Celli. — L'Intendant des Mines. — Le P. Pierre des Grottes. — Fr. Crispino souffre en victime d'expiation. — Les fruits bénis par la Sainte Vierge. — Ses oraisons nocturnes. — Il invente une discipline dont l'usage, après une terrible expérience, lui est interdit. — Sa réputation de sainteté. — Respect qu'il inspire par sa seule présence. — Chapitre provincial. — Les magistrats de la Tolfa adressent inutilement une supplique pour le retenir dans leur ville 38

CHAPITRE V

LE BIENHEUREUX AU COUVENT DE ROME (1696).

Fr. Crispino part pour Rome. — Il relève le courage de ses compagnons de voyage. — Halte au Couvent de Bracciano. — Il prophétise la mort prochaine de l'Archiprêtre de Cerretri. — Sa première visite à la *Confession de S. Pierre*. — Fr. Crispino est nommé infirmier au Couvent de Rome. — Sa charité pour les malades. — Tentations de découragement. — Hémorragie grave. — Sa convalescence. — Départ pour Albano. 52

CHAPITRE VI

LE BIENHEUREUX AU COUVENT D'ALBANO (1696-1700).

A peine arrivé à Albano, Fr. Crispino obtient la guérison du P. Bonaventure dont le pied avait été écrasé. — Le petit autel de la Madone dans la cuisine. — Marc-Antoine Adriani est guéri par les fleurs de cet autel. — Les champignons et le Cardinal de la Trémouille. — Nouvelle recette d'art culinaire. — Fr. Crispino découvre, par sa chère Madone, les choses cachées. — L'ermite Frère Marc et son péché de haine. — Concours à la Madone de Fr. Crispino. — Il fait des reproches à la S. Vierge de ce qu'Elle laisse dépouiller son autel. — Le Pape Clément XI et le Fr. Crispino. — Les grives et le précepte d'obéissance. — Ses pieuses exhortations aux visiteurs. — Fr. Crispino cite le Tasse. — Ses conversations avec les Cardinaux Pamphili et Casini. — *Amico, hai vinto.* — Frère Crispino redouble ses austérités pour combattre la vaine gloire. — Il demande au P. Général de le changer de couvent. — Départ pour Monte-Rotondo . . . 60

CHAPITRE VII

LE BIENHEUREUX AU COUVENT DE MONTE-ROTONDO (1700-1702).

Fr. Crispino cumule les emplois. — Par sa douceur, il réconcilie avec le Couvent une famille hostile. — La Madone du jardin et sa petite chapelle. — Les oiseaux vont becqueter à ses pieds. — Les attentions de Fr. Crispino pour les pauvres. — Prédiction au Capitaine Lanciani. — Le domestique du Couvent prodigieusement guéri. — Le vieux figuier. — La volonté de Fr. Crispino laissée par lui à Viterbe. — Il part pour soigner les religieux de Bracciano. — Son amour de l'obéissance. — *Christus factus est pro nobis obediens!* — Un saint triste est un triste saint. — Fr. Crispino transféré à Orvieto... 81

CHAPITRE VIII

LE BIENHEUREUX AU COUVENT D'ORVIETO (1702-1748).

A Orvieto, Fr. Crispino est aimé de tous. — Ses visites au marché. — Mons. des Acti et le Bienheureux. — Leur conversation sous la pluie. — Mons. Nuzzi ne lui est pas moins affectionné. — Fr. Crispino, tête de linotte. — Le Prince d'Aragona et le decorum de Fr. Crispino. — Il se fait l'avocat des malheureux et des condamnés. — Le *Solitaire en pleine ville*. — Le *S. Félix d'Orvieto*. . . . 94

CHAPITRE IX

LE BIENHEUREUX AU COUVENT D'ORVIETO. MIRACLES QU'IL Y OPÈRE (1702-1748).

Charité de Fr. Crispino envers les pauvres. — Multiplication de la farine. — Le vin d'un tonneau vide. — Punition providentielle des religieuses qui lui avaient refusé l'aumône. — Fr. Crispino prédit à une religieuse dominicaine qu'elle ira bientôt en Paradis. — Les coups de ciseaux à son manteau dans la famille Falzacapa. — Le père du comte Ranucci miraculeusement assisté à son lit de mort. 103

CHAPITRE X

LE BIENHEUREUX EST ENVOYÉ AU COUVENT DE BASSANO. IL REVIENT A ORVIETO. SA VIE INTIME (1702-1748).

Fr. Crispino, et ses scrupules au sujet du P. Gardien. — Il est transféré, sur sa demande, à Bassano. — Le blocus des bienfaiteurs d'Orvieto. — Ou Fr. Crispino, ou la famine. — Le Bienheureux retourne à Orvieto. — Il y passe plus de 40 ans. — Vie intérieure de Fr. Crispino. —

Sa ferveur à Matines. — Son empressement à servir les Messes. — Ses industries au réfectoire. — Ses heures d'adoration. — Déposition de Fr. François de Viterbo, enregistrée au Procès de béatification. — Son recueillement durant l'exercice même de la quête. — Ce que Fr. Crispino devait laisser à sa mort. — Ses sentences fortifiantes. — Son zèle pour la conversion des pécheurs. — Ses communions et les grâces miraculeuses qui les accompagnent. — Prière du Bienheureux à la sainte Eucharistie. — Sa joie d'entendre expliquer clairement les vérités évangéliques 111

CHAPITRE XI

LE BIENHEUREUX AU COUVENT D'ORVIETO. SA DEVOTION A LA S. VIERGE. (1702-1748).

Fidélité de Fr. Crispino au contrat de Notre-Dame du Chêne. — Ses fêtes de prédilection. — La beauté de Jésus et de sa Mère. — Les eulogies de la Madone. — *Monstra Te esse matrem.* — Autant de choux plantés, autant d'*Ave Maria.* — L'Apôtre de la Madone. — Les trois degrés de la dévotion envers Marie. — Une prophétie réalisée . . 128

CHAPITRE XII

LE BIENHEUREUX AU COUVENT D'ORVIETO.
SON ZELE POUR L'OBSERVANCE DES TROIS VŒUX DE RELIGION.

Fr. Crispino concilie admirablement les droits de la pauvreté religieuse avec les inspirations de sa charité fraternelle. — Son attention délicate aux plus petits détails. — Sa vigilance pour la vertu angélique. — Pièges tendus à sa vertu. — Comment il y échappe. — Les trois clous de fer et les trois clous d'or 135

CHAPITRE XIII

LE BIENHEUREUX AU COUVENT D'ORVIETO SA CHARITÉ ADMIRABLE ENVERS LE PROCHAIN.

Fr. Crispino, proviseur universel pour les réparations. — *Sa Sybille*. — Ses attentions fraternelles pour son compagnon à l'hospice. — Son frère *Domenicuccio*. — Son zèle pour venir en aide à toutes les nécessités du prochain. — Les prisonniers, les malades. — Leçon salutaire qu'il donne à un religieux mécontent. — Le *Missionnaire des Montagnes*. — Une maison de couturières. — Une religieuse et son péché de haine. — Les deux frères ennemis. — L'intervention de Fr. Crispino entre deux blasphémateurs. — Le maître d'hôtel puni de ses blasphèmes. — Le fils dénaturé et blasphémateur. — Conversion d'une dame égarée. — Fr. Crispino, serviteur lâche et inutile 142

CHAPITRE XIV

LE BIENHEUREUX AU COUVENT D'ORVIETO SON HUMILITÉ, SA PATIENCE ET SON AUSTÉRITÉ.

L'âne du Couvent. — Cet âne ne doit pas porter de chapeau. — Les ovations de Montefiascone et les tristesses de Fr. Crispino. — Fr. Crispino ne sait que dire des imbécillités et faire des âneries. — Une religieuse d'Orvieto s'arroge la mission d'injurier le Bienheureux pour exercer sa patience. — Fr. Crispino est calomnié auprès du Général de l'Ordre. — Durs reproches qu'il supporte joyeusement de la part d'un religieux d'un autre Ordre. — *Pati et contemni pro te*. — Le remède de Fr. Crispino contre la fièvre. — Les morsures d'un chien de garde. — Les trois ennemis de Frère Crispino. — Leçons pratiques de mortification données à une patricienne d'Orvieto. — Violences du démon contre le Bienheureux. — Sa Semaine-Sainte. — **La vraie place des clous de Jésus crucifié. — La croix de pro-**

cession. — La douceur ineffable d'une inexprimable douleur 159

CHAPITRE XV

DONS SURNATURELS.

Don des miracles. — Les nuages en cercle. — Fr. Crispino indique à un arbre l'endroit où il doit tomber. — La foudre repoussée cinq fois — L'orage, qui empêchait la procession de la Fête-Dieu à Orvieto, se dissipe au commandement de Fr. Crispino. — La chapelle rurale . . . 180

CHAPITRE XVI

DON DE PROPHÉTIE

Don de prophétie. — Le *hérault de la vie et de la mort*. — Antoine Vincenti obtient dix ans de vie. — Les Alberici d'Orvieto et la catastrophe dont ils sont préservés. — Le Comte de Bardi, sur un avis du Bienheureux échappe, aux embûches de ses ennemis. — Sœur Rose-Céleste doit aller fêter la Noël en Paradis. — Les réticences mystérieuses de Fr. Crispino dans la famille des Santarelli. — La part du Seigneur dans la famille Fabei. — Les deux sœurs Fabei Carmélites. — Le Comte qui *compte* mal. — La fausse vocation de Rosalinde Pazzaglia. — Son heureux mariage . . . 186

CHAPITRE XVII

LUMIÈRES SURNATURELLES.

Triple prédiction au chanoine Basili. — Le P. Constantin de Bergamo et sa témérité. — Les deux plats de poissons du Cardinal Gualtieri. — Les fleurs introuvables. — Celles du Paradis seront beaucoup plus belles. — Côme Puerini et sa confession mal faite. — Il ne faut pas avoir peur d'être et de paraître bon chrétien. — Un jeune patricien d'Orvieto se convertit, à son lit de mort, par l'intercession du Bienheureux. — Apparition de Sœur Constance Valentini. — Prédiction faite à un hôtelier après la mort de sa femme. — *Oh! que vous êtes heureux!* 197

CHAPITRE XVIII

LE BIENHEUREUX AU COUVENT D'ORVIETO.
SA RÉPUTATION DE SAINTETÉ.

Fr. Crispino et les enfants d'Orvieto. — Il est le conseiller universel. — Sa manière de répondre à ses interlocuteurs. — La meilleure méthode d'oraison. — Le moyen de lutter contre les assauts de l'ennemi. — Le Curé de S. Venance et ses difficultés théologiques. — Fr. Crispino et son bâton. — Le cardinal Nuzzi *très éminent* et *très souffrant*. — Les sollicitations de deux parents du Bienheureux. 208

CHAPITRE XIX

LE BIENHEUREUX AU COUVENT D'ORVIETO. — SES LETTRES.

Diverses lettres du Bienheureux. — Leur caractère graphique. — Les ratures et les distractions de Fr. Crispino. — Lettres à Jérôme Santinelli. — A la R. Mère Thérèse Sylvestrelli. — A Jean Nolari. — Au Marquis Charles de Malaspina. 218

CHAPITRE XX

LE BIENHEUREUX PART POUR ROME (1744).

Fr. Crispino appelé à Rome pour servir les Messes. — Départ secret d'Orvieto. — Émoi dans toute la ville. — Les jeunes hommes courent à la poursuite du Bienheureux. — Fr. Crispino arrive à Viterbe, et repart pour Palanzana afin de se dérober aux ovations populaires. — Le lendemain, il visite Sainte Rose. — Les religieuses aux grilles. — Fr. Crispino passe comme un *Ange de lumière et de*

TABLE DES MATIÈRES

paix. — Départ pour Campagnano. — Guérison miraculeuse et prophétie dans la famille Montovani. — Arrivée à Rome................................. 228

CHAPITRE XXI

LE BIENHEUREUX A ROME (1744).

Fr. Crispino et son service d'autel. — *Mamma mia!* Nouvelles grâces miraculeuses. — Fr. Crispino et sa complaisance à se mirer. — La barrette de S. Philippe de Néri. — Le fils de la famille Atti. — Dom Bartolini et son désir d'être curé. — Les craintes de Dom Palmili. — Fr. Crispino guérit et convertit un domestique. — Les filles de la Dame Durani. — Admirable vision de Cécile Barlocci. — Vie surmenée de Fr. Crispino. — L'*ultimatum* des Orviétains et leurs délégués à Rome................ 234

CHAPITRE XXII

NOUVEAU SÉJOUR DU BIENHEUREUX A ORVIETO (1744-1748).

Fuite clandestine de Fr. Crispino. — Halte à Viterbe et visite du Cardinal Accoramboni. — Ovations populaires « *au pauvre âne, éclopé et vieilli.* » — La loupe d'oraison. — Foi héroïque de Rosa Marguti récompensée par un miracle. — La substitution dans les souffrances. — Les ennemis de l'évêque de Bagnorea convertis par le Bienheureux... 247

CHAPITRE XXIII

INFIRMITÉS DU BIENHEUREUX. — SON DEPART D'ORVIETO.

Fr. Crispino est déchargé de son emploi de quêteur. — Il ne sort plus que pour aller servir la messe à son Supérieur. — Le *chocolat* de Fr. Crispino. — Recrudescence de son mal. — Exercice préparatoire à la mort. — La religieuse et les quatre numéros gagnants. — Fr. Crispino, en quittant

Orvieto, reçoit les témoignages d'affectueux regret de toute
la ville. 256

CHAPITRE XXIV

DERNIER SÉJOUR DU BIENHEUREUX AU COUVENT DE ROME.
(1748-1750).

Départ pour Rome. — Amélioration dans l'état de santé de
Fr. Crispino. — Les Quarante-Heures. — Jésus-Enfant
dans les bras du Bienheureux. — Thérèse de Angelis. —
Le petite prince Barberini. — La cataracte du duc de
Rignano. — La Madone n'est pas sourde. — *Charité, Charité!* — Visites du Bienheureux aux Monastères de religieuses. — Le pécheur repentant. — L'avare qui a la goutte
aux pieds et surtout aux mains. — Le riche prodigue converti. — Les scrupules de Paula Schiavetti et sa bonne
volonté. — Ruses du démon contre une religieuse. — Priez
à *mon* intention. — Prédiction à Victoire Antonucci. — La
Dame Marie Romolini porte dans son sein un futur Général d'Ordre. 264

CHAPITRE XXV

LE BIENHEUREUX A ROME

« Le Saint est revenu ! » — Un théologien de l'Ordre de
S. Dominique et Fr. Crispino commentant S. Thomas. —
Un Père de l'Observance a l'intuition de la sainteté de
Fr. Crispino. — Pas de Purgatoire. — Corradini et son
étrange remède. — Le soir d'une sainte vie. 282

CHAPITRE XXVI

DERNIÈRE MALADIE DU BIENHEUREUX. — SA PRÉCIEUSE MORT (1750).

Les visites du *grand voyage*. — Le onze mai 1750, violent accès de fièvre. — Fr. Crispino console son compagnon. —
La *Maison du Seigneur*. — Les chanoines d'Orvieto. — Le

TABLE DES MATIÈRES

Saint Viatique. — Frère Crispino ne veut pas troubler la fête de S. Félix. — Derniers assauts du démon. — Nombreux visiteurs. — L'Extrême-Onction. — Frère Crispino n'a rien à pardonner. — La fête du *Petit Vieux.* — « Au ciel! au ciel! » — Portrait du Bienheureux 290

CHAPITRE XXVII

FUNERAILLES DU BIENHEUREUX.

Le corps de Fr. Crispino martyrisé pendant trois quarts de siècle. — Transformation instantanée de sa dépouille mortelle. — La foule accourt à l'église des Capucins. — Le saint corps doit être soustrait aux indiscrétions de la multitude. — Précautions contre l'enthousiasme populaire. — Le Cardinal Vicaire ordonne de surseoir à l'inhumation et d'exposer le corps. — Isabelle Carissimi. — André Santini. — Antonio Nicoli. — Visite du patriciat romain. — Prudence de l'autorité ecclésiastique. — Inhumation. — Jacques Oliveti et sa sœur Agnès. — Thérèse Faria. — Le comte Sforza Taruggi. — Les Huguenots d'Alais. . . 303

CHAPITRE XXVIII

GLOIRE POSTHUME. — BEATIFICATION.

Le Bienheureux apparaît à Fr. Christophore sans « *lui faire peur.* » — Apparition semblable au Fr. François de Viterbe. — Les deux miracles insérés au Décret de béatification : Françoise Terrosi et Anne-Marie Bianchi. — Dispense de dix ans pour le Procès Apostolique des vertus. — Nouvelle dispense pour l'examen « en ligne égale » des Procès de Rome et Viterbe sur les miracles. — Lettres Apostoliques de béatification 316

CHAPITRE XXIX

RELIQUES DU BIENHEUREUX.

Le pillage dans la chambre de Fr. Crispino et la déposition

un peu aigre du P. Bernardin. — Les précautions du
P. Vicaire. — Le crucifix de Fr. Crispino et le Prédicateur Apostolique. — Nomenclature des Reliques actuelles.
— La chambre du Bienheureux sauvegarde de l'infirmerie. — La châsse de l'église. — Les riches et les modestes
offrandes à l'autel du Bienheureux 330

CHAPITRE XXX

LE BIENHEUREUX CRISPINO ET LE P. DENYS DE PARIS.

Les miracles qui ne se voient pas. — Le P. Denys de Paris
et sa riche nature. — Travail divin d'anéantissement. —
Scrupules et tentations de découragement. — Accablement
physique et moral. — Retraite du mois d'août 1879. — Essai
d'une traduction de la vie du B. Crispino. — Prière gémissante du P. Denys. — Espérance instantanée. — Sentiments de confiance filiale en Marie et de solidarité fraternelle avec le Bienheureux. — Labeurs apostoliques. — Humilité calme et sublime de son âme renouvelée. — Sa sainte
mort. — Toute souffrance est belle. 339

Triduum en l'honneur du B. Crispino . . . . » 349

Documents de la Béatification. . . . . » 352

Imprimerie de l'Ouest, A. NEZAN, Mayenne.

P. LETHIELLEUX, éditeur, 10, rue Cassette, Paris.

RÉCITS DE L'HISTOIRE DE L'ÉGLISE

COLLECTION DE BEAUX VOLUMES IN-12

Les Héros d'Israël. Récit du temps des Machabées, par Ét. Marcel. 2 »
Le Gladiateur, ou les communeux de Rome ancienne, par A. Quinton. 3 50
Simon-Pierre et Simon le magicien. Légende, par S.-J. Franco 1 50
Hanani l'Essenien. Scènes des temps apostoliques, par C. Guénot. 1 50
Sabinianus ou les premiers apôtres de la Gaule, par C. Guénot. 1 vol. 1 50
Valeria, ou la Vierge de Limoges, par Lascaux. in-12 .... 1 50
Cinéas ou Rome sous Néron, par J.-M. Villefranche, in 12 ..... 3 »
Felynis, ou les chrétiens sous Domitien. par C. Guénot 1 50
Aurelia, ou les Juifs de la Porte-Capène, par A. Quinton 3 50
Antonia, ou les Martyrs de Lyon, par H. de Beugnon, in-18 ... 1 50
Flora, ou une martyre romaine, deux beaux vol. .... 6 »
Semno l'affranchi, par Mme de Gaulle, in-12 .... 1 50
Fabiola, ou l'Église des Catacombes par Wiseman. Grand in-8°.. 5 »
— Gr. in-8, illust. de 21 eaux fortes 10 »
— In-8, sur papier glacé ...... 2 »
— In-16, sur papier glacé 1 50
La Perle d'Antioche, par A. Bayle. 2 50
Thalie, ou l'Église de Nicée, par A. Bayle. in-12 .... 2 50
Nysa, par A. de Labadye 1 50
Marcien, ou le magicien d'Antioche, par de Maricourt 1 50
Eudoxia. Tableau du ve siècle par Mme la comtesse Ida de Hahn-Hahn 3 »
Batelier du Tibre, par de La Grange 1 50
Le Filleul de l'évêque, par Raoul de Navery .... 2 »

Les Colons de Faviannes, par C. Guénot 1 50
Les Fils d'Arius, par C. Guénot. in-12 .... 1 50
Morogh à la hache, par Ch. Buet, in-12 .... 1 50
Rodoald, ou le premier prince lombard, par des Meslettes 1 50
Mathilde de Canosse, par le R. P. Bresciani 1 50
L'Ermite du mont des Oliviers, par C. Guénot 1 50
Robert de Saverny, ou la 2e croisade, par M. Emery 1 50
Le Chevalier aux armes vertes, par J. des Journeaux 1 50
Les Légendes de saint François d'Assise, par l'abbé S. de Latreiche 1 50
La Ballade du lac, par Étienne Marcel .... 2 »
La Confession de la reine, par Raoul de Navery .... 2 »
Pomponius Lætus, par A. de La Grange .... 2 »
Les Martyrs de Gorcum, par l'abbé Chauvierre 1 50
Lucia de Mommor, ou Calvin et la réforme en France et à Genève, par H. de Beugnon 1 50
L'Ange de la tour, par le R. P. Préviti 2 50
Le Baron de Hertz, par A. de Labadye 1 50
Pèlerinage de Grâce, la réforme en Angleterre. par M. Emery. 1 50
Princesse et Esclave. Saint François-Xavier et le Christianisme aux Indes 1 50
Agnès l'aveugle par Caddel. 1 »
Le Martyr d'un secret. Tableau de l'Irlande contemporaine, par Raoul de Navery .... 2 »
Le Juif de Vérone, par Bresciani 1 50
Un Double sacrifice. Récit de Castelfidardo, par le R. P. Daems. 2 »

LE SAINT JOYEUX ou Vie du bienheureux Crispino de Viterbe, par le R. P. Ildefonse de Bard, O. M. C.
Édit. in-8°, carré 4 00
Édit. in-12° 2 50

P. LETHIELLEUX, éditeur, 10, rue Cassette, Paris

RÉCITS CONTEMPORAINS

Belle collection de volumes in-12

Marguerite, ou une jeune fille dans le monde, par Mlle Benoit............ 2 »

Mademoiselle de Neuville, suivi de **Ide de Chaudfontaine,** par Mme Bourdon, in-12............ 2 »

La Femme d'un Officier, par Mme Bourdon....... 2 »

Anne-Marie, par Mme Bourdon............ 2 »

Belles Années, par Mme Bourdon............ 2 »

Élisa de Montfort, p. D. Y. C. Fangarezzi..... 2 »

Hermann et Vilhelmine, par M. C. Franck....... 2 »

Les Fiancés de Saint Cyprien, par Mlle Élisa Gay.. 2 »

Le Roman d'une jeune fille pauvre, par Mlle Élisa Gay 2 »

Le Marquis de Savone, par Mlle Élisa Gay...... 3 »

Deux Sœurs, par Mme la comtesse Ida de Hahn-Hahn. 2 vol............ 5 »

Pérégrin, par Mme la comtesse Ida de Hahn-Hahn, 2 vol............ 5 »

Amour et sacrifice, par Lady Herbert........... 2 »

La Chambre des Ombres, par Marin de Livonnière 2 50

Laquelle ? par Mme Etienne Marcel........... 2 »

Pour la patrie, par Mme Etienne Marcel..... 2 »

Angèle, par E. de Margerie 2 »

Le Gentilhomme de 89, par A. Quinton. 2 vol...... 5 »

Les Fils de la montagne, par A. Tholmey........ 2 »

Années de campagne, par un Curé de ville....... 1 20

Deux orphelines, par J.-M. Villefranche........ 2 »

www.ingramcontent.com/pod-product-compliance
Lightning Source LLC
Chambersburg PA
CBHW071914230426
43671CB00010B/1603